allegria

Die Autorin

Safi Nidiaye ist eine der meistgelesenen deutschsprachigen Autorinnen für psychospirituelle Lebenshilfe. Bekannt wurde sie mit dem Buch *Liebe ist mehr als ein Gefühl* als Medium für intuitives Wissen, später als Spezialistin für Intuition (*Die Weisheit der inneren Stimme*). Mit der »Körperzentrierten Herzensarbeit« entwickelte sie eine Methode, die es auf einfache und tiefgreifende Weise ermöglicht, verdrängte Gefühle im Körper aufzuspüren und sein Herz für sich und andere zu öffnen. Kontakt: www.safi-nidiaye.de

Von Safi Nidiaye sind in unserem Hause erschienen und lieferbar:

Das befreite Herz
Aufwachen und Lachen

Safi Nidiaye

Herz öffnen statt Kopf zerbrechen

Der Weg zu Freiheit,
Freude und Frieden

Ullstein

Besuchen Sie uns im Internet:
www.ullstein.de

Wir verpflichten uns zu Nachhaltigkeit
- Klimaneutrales Produkt
- Papiere aus nachhaltiger
  Waldwirtschaft und anderen
  kontrollierten Quellen
- ullstein.de/nachhaltigkeit

Allegria im Ullstein Taschenbuch

Aktualisierte Ausgabe im Ullstein Taschenbuch
1. Auflage April 2005
12. Auflage 2023
© 2002 by Ullstein Heyne List GmbH & Co. KG, München
Umschlaggestaltung: Simone Mellar, zero-media.net, München
Titelabbildung: FinePic®, München
Gesetzt aus der Janson Text
Satz: Schaber Satz- und Datentechnik, Wels
Druck und Bindearbeiten: CPI books GmbH, Leck
ISBN 978-3-548-74155-0

Inhalt

Einleitung

Wenn einem das Herz aufgeht ...wird alles einfach und klar. Ein Problem, das eben noch unlösbar schien, ist auf einmal gar kein Problem mehr. Ob in Beziehungsangelegenheiten, bei Entscheidungsschwierigkeiten, bei chronischen Existenzsorgen oder hartnäckigen körperlichen Beschwerden, Depressionen oder Lebenskrisen – der Schlüssel zu allen menschlichen und zwischenmenschlichen Problemen liegt im Herzen. Wer ihn finden will, muss aufhören, sich den Kopf zu zerbrechen, und anfangen, sein Herz zu öffnen. Manchmal geschieht das spontan. Eine inspirierende Begegnung, ein erschütterndes Ereignis, ein berührender Anblick katapultiert uns in einen Zustand voller Liebe, Schönheit und Verstehen – für einen Augenblick oder so lange, bis wir in das vergleichsweise glanz- und freudlose Alltagsbewusstsein zurückkehren, das die meisten von uns als Normalzustand akzeptiert haben, seit sie als kleine Kinder gelernt haben, ihr Herz zu verschließen.

Aber muss man nicht darauf warten, dass einem ein solches Ereignis geliefert wird? Es gibt einen Schlüssel, der die Tür zum Herzen so sicher und mühelos öffnet wie das »Sesam, öffne dich« den Zugang zum Schatz im Märchen. Wenn Sie an einer Lösung Ihrer Probleme interessiert sind, wenn Sie Ihre seelischen Wunden heilen und Ihre Beziehungen verbessern möchten, wenn Sie es leid sind, sich im Kreis zu drehen und sich von Ihren Gedanken verrückt machen oder von Ihren Ängsten beherrschen zu lassen, finden Sie hier einen Weg, der zu Befreiung, Klärung und Heilung führt.

Das heißt nicht, dass Sie nie wieder Probleme haben werden, aber Ihre Probleme werden keine überwindlichen Hürden mehr sein. Im Gegenteil, Sie werden entdecken, dass es sich dabei um wertvolle Gelegenheiten handelt, seelische Wunden zu heilen und Klarheit und Liebe zu finden. Dass sich die Probleme dabei auch lösen, ist eine angenehme Nebenerscheinung dieses Prozesses, sozusagen das Abfallprodukt.

Anstatt über Ihre Probleme nachzudenken oder sie aus Ihrem Bewusstsein verdrängen zu wollen, anstatt über erlittene Kränkungen und Enttäuschungen zu brüten, anstatt zu resignieren oder zu verbittern, anstatt gegen sich selbst und andere anzukämpfen, gegen Ihr Schicksal oder Ihre körperlichen Beschwerden, lade ich Sie ein, alles, was Sie quält, was Ihnen Kummer oder Ärger bereitet, ganz einfach aufmerksam zu fühlen.

»Das tue ich doch sowieso die ganze Zeit«, sagen Sie jetzt vielleicht. Aber es ist ein himmelweiter Unterschied, von einem Gefühl beherrscht zu werden oder es bewusst und aufmerksam wahrzunehmen. Wenn Sie die Schritte tun, die ich in diesem Buch beschreibe, werden Sie genau wie ich selbst und wie alle, mit denen ich gearbeitet habe – und das sind viele –, erstaunt feststellen, dass Sie vorher gar nicht gewusst haben, was fühlen bedeutet. Und vor allem werden Sie die Erfahrung machen, dass der simple Akt des Fühlens eine Situation vollständig verändern kann. Die folgenden beiden Fallbeispiele mögen dies illustrieren.

Julia und ihr Ehe-Frust

Seit Wochen zerbricht sich Julia den Kopf darüber, wie es mit ihrer Beziehung weitergehen soll. Sie liebt ihren Jean und er liebt sie, kein Zweifel, aber sie ist ständig frustriert und unzufrieden, weil er sich nicht genug um sie kümmert. Weder nimmt er sie in die Arme, wenn sie sich danach sehnt, noch bemüht er sich als Lieb-

haber besonders um sie … Sie dagegen verwöhnt ihn nach Strich und Faden.

Julias Gedanken kreisen ständig um dieses Problem. »*So kann das nicht ewig weitergehen*«, *denkt sie.* »*Ich muss mit ihm reden. Aber das traue ich mich nicht. Er ist so empfindlich und so trotzig … Vielleicht muss ich ihm einfach deutlicher zeigen, was ich mir wünsche … Aber das habe ich alles schon zigmal versucht … Es hat sowieso keinen Zweck.*« *An diesem Punkt endet die Litanei ihrer negativen Gedanken, und regelmäßig beginnt hier der Versuch, dem Ganzen etwas Positives abzugewinnen.* »*Aber es ist trotzdem schön mit ihm … Wenn ich nur genug Geduld habe, wird alles anders.*« *Und dann beginnt die Litanei von vorn:* »*So kann es nicht weitergehen … Ich muss mit ihm reden … Aber das kann ich nicht … Es würde alles nur verschlimmern …*«

Julia hat nicht den Mut, offen mit Jean über ihr Problem zu sprechen. Als sie es einmal versuchte, hat er dermaßen wütend und verschlossen reagiert, dass sie sich verletzt in ihr Schneckenhaus zurückgezogen und beschlossen hat, das Thema nie wieder zu berühren. Doch wenn es so weitergeht, wird sie eines Tages, aufgestachelt durch irgendeinen dummen kleinen Vorfall, so wütend sein, dass sie ihm sämtliche Vorwürfe, die sie in sich angesammelt hat, auf einmal an den Kopf wirft. Und dann wird Jean aus allen Wolken fallen, denn er hat nicht die geringste Ahnung, wie unzufrieden sie die ganze Zeit ist. Oder sie wird ihn verlassen, weil sie sich in jemanden verliebt, der ihre stummen Zeichen besser versteht und ihr die Aufmerksamkeit schenkt, nach der sie sich sehnt.

Julias Gedanken drehen sich im Kreis, weil sie in einer Zwickmühle steckt. Einerseits weiß sie, dass sie reden oder handeln muss, wenn sich etwas ändern soll. Andererseits tut sie genau das nicht, weil sie Angst vor den Konsequenzen hat. Sie denkt ständig über ihre Unzufriedenheit nach, aber um nicht handeln zu müssen, versucht sie die unzufriedenen Gedanken, kaum dass sie gedacht sind, mit Gedanken des Glücks und der Zufriedenheit (»*er ist trotzdem ein wunderbarer Mann, und ich liebe ihn*«*) zum Schweigen zu bringen.*

*Nehmen wir einmal an, dass Julia nun, anstatt durch Kopfzer-
brechen eine Lösung finden zu wollen (ein fruchtloses Unterfangen),
und anstatt mehr Mut von sich selbst zu verlangen (ein ebenso
fruchtloses Unterfangen), einfach ihre Aufmerksamkeit auf ihre Gefühle richtet. Wir werden sehen, dass sie der Lösung ihres Problems
damit einen großen Schritt näher kommt.*

*Als Erstes konzentriert sie sich darauf, ihre Gedanken zu beob-
achten, statt sie einfach nur zu denken. Sie wird feststellen, dass diese Gedanken eigentlich Gefühle zum Ausdruck bringen: Enttäuschung, Wut, Verzweiflung, Resignation und ein wenig Bitterkeit.
Das zu bemerken ist schon viel besser, als einfach vor sich hin zu grü-
beln, aber es verändert die Situation noch nicht. Viele Menschen sind
sich ihrer Gefühle durchaus bewusst und stecken trotzdem in ihrem
Problem fest. Julia muss diese Gefühle auch fühlen. Sie muss sie
also nicht nur zur Kenntnis nehmen, sondern auch ganz konkret
körperlich erfahren. Sie muss die Wut in der Anspannung ihrer Kie-
fermuskeln spüren, die Verzweiflung in dem Kloß, der in ihrem Hals
steckt, und die ohnmächtige, bittere Schwäche der Resignation in
ihren hängenden Schultern und Mundwinkeln. Doch am wichtigs-
ten ist, dass sie den Schmerz entdeckt, auf den all diese Gefühle eine
Reaktion sind – das, worüber sie so wütend und so verzweifelt ist –
und ihn aus der Not der Verdrängung befreit. Um an diesen
Schmerz heranzukommen, muss sie nur an den Augenblick denken,
der die heftigste Flut schmerzlicher Gefühle in Gang gesetzt hat, an
jenen Moment, in dem sie versucht hat, Jean ihr Herz auszuschütten, und er so verschlossen reagiert hat.*

*Wenn Julia alle emotionalen Reaktionen – die Wut, die Ver-
zweiflung, die Resignation – einmal beiseite lassen und diese Szene
unmittelbar auf sich wirken lassen würde, könnte sie den Schmerz
erkennen, den sie damals nicht wahrgenommen hat: das Gefühl, zu-
rückgewiesen und abgelehnt zu werden. Dieses Gefühl ist ihr so vertraut und selbstverständlich, dass es von jeher all ihren Gedanken
zugrunde lag, und doch – oder gerade deshalb – hat sie es nie bemerkt! Wenn Jean mürrisch war, wenn er schwieg, wenn er spät*

nach Hause kam und bei allen möglichen anderen Gelegenheiten hat sie stets automatisch angenommen, dass er sie ablehnte. Aber nie hat sie den Schmerz zugelassen, den dieser Gedanke ihr bereitete, nie hat sie ihn wirklich gefühlt. Lieber fiel sie der Wut und der Verzweiflung anheim, lieber dachte sie daran, Jean zu verlassen, als ihren Schmerz zu fühlen. Unbewusst war sie nämlich davon überzeugt, dieser Schmerz sei unerträglich und es sei unmöglich, ihn zu fühlen und dennoch zu überleben. Ihr Leben lang hat Julia darum gekämpft, angenommen zu werden, denn im Grunde war sie immer ganz selbstverständlich davon ausgegangen, abgelehnt zu werden. Also hat sie alles getan, um den Schmerz der Ablehnung nicht fühlen zu müssen. Und so war er zu einem beherrschenden Faktor in ihrem Leben geworden.

Diesen Schmerz nun zu entdecken ist Julias Chance, sich von ihrem Problem zu befreien. Nur indem sie wagt, ihn einmal zu fühlen, kann sie entdecken, dass er sie weder umbringt noch schädigt. Im Gegenteil, es bringt Erleichterung, diesen Schmerz, der immer da war, endlich einmal zuzulassen. Es ist eine Wiedervereinigung mit einem Teil ihrer selbst, jenem kindlichen Teil, der sich doppelt abgelehnt gefühlt hat, erst von den Eltern und dann von ihr selbst, und der stets darunter gelitten hat, nicht wahrgenommen zu werden.

Nun hat Julia auch keine Angst mehr vor dem Schmerz, den es ihr bereiten könnte, tatsächlich abgelehnt zu werden. Sie hat sich des Schmerzes erbarmt und ihn gefühlt. Und das hat sie nicht nur überlebt, es war sogar schön. Jetzt muss sie nicht mehr permanent darum kämpfen, angenommen zu werden, und den anderen wird es leichter fallen, sie anzunehmen. (Andere behandeln uns nämlich im Allgemeinen genau so, wie wir uns unbewusst selbst behandeln.) Das Schönste aber ist, dass ihr Herz nun auch für Jean offen ist. Sie kann plötzlich fühlen, was in ihm vorgeht, und entdeckt, dass er sie in Momenten der Verschlossenheit keineswegs ablehnt, sondern mit einem eigenen Gefühl kämpft, nämlich mit seiner Angst, unzulänglich zu sein. Und diese Angst wird durch ihre Vorwürfe ausgelöst. Nachdem sie das verstanden hat, kann sie Verständnis und Mitgefühl für ihn aufbringen.

Und Jean? – Jean kommt an just diesem Abend früher nach Hause als sonst und nimmt Julia in die Arme, einfach so. Dabei hat sie ihm überhaupt nichts erzählt. Nichts ist ansteckender als ein offenes Herz.

PATRICK KANN NICHT AUFHÖREN ZU ARBEITEN

Patrick ist ein erfolgreicher Geschäftsmann. Sein Leben lang ist er jeden Tag um sechs aufgestanden, hat hart gearbeitet und war in allem mehr als korrekt. Er hat seiner Familie ein schönes Haus gebaut und sich vorgenommen, an seinem fünfundvierzigsten Geburtstag mit der Schufterei aufzuhören und von da an nur noch das Leben in diesem schönen Haus zu genießen: länger schlafen, weniger arbeiten, Dinge tun, die Spaß machen … Nun wird er bald sechsundvierzig, steht immer noch jeden Tag um sechs auf und kommt spätabends abgearbeitet nach Hause.

Seine Frau hat das Thema schon einige Male angeschnitten, aber er hat es immer ärgerlich abgewiegelt. Mittlerweile fragt er sich allerdings manchmal selbst, wieso er den Absprung nicht schafft. Gewohnheit? Vielleicht. Aber sowohl seine Abneigung gegen das Aufstehen im Dunkeln und das Arbeiten bis in die Nacht als auch seine Sehnsucht nach einem freieren Leben müssten doch eigentlich viel größer sein als eine dumme Gewohnheit. Und doch findet Patrick immer irgendwelche Gründe, warum er am nächsten Morgen doch wieder um sieben im Büro sein muss und abends um neun noch immer dort anzutreffen ist.

Patrick war eigentlich immer ganz zufrieden mit seinem Leben, aber nun, da er beschlossen hat, es zu ändern, und das nicht fertig bringt, macht sich Unzufriedenheit in ihm breit, die von Tag zu Tag größer wird. Patrick findet keinen Ausweg aus seinem Dilemma.

Dabei wäre es ganz einfach. Patrick muss überhaupt nicht mit Gewalt versuchen, sich selbst oder seine Lebensweise zu ändern. Er muss sich lediglich der Gefühle bewusst werden, die ihn beherrschen, und sie auch wirklich fühlen. Anstatt einfach unzufrieden zu sein, muss er diese Unzufriedenheit bewusst fühlen, ebenso wie all die anderen Gefühle, die hier im Spiel sind. Auf diese Weise wird er sehr schnell herausfinden, was hinter seinem Dilemma steckt, nämlich sein Verhältnis zu seinem Vater. Patrick kann nicht aufhören, wie ein Verrückter zu arbeiten, weil er mit seinen sechsundvierzig Jahren immer noch verzweifelt versucht, seinem Vater zu beweisen, dass er verlässlich ist und arbeiten kann. Das ist so wichtig für ihn, weil es etwas gibt, was Patrick mehr fürchtet als die Hölle: die Verachtung seines Vaters. In der Tat war der an diese Verachtung gekoppelte Schmerz immer da, aber Patrick hat sich geweigert, ihn zu beachten, und hat alles getan, um ihn nicht fühlen zu müssen. Sein Leben lang hat er gekämpft und geackert, damit sein Vater ihn respektiert.

Wenn Patrick diesen gefürchteten Schmerz nun nicht mehr bekämpft, sondern zulässt, ist der ganze Spuk vorbei. Er durchlebt einen schmerzlichen Moment, und das ist alles. Ähnlich wie für Julia kann dieser schmerzliche Moment auch für Patrick das Tor zu einem sehr schönen Gefühl sein, dem Gefühl von Verständnis und Liebe für sich selbst.

Danach kann Patricks Problem dorthin entschwinden, wo es hingehört: in die Vergangenheit, und er kann tun, was immer er tun will – ausschlafen, verreisen, weniger arbeiten. Wenn er Lust hat, kann er sogar den ganzen Tag herumhängen und überhaupt nichts Sinnvolles tun, auch wenn sein Vater ihn noch so sehr verachten mag. Das ist übrigens nicht der Fall. Patricks Vater hat seine eigenen inneren Probleme, die ihn zu jener strengen Haltung seinem Sprössling gegenüber veranlasst haben. Sobald Patrick sein Herz für seine eigenen Gefühle geöffnet hat, bekommt er eine Ahnung von dem, was in seinem Vater vorgeht, und entwickelt so etwas wie Verständnis und Mitgefühl für seinen alten Herrn. Sein Problem ist jedenfalls gelöst. Er ist vom Arbeitszwang befreit.

Die Erste, die sich darüber freut, ist seine Frau. Sie hat sich näm-
lich stets vernachlässigt gefühlt und immer gewünscht, dass Patrick
mehr Zeit mit ihr verbringt. Vermutlich wird sich bald herausstel-
len, dass die Lösung von Patricks Problem nicht unbedingt die Lö-
sung ihres eigenen Problems bedeutet. Sie wird immer noch genü-
gend Anlässe finden, sich vernachlässigt zu fühlen, denn auch hinter
diesem Problem steckt eine alte seelische Wunde.

So könnte ich endlos fortfahren, denn wir alle sind durch Gefühle miteinander verstrickt, die sich auf vergangene Situationen beziehen und nicht auf die Gegenwart.

Auch wenn es noch so sehr danach aussieht, Ihre Probleme
werden nie von etwas verursacht, das außerhalb Ihrer selbst
liegt. Weder das Verhalten anderer Menschen noch Situationen oder Umstände sind ein Problem an sich. Zum Problem
werden sie erst durch die Gefühle, die sie in Ihnen auslösen.
Auch diese Gefühle wären an sich kein Problem, wenn Sie sie
einfach fühlen würden. Aber das wollen Sie meistens nicht. *Was*
eine Sache für Sie zu einem Problem macht, ist also das Gefühl, das
sie in Ihnen auslöst und das Sie nicht fühlen wollen.

Sobald Sie aufhören, sich gegen dieses Gefühl zu wehren
(das sowieso da ist, ob Sie es wollen oder nicht) und anfangen,
es zu fühlen, ist die Sache kein Problem mehr. Und das Gefühl,
vor dem Sie sich so sehr gefürchtet haben, dass Sie Beziehungen beendet, berufliche Chancen ausgeschlagen, auf Liebe
verzichtet oder was sonst alles getan haben, um es nicht erleiden zu müssen, dieses Gefühl hat seinen Schrecken verloren.
Sie durchleben es einmal bewusst und ohne damit identifiziert
zu sein und entdecken, dass es nur ein Gefühl ist, Sie bringen
einen Moment lang Erbarmen und Verständnis für sich selbst
auf, und damit ist es gut. Fortan werden Sie nicht mehr von der
Angst vor diesem Gefühl beherrscht. Sie sind frei.

Nun werden manche sagen: »So einfach kann das alles
nicht sein. Schließlich sind viele Jahre Psychotherapie erfor-

derlich, um an ein einziges verdrängtes Gefühl heranzukommen, und vielen gelingt es trotzdem nicht …«

Ich weiß, ich weiß. Und doch habe ich eine Methode entdeckt, die so einfach ist. Vielleicht liegt das daran, dass sie beim Körper ansetzt. Vielleicht auch daran, dass Intuition bei ihrer Entdeckung eine große Rolle gespielt hat. Außerdem ist sicher auch von Bedeutung, dass ich von Psychologie und Psychotherapie keine Ahnung habe und deshalb auch nicht von irgendwelchen Lehrmeinungen geprägt bin. Das Buch, das ich studiert habe, um diesen Weg zu entdecken, ist – getreu der spirituellen Devise »erkenne dich selbst« – meine eigene Natur (die sich, wie ich als Seminarleiterin oft genug feststellen konnte, nur geringfügig von der Natur aller anderen Menschen unterscheidet).

Sitzen, atmen, beobachten. Man nennt das Meditation. Dabei und mit Hilfe von Eingebungen habe ich entdeckt: Man kann lernen, sein Herz zu öffnen. Es gibt einen Weg, auf dem wir die Teile unserer selbst wieder finden, die wir irgendwann zum Teufel geschickt haben. Und es ist nicht nur schön, sie nach Hause zu holen, es heilt auch und löst Probleme.

Mir liegt viel daran, dass diese wunderbare Entdeckung nicht nur Menschen offen steht, die gewohnt sind zu meditieren, sondern allen, die einen Weg aus dem Dschungel der Probleme suchen. Deshalb ist dieses Buch ein Wegweiser vor allem auch für all jene, die keine Erfahrung mit Meditation haben oder nicht gewohnt sind zu meditieren. Sie werden mit einem Minimum an »Sitzen, atmen, beobachten« auskommen (dieses Minimum kann ich allerdings keinem ersparen) und alles Übrige mitten im Alltag anwenden können, um ihre Probleme und Schwierigkeiten besser zu bewältigen. Für alle, die tiefer einsteigen möchten, habe ich *Das Tao des Herzens* geschrieben. Dort wird die Technik ausführlich dargestellt.

Alles dreht sich um Gefühle

Wenn man einmal genau hinsieht, dreht sich so gut wie alles in unserem Leben um Gefühle. Gefühle stecken hinter Wünschen und Problemen, hinter Zuneigungen und Abneigungen, hinter Konflikten, Machtkämpfen und Kriegen. Wenn wir uns etwas wünschen, dann wünschen wir es uns um der Gefühle willen, die es uns bescheren soll. Wir träumen von einer Beziehung mit einem ganz bestimmten Menschen, von einem bestimmten Haus oder einer bestimmten Lebensweise, weil wir uns davon eine bestimmte Art von Glücksgefühl versprechen. Wir sehnen uns nach Geld, weil wir glauben, uns damit glücklich, frei, reich, unabhängig, sicher, mächtig oder wichtig zu fühlen. Wir ärgern uns über einen Vorfall, weil er ein schmerzliches Gefühl in uns auslöst, das wir nicht erleiden wollen. Wir wollen einen Menschen um keinen Preis verlieren, weil wir befürchten, dass mit ihm auch das Gefühl, das er in uns weckt, aus unserem Leben verschwindet. Wir verteidigen unseren Wohlstand, unseren Status, unsere Lebensweise, weil wir uns vor dem Gefühl fürchten, das wir hätten, wenn wir etwas davon hergeben müssten. Wir kämpfen um Erfolg, weil wir uns anerkannt, geachtet oder gesehen fühlen wollen. Natürlich gibt es auch uneigennützige Motive; etwa wenn wir uns um einer Sache willen nach Erfolg oder Macht sehnen. Und doch ist selbst das edelste Streben bei uns normalen Menschen immer auch mit dem persönlichen Wunsch nach einer bestimmten Art von Erleben, einem bestimmten Gefühl verbunden. Allerdings ignorieren wir diesen Wunsch bei unserem Versuch, ein uneigennütziger Mensch zu sein, im Allgemeinen.

Viele von uns haben aber auch Angst vor Erfolg, weil sie befürchten, sich dann in irgendeiner Weise unwohl fühlen zu müssen, beispielsweise schuldig, unbeliebt, beneidet, gehasst oder ausgeliefert. Normalerweise versuchen wir, unser Leben und unsere Welt so einzurichten, dass uns angenehme Gefühle sicher sind und unangenehme vom Leib gehalten werden. Und damit unterliegen wir der Herrschaft unserer Gefühle: Wir handeln so oder so, weil wir uns nach bestimmten Gefühlen sehnen und andere vermeiden möchten. Diese Tatsache gilt unabhängig davon, wie wir Gefühle bewerten und ob wir uns als emotionale Wesen betrachten oder nicht. Ein Mensch, der seine Gefühle unterdrückt und versucht, cool zu sein, wird genauso von seinen Gefühlen beherrscht wie jemand, der zu emotionalen Ausbrüchen neigt. Wer seine Gefühle unterdrückt, wird von seiner Angst vor bestimmten Gefühlen beherrscht, etwa von dem Gefühl, lächerlich zu erscheinen, bloßgestellt oder verachtet zu werden. Ein Mensch, der sich Gefühlsausbrüchen hingibt, wird von seinen Gefühlen beherrscht, indem er sich von ihnen überwältigen lässt.

Nun können wir versuchen, an unseren Gefühlen herumzudoktern, damit sie anders werden. Aber erstens ändert das nichts an den Gefühlen selbst, außer dass zu den bereits vorhandenen Gefühlen noch all die hinzukommen, die durch diesen inneren Kampf erzeugt werden, und zweitens beherrschen uns gerade jene Gefühle, die wir unterdrücken oder ignorieren, und zwar aus genau diesem Grund: weil wir sie unterdrücken oder ignorieren. Auch Gefühle, die uns durchaus bewusst sind, die wir uns jedoch mit guten Argumenten auszureden versuchen, beherrschen uns, denn sie wandern in den Untergrund und können von dort aus unbeobachtet aktiv werden. Weil wir sie nicht mehr wahrnehmen, bestimmen sie unser Denken und Handeln, ohne dass wir es merken. Übrigens, auch Gefühle, deren wir uns bewusst sind, beherrschen uns, und zwar solange wir nur um ihr Vorhandensein wissen, sie aber nicht fühlen. Auf diesen Unterschied werden wir später noch ausführlich zu sprechen kommen.

Anstatt unsere Gefühle verändern zu wollen, können wir auch versuchen, unsere Lebensumstände zu verändern, damit sie uns angenehmere Gefühle bescheren. Aber auch das ändert nichts an unseren Gefühlen, denn die unangenehmen Gefühle, denen wir aus dem Weg zu gehen versuchen, sind bereits in uns vorhanden. Das ist auch der Grund, weshalb wir solche Angst vor ihnen haben. So gesehen können wir eigentlich froh sein über Lebensumstände, die uns diese Gefühle bewusst machen. Davon abgesehen beeinflusst die Art, wie wir fühlen und denken, unsere Lebensumstände, und deswegen ist es gar nicht so einfach, sie zu ändern, ohne sich der eigenen Gefühle und Gedanken zumindest bewusst zu werden.

Gefühle sind also unsere innere Realität, nämlich die Art, wie wir uns in einem gegebenen Augenblick erleben. Dieses Erleben kann man zulassen oder nicht, wahrnehmen oder nicht, akzeptieren oder nicht – es findet so oder so statt. Wenn unser Herz offen ist, ist dieses innere Erleben ein ununterbrochener Strom sich stets wandelnder Nuancen, denen wir Namen gegeben haben. Freude, Entzücken, Liebe, Ärger, Wut, Eifersucht, Hass, Besorgnis, Kummer, Angst, Panik, Unruhe, Ungeduld, Heiterkeit, Frieden, Zärtlichkeit, Hass, Kälte, Verzweiflung, Bangigkeit – stets wechselnde Arten, sich zu erleben. Ein Gefühl ist also kein »Etwas«, sondern eine Nuance im Strom des inneren Erlebens.

Wenn unser Herz offen ist und dieser Strom ungehindert fließen kann, gibt es kein Problem. Doch leider haben wir bestimmte Abschnitte dieses Flusses aus unserer Wahrnehmung ausgeblendet. Das haben wir immer dann gemacht, wenn uns etwas schockiert hat, wenn wir etwas nicht verstehen konnten, wenn uns etwas aus unserem wonnigen und selbstverständlichen Eingebettetsein in die Existenz herausgerissen hat und niemand da war, der unser Gefühl geteilt und verstanden und uns signalisiert hat: »Es ist in Ordnung, das zu fühlen, da kann nichts passieren, man kann das überleben.« Im Gegenteil: Als wir klein waren (und das ist die Zeit, aus der die meisten unverarbeiteten Schocks stammen), haben die Erwachsenen uns in solchen Fällen durch ihr Verhalten vermittelt: »Das ist ein schlimmes Gefühl, das musst du so schnell wie möglich loswerden.« Sie haben uns abgelenkt oder versucht, das schlimme Gefühl wegzutrösten. Manche Gefühle haben sie uns generell verboten. Aus diesem Verhalten haben wir geschlossen, das betreffende Gefühl sei so schlimm, dass man es auf keinen Fall zulassen dürfe. Wir haben sogar den Verdacht entwickelt, dass es uns umbringen könnte. Nun war das Gefühl aber da, und die einzige Möglichkeit, es wegzubekommen, bestand darin, so zu tun, als sei es nicht da. Wir haben es aus unserer Wahrnehmung ausgeblendet. Ähnlich wie bei einem »Blackout«, einer Ohnmacht oder einer Betäubung waren wir nicht da, wo das Gefühl war. Das heißt, das Gefühl war vorhanden, wurde aber nicht wahrgenommen. Also wartet es bis heute darauf, dass wir das Versäumte nachholen, und schafft eifrig Gelegenheiten dafür.

Weil wir das Gefühl des damaligen Augenblicks nicht wahrgenommen haben, wurde etwas, was ein vorübergehender Zustand im Strom des inneren Erlebens hätte sein können, zum Dauerzustand. Anstatt weiter zu fließen, ist die Energie dieses Gefühls sozusagen eingefroren und als »kristallisierte« Energie unverändert in unserem Körper zurück. Wir können es aus diesem festgefrorenen Zustand erlösen, indem wir es fühlen. Das nennt man Erbarmen. Anstatt diesen Teil von uns allein »in der Kälte stehen zu lassen«, gehen wir mit unserer Aufmerksamkeit zu ihm und fühlen ihn, holen ihn gewissermaßen an den warmen Ofen unseres Herzens, wo er auftauen kann.

Solange es nicht aus seinem gefrorenen Zustand erlöst ist, ist ein verdrängtes Gefühl ein »Teil« von uns, eine Art Extra-Persönlichkeit, die ein Eigenleben führt und uns auf unkontrollierbare Weise beherrscht. (Um sie kontrollieren zu können, müssten wir sie bemerken und anerkennen, dass sie existiert.) Wenn unser Herz offen und unsere Bewusstheit eingeschaltet ist und wenn der Strom unseres inneren Erlebens ungehindert fließen kann, werden wir nicht von irgendwelchen verdrängten »Teilen« unserer Persönlichkeit beherrscht, sondern handeln aus unserer Mitte heraus, aus unserer Wahrheit, aus unserem Herzen. Dann gibt es streng genommen auch keine Ansammlung einzelner »Gefühle« in uns, sondern nur ein Fühlen, das seine Qualität von Augenblick zu Augenblick ändert, und jeder Augenblick hat eine Fülle von Nuancen. Wenn wir gerade von Freude erfüllt sind, schwingt vielleicht ein wenig Schmerz und ein wenig Zärtlichkeit mit oder wenn wir zornig sind, ein wenig Liebe und ein wenig Trauer.

Leider ist unser Herz die meiste Zeit über nicht offen, sondern verschlossen. Und unser armes Gefühl sitzt draußen und friert. Wir haben es aus dem Lichtkegel unserer Aufmerksamkeit verbannt und von der Wärme unseres Herzens abgeschnitten. Nun gibt es nur noch einen Ort, an dem wir es wahrnehmen können: in unserem Körper. Fühlen ist ein seelisch-körperliches Erleben, wobei man diese beiden Aspekte des Erlebens nicht voneinander trennen kann wie verschiedene Schichten eines Kuchens. Wir fühlen mit allem, was wir sind, mit unserem Körper und mit unserer Seele. Der Ort, von dem aus dieses Fühlen wahrgenommen werden kann, ist das Herz, unser fühlendes Zentrum. Wenn wir nun ein bestimmtes Gefühl aus Herz und Bewusstsein ausgeblendet haben (das heißt, dass wir es weder fühlen noch überhaupt zur Kenntnis nehmen), nehmen wir nur noch seinen körperlichen Aspekt wahr und merken nicht, dass es sich dabei um unser eigenes Gefühl handelt. Wir bemerken dann einen Schmerz in unserem Körper, ein Ziehen, ein Stechen, Zittern, Schwitzen, Brennen, Völlegefühl, Jucken, Zusammenziehen, eine Anspannung, eine Taubheit, Erschlaffung, Dumpfheit, ein »Loch im Bauch« oder einen »Kloß im Hals«, eine Entzündung oder eine Krankheit. Dabei handelt es sich um den Rest des Gefühls, die unterste Schicht, die uns noch bewusst ist. Wenn wir darin das Gefühl wieder entdecken wollen, besteht der Trick darin, dieses körperliche Empfinden bewusst und aufmerksam zu erleben.

Wenn wir die leidenden Teile unseres Wesens erlösen möchten, indem wir sie neu entdecken und in unser Herz schließen, müssen wir nur wahrnehmen, was in unserem Körper vor sich geht. Deshalb beginnt der Weg zum Herzen beim Körper, und deswegen ist meine »Herzensarbeit« körperzentriert.

Was bedeutet »das Herz öffnen«?

M it »Herz« ist hier das Herz Ihres Wesens gemeint. Nicht das Herz Ihres Körpers (das Organ Herz), nicht das Herz Ihres Energiefeldes (das Herz-Chakra), sondern das fühlende Zentrum Ihres Wesens. Hier ist der Sitz Ihrer Wahrheit – das, was Sie »im Herzen denken«, was Sie von Herzen wünschen, was Sie wirklich fühlen, wonach Sie sich sehnen. Hier ist das Zentrum Ihres gesamten Wesens. Hier findet Ihr innerstes Erleben statt. Hier können Sie alles fühlen – was Sie selbst und auch was andere bewegt.

Aktivitäten, die von der Energie Ihres Herzens gespeist werden, verrichten Sie mit Liebe und Begeisterung. Diese Aktivitäten geben Ihnen Kraft, ganz gleich, wie viel Anstrengung erforderlich sein mag. Hingegen wird alles, was Sie ohne Liebe und Begeisterung tun, nicht von der Energie Ihres Herzens, dieser unerschöpflichen Quelle der Kraft, gespeist, und deshalb erschöpfen Sie sich schneller darin.

In Beziehungen, die von der Energie Ihres Herzens getragen werden, bringen Sie sich mit Liebe, Begeisterung und Engagement ein. Sie mögen schwierig und mit Schmerz und Enttäuschung verbunden sein, sie mögen Opfer von Ihnen verlangen, und doch werden Ihnen diese Beziehungen auch immer wieder Kraft geben. Denn die Energie, die dem Herzen entströmt, fließt nicht auf einer Einbahnstraße. Sie kommt in mindestens der gleichen Menge, in der sie ausgegeben wird, zu Ihnen zurück.

Ihr Herz ist eine unerschöpfliche Quelle der Liebe und Energie, oder besser gesagt eine Durchgangsstation, durch die

Liebe und Energie aus einem Teil Ihres Wesens fließt, der über Ihre Person hinaus geht (eine transpersonale Ebene). Stellen Sie sich vor, das ganze Universum ist keine Ansammlung einzelner Dinge und Wesen, sondern ein zusammenhängendes Feld, ein Organismus. Und das Wesen, das sich in diesem Organismus verbirgt und zugleich manifestiert, so wie sich Ihr Wesen in Ihrem Körper verbirgt und zugleich manifestiert, ist das, was die Religionen Gott nennen. So gesehen sind wir alle sowohl Teil als auch Ausdruck ein und desselben Wesens. Und unser Herz ist Teil und Ausdruck des Herzens des Universums oder des göttlichen Herzens. Weil das so ist, haben wir über unser eigenes Herz Zugang zum Herzen aller Wesen, mit denen wir in Kontakt kommen oder an die wir denken. Man kann wirklich fühlen, was ein anderer Mensch fühlt, und zwar in sich selbst, in seinem eigenen Herzen, vorausgesetzt, es ist offen dafür. Das nennt man »Mitgefühl«, mitfühlen im wahrsten Sinne des Wortes. Dieses Mitfühlen hat nichts mit der Emotion »Mitleid« zu tun, die eine eigene emotionale Reaktion auf das Gefühl des anderen ist.

Das Wesen des Herzens ist Liebe, und indem es fühlt, ist es in seinem Element. Wenn ich mit diesem Kern meines Wesens verbunden bin und ihn nicht verschließe, fühle ich meinen Schmerz und meine Freude, meine Liebe und meine Sehnsucht und bin doch nicht mit diesen Gefühlen identifiziert. Ich werde nicht von ihnen überwältigt, geschädigt oder vernichtet. Ich nehme den Strom meines inneren Erlebens einfach wahr und bin eins mit ihm; zwischen mir und meinen Gefühlen gibt es keine Trennung. Doch gleichzeitig bin ich viel mehr als meine Gefühle, sozusagen ein Gefäß mit unbegrenzter Kapazität. Ebenso wie meine eigenen Emotionen fühle ich die Freude, die Liebe, die Sehnsucht und den Schmerz der Wesen, die mir begegnen, ohne dass ich mit diesen Gefühlen identifiziert bin. Ich kann sie einfach in mir fühlen, und mein Herz hat die natürliche Neigung, anderen das zu schenken, was sie brauchen, sei es Achtung, Verständnis oder Erbarmen. Das Nehmen und Geben des Herzens findet in der Welt des Fühlens statt. Das, was ich in mein Herz aufnehme (»wofür ich mein Herz öffne«), sind Arten des Fühlens (Schmerz, Freude, Liebe, Trauer, Wut etc.), und das, was mein Herz gibt, sind ebenfalls Gefühle, aber höhere, nicht selbstbezogene Arten des Fühlens: Erbarmen, Verständnis, Achtung.

Wie kann man nun sein Herz öffnen, wenn es verschlossen ist? Zunächst muss man erkennen, dass es überhaupt verschlossen ist. Das merkt man nicht ohne weiteres, weil verschlossene Herzen in unserer Gesellschaft üblich sind. Dass Ihr Herz verschlossen ist, können Sie daran erkennen, dass Sie leiden oder dass andere unter Ihnen leiden. Wenn Ihr Herz offen ist, leiden Sie nicht. (Sie fühlen vielleicht Schmerz, wenn Sie an Menschen denken, die Sie lieben und denen Sie nicht helfen können; aber das ist etwas anderes als das Leid, das dadurch entsteht, dass Sie mit eigenen Gefühlen identifiziert sind.) Und die Menschen, mit denen Sie zu tun haben, leiden auch nicht unter Ihnen, denn Sie werden ganz von selbst eine Atmosphäre um sich herum schaffen, in der sich andere wohl, akzeptiert und geachtet fühlen.

Sie müssen also erstens bemerken, dass Ihr Herz verschlossen ist. Zweitens müssen Sie den Wunsch haben, es zu öffnen. Und drittens müssen Sie dazu bereit sein. Bereit sein ist noch einmal etwas anderes als wünschen. Ich kann mir wünschen, dass mein Herz sich öffnet, aber nicht bereit sein, das Meinige dazu zu tun. Bereitschaft bedeutet zu sagen: »Im Augenblick ist mein Herz verschlossen, ich kann es auch nicht öffnen, aber ich bin bereit, eine Öffnung geschehen zu lassen.« Das ist wie ein Gebet um Liebe.

Diese Bereitschaft ist in manchen Momenten sehr schwierig aufzubringen. Wenn ich gerade wütend auf jemanden bin, weil ich meine, dass er mir Unrecht getan hat, halte ich lieber an meinem Recht und an meiner Wut fest, als mein Herz zu öffnen. Doch was hier ein offenes Herz braucht, ist meine eigene Wut und mein eigener Schmerz über die erlittene Ungerechtigkeit. Mein Herz dafür zu öffnen ist ein Leichtes, wenn ich erst einmal gelernt habe, wie das geht. Erst danach kann ich mich den Gefühlen des Menschen öffnen, der mir das angetan hat (»ihm mein Herz öffnen«). Es ist leicht, denn ich fühle es in mir selbst. Mein Herz, mein Fühl-Zentrum, muss nur offen sein. Für das Herz ist Mitfühlen keine Akrobatik, sondern ganz natürlich.

Indem ich mein Herz öffne, bin ich also bereit, etwas zu fühlen, wovor ich mich vorher (aus Angst) verschlossen hatte. Diese Öffnung ist immer von Verstehen, Erbarmen, Erkennen und Respekt begleitet, die sich automatisch einstellen, wenn man sich für ein Gefühl öffnet. Das Herz ist »bewegt«, manchmal erschüttert von allem, wovon es sich berühren lässt, und das ist sehr schön. Eigentlich gibt es nichts Schöneres. Deshalb heißt es in *Die Stimme des Herzens* [1]: »Wer auch nur einen einzigen Augenblick eingetaucht ist in das wahre Wesen der Liebe, weiß, dass er nur in diesem Augenblick gelebt hat.« Vorher hatte man Angst, es könne unerträglich sein, sich diesem Schmerz zu öffnen; aber wenn man sich geöffnet hat, ist es schön. Es ist Liebe.

1 Safi Nidiaye, *Die Stimme des Herzens* (siehe Literaturverzeichnis)

Liebe

Liebe ist unser natürlicher Zustand, der Zustand, in dem wir zu Hause sind. Früher konnte ich mit Aussagen wie diesen nichts anfangen, weil ich nicht wusste, wie Liebe sich anfühlt. Für mich war es normal, mich ungeliebt zu fühlen. Ich konnte zwar alle möglichen Emotionen fühlen, auch solche, die ich in Form von »Ich liebe dich« ausdrückte, ich konnte rasend verliebt sein, von Fürsorge und Zärtlichkeit überwältigt oder mich nach der Liebe eines Menschen verzehren, aber ich wusste nicht, wie Liebe sich anfühlt.

Und dennoch: Als ich es dann entdeckte, habe ich es erkannt. Nicht als etwas, das ich in der Vergangenheit erlebt hatte, sondern als natürlichen inneren Zustand, den einzigen, welcher der Wahrheit entspricht, den ursprünglichen Zustand. Ich habe ihn vielleicht nicht im zeitlichen Sinne als ursprünglichen Zustand erlebt, wohl aber in einem anderen Sinne. Ich musste nur in die innerste Schicht meines Wesens eintauchen, um ihn zu finden. Er war immer dort.

Liebe ist schön. Nicht-Liebe ist nicht schön. Alles, was an dieser Welt nicht schön ist, ist deshalb nicht schön, weil es nicht vom Licht der Liebe beschienen wird. Beispielsweise sind alle Teile deines Körpers, die du hässlich findest, deshalb hässlich, weil du sie ablehnst. Ein Mensch, der dich liebt und der deinen Körper mit Liebe betrachtet, wird nichts Hässliches an ihm finden. Alle Teile deines Wesens, die du hässlich findest, sind deshalb hässlich, weil du sie ablehnst. Würdest du sie mit Liebe anschauen, würdest du ihre Schönheit erkennen. Dann würden sie dir voller Dankbarkeit und Freude die Schönheit und Unschuld enthüllen, die ihnen eigentlich zugrunde liegt. Alles, was du an dieser Welt hässlich findest, ist deshalb hässlich, weil du es ablehnst. Würdest du es mit Liebe anschauen, würde es dir voller Dankbarkeit und Freude die Schönheit und Unschuld enthüllen, die ihm zugrunde liegt.

Das wird schwer nachzuvollziehen sein, wenn Sie dabei beispielsweise an jemanden denken, der foltert, tötet oder wehrlose Menschen verprügelt. Dass es dennoch wahr ist, können Sie auf dem Weg entdecken, den ich Ihnen hier aufzeige, indem Sie die hässlichen Teile Ihrer selbst mit den Augen der Liebe anschauen. Wenn Sie schließlich mit dem Herzen verstanden haben (was nicht dasselbe ist wie mit dem Kopf verstehen!), dass auch diese hässlichen Teile im Grunde unschuldig und schön sind, werden Sie das auch an anderen Menschen erkennen können, vorausgesetzt, Sie sind bereit, mit den Augen des Herzens zu sehen.

Wenn Sie sich ein Kind vorstellen, das ganz außer sich ist, um sich schlägt und irgendjemanden inbrünstig hasst, fällt es Ihnen leichter zu verstehen, was es zum Beispiel mit einem hässlichen Gefühl wie Hass auf sich hat. Natürlich würden Sie das Kind fragen, warum es den Betreffenden hasst, und ganz selbstverständlich würden Sie hinzufügen: »Was hat er dir getan?« Denn es wäre Ihnen klar, dass ein Kind niemals aus sich selber heraus jemanden hasst, sondern weil dieser Jemand ihm wehgetan hat. Wenn Sie sich diesem Kind mit der Bereitschaft nähern, es zu verstehen und zu achten, wird es Ihnen sehr schnell offenbaren, was ihm so wehtut, und bald wird es in Ihren Armen weinen – vor Schmerz, aber auch vor Erleichterung, dass endlich jemand da ist, der seinen Schmerz fühlt und versteht. Und dann kann es sich wieder freuen.

Wie alt, klug, erfahren oder abgebrüht, zynisch oder cool wir auch sein mögen, ganz tief im Innern sind wir alle noch Kinder und werden es immer sein. Unser Kern ist und bleibt ein Kind. (Bei sehr alten Menschen tritt dieser kindliche Kern wieder deutlich zutage.) Tief im Innern sind wir so unschuldig, so verletzlich und gleichzeitig so heil und heilig wie ein Kind oder ein Engel. Wenn wir ganz ehrlich sind, freuen wir uns und weinen wie ein Kind, sehnen und hoffen wie ein Kind, sind enttäuscht wie ein Kind und hassen wie ein Kind. Wenn wir in das Herz eines Menschen schauen, sehen wir immer diesen heiligen Kern, und dann können wir nicht anders, als ihn zu lieben, auch wenn wir ablehnen, was er tut, und seine Persönlichkeit uns nicht sympathisch ist.

Was wäre der Himmel auf Erden? Sicher sind wir uns darin einig, dass der Himmel auf Erden ein Ort wäre, an dem jeder so gesehen, verstanden und respektiert wird, wie er ist, und sich deshalb auch so zeigt, wie er eigentlich ist: unschuldig und schön wie ein Kind. Jede seiner Regungen und Gedanken würde respektiert und verstanden. Respekt und Verständnis wären so selbstverständlich an diesem Ort, dass man sich gar nicht vorstellen könnte, einem Wesen anders zu begegnen, denn man wäre ja im Zustand der Liebe, könnte jedem tief ins Herz schauen.

Diesen Himmel gibt es wirklich. Es ist die Welt, aus der wir kommen. Schauen Sie sich ein Baby an oder ein Kätzchen oder die zerbrechliche Schönheit eines jungen Baumes. Hier kann man noch etwas von dieser Welt erkennen und wir alle tragen die Erinnerung daran in uns. Ich glaube jedoch nicht, dass uns gedient ist, wenn wir uns diesen himmlischen Zustand nur als etwas Vergangenes vorstellen, mit dem wir bei guter Führung auf Erden vielleicht auch in Zukunft rechnen dürfen. Viel sinnvoller und auch viel schöner ist es, ihn hier und jetzt zu entdecken. Er ist nämlich keine vergangene oder zukünftige, sondern eine immer während innere Realität. Dieser Himmel kommt auf die Erde, wenn wir ihm erlauben, nicht nur in der geheimsten Kammer unseres Herzens zu existieren, sondern auch in unseren Gedanken, Worten und Taten, und wenn wir auch anderen Menschen zubilligen, denselben Himmel, dasselbe heilige und verletzliche Geheimnis, in ihren Herzen zu tragen und ihm zu vertrauen.

Wir müssen also bereit sein, unser Herz zu öffnen und offen zu halten, und diese Bereitschaft Tag für Tag bekräftigen. Wenn sich das Herz hundertmal verschließt – und das wird passieren –, öffnen wir es hundertmal von neuem.

Lebensfreude

Was für ein Abenteuer, das Leben auf dieser Erde! Ich habe einen Körper, Füße, mit denen ich laufen, Zehen, mit denen ich wackeln kann, Augen, Ohren, Hände. Ich spüre die Lebensenergie – meine Energie! – in den Zellen jenes lebendigen, atmenden, pulsierenden Gebildes, das mir gehört und mit dem ich phantastische Dinge machen kann: tanzen, Purzelbäume schlagen, Kirschen essen, Zwiebeln braten, Rosenduft riechen, fremde Haut berühren, im Sonnenlicht baden, barfuß durchs Gras laufen, Töne erzeugen, wandern, auf Berge klettern, im Wasser schwimmen, Sex haben … Ich habe ein Herz, das fühlen, und ein Gehirn, das sich die unglaublichsten Dinge ausdenken kann. Wenn ich mir all dessen bewusst bin, brauche ich keine Droge. Das Leben selbst ist die Droge, der Rausch, der Trip. Was hält mich davon ab, mir dessen stets bewusst zu sein und es in jedem Augenblick zu bestaunen und zu genießen? Was hält Sie davon ab?

Wir vergessen, dass wir sterblich sind, und richten uns in diesem Leben ein, als sei es für immer, als gälte es, sich eine möglichst sichere Existenz und dauerhafte Beziehungen zu schaffen, Risiken zu vermeiden und Güter anzuhäufen. Kurz, als hätten wir ein Recht auf irgendetwas in dieser Welt. Verrückt, wenn man bedenkt, dass der ganze Spaß nach ein paar Jahrzehnten vorbei ist, wenn er überhaupt so lange währt. Das Jenseits ist voll von Leuten, die eines frühen Todes gestorben sind, darunter auch einige Freunde und Verwandte von mir. Wir haben also allen Grund, die Unwiderruflichkeit, Einmaligkeit und Besonderheit jedes Augenblicks zu würdigen. Das tun wir aber nicht. Oder jedenfalls selten. Wir meinen, dazu seien besondere Umstände nötig ... Aber das Leben an sich ist ein besonderer Umstand!

Der Hauptgrund, warum wir nicht in jedem Augenblick unseres Lebens vor Freude jubeln, vor Liebe überfließen, von Ehrfurcht überwältigt, von Demut ergriffen und von Dankbarkeit erfüllt sind, ist der, dass wir unser Herz verschließen. Und das tun wir, weil wir Angst vor bestimmten Gefühlen haben. Wir fürchten uns beispielsweise so sehr vor dem Gefühl, ausgelöscht oder vernichtet zu werden, dass wir nicht nur den Gedanken an unseren eigenen Tod, sondern auch die Angst vor diesem Gedanken aus unserem Bewusstsein verbannt haben. Wir haben Angst vor der Unsicherheit, die wir vielleicht erleiden müssten, wenn wir wagen würden, unsere Träume zu verwirklichen. Wir verschließen uns vor den Gefühlen anderer Menschen, vor ihrer Wut, ihrer Traurigkeit, ihrem Ärger, ihrer Unzufriedenheit, weil wir Angst vor dem Gefühl haben, das wir ertragen müssten, würden wir uns ihnen öffnen. Aus Angst vor dem Gefühl, verletzt, verlassen oder herabgewürdigt zu werden, verzichten wir darauf, unsere Wahrheit zu leben und glücklich zu sein.

Würde mein neuer Freund mich verlassen, wenn ich mich zeigen würde, wie ich wirklich bin? Würde er mich womöglich ablehnen? Davor fürchte ich mich, und deshalb tue ich es lieber nicht. Lieber bin ich ein bisschen weniger ich selbst und damit ein bisschen weniger lebendig. Was würden die Leute von mir denken, wenn ich täte, was ich jetzt gern tun würde, nämlich auf der Straße tanzen? Sie würden mich auslachen oder für verrückt halten. Das wäre eigentlich nicht weiter schlimm, weil ihr Problem. Mein Problem wäre, dass ich mich lächerlich, bloßgestellt oder verachtet fühlen würde, und davor habe ich solche Angst, dass ich mir das Tanzen verkneife. Wenn ich dann endlich zu Hause angekommen bin, wo ich unbeobachtet tanzen kann, ist mir die Lust am Tanzen vergangen.

Was würde geschehen, wenn ich so glücklich wäre, wie ich eigentlich sein könnte, wenn ich mein Potential ausleben, meine Kraft zulassen und meinen Raum einnehmen würde, wenn ich so erfolgreich wäre, so stark, so strahlend, wie ich eigentlich sein könnte? Würden die Menschen mich dann nicht hassen oder zumindest beneiden? Wäre es nicht ungerecht all denen gegenüber, die nicht so viel Talent haben wie ich, und würde ich mich dabei nicht ganz schrecklich fühlen? Also bleibe ich lieber beim Mittelmaß oder mische all meinem Glück eine Prise Unglück bei. »Seht her, Leute, ich sehe vielleicht gut aus und habe ein schönes Leben, aber das ist kein Grund, auf mich neidisch zu sein. Ich habe auch mein Päckchen zu tragen.« Wenn ich der Verkäuferin sagen würde, dass mich ihre Aufdringlichkeit nervt, wenn ich dem Taxifahrer sagen würde, dass ich seine Ansichten für Schwachsinn halte, wenn ich meinem Vater sagen würde, dass er aufhören soll, mich einzuschüchtern, oder meiner Mutter, dass ich die Socken nicht mag, die sie mir immer zu Weihnachten strickt – was würde passieren? Vordergründig denke ich vielleicht, dass ich die anderen nicht verletzen möchte. Aber wenn ich wirklich in mein Herz schaue, werde ich feststellen, dass ich Angst habe. Ich habe Angst, dass die anderen mich ablehnen, verurteilen, nicht mehr mögen oder böse auf mich sind, wenn ich so etwas sage, beziehungsweise Angst vor dem Gefühl, das ich dann hätte. Also halte ich lieber den Mund. Man muss ja nicht immer alles sagen.

Die Sache hat nur einen Haken: Indem ich meine Wahrheit unterdrücke und mir Dinge verkneife, installiere ich eine Dauer-Anspannung in meinem Körper. Viele von uns haben einen Hintern, dem man ansieht, dass sie permanent »den Schwanz einziehen«. Bei anderen liegen die Oberarme gewohnheitsmäßig zu eng am Körper, was eine Masseurin einmal »Brave-Mädchen-Arme« genannt hat. Wieder andere haben vom ständigen Hochziehen der Schultern Knoten in den Muskeln. Es gibt eigentlich niemanden, der nicht vor lauter Angst völlig verspannt ist. Dass dies kein Wunder ist, wird jeder bei sich selbst feststellen, sobald er all den Schmerz entdeckt hat, der sich hinter dieser Angst verbirgt.

Wir alle tragen unendlich viel Schmerz mit uns herum: den Schmerz unserer Geburt, die im Allgemeinen alles andere als angenehm und natürlich verlaufen ist, den Schock unserer Ankunft auf Erden, die unverarbeiteten Erschütterungen der Kindheit, aber auch all die unverarbeiteten Qualen, Nöte und Gewissensbisse unserer Jugendzeit. Außerdem schleppen wir unverdaute Gefühle unserer Eltern und anderer Vorfahren mit uns herum, von denen wir teilweise nicht einmal eine Ahnung haben (wie man bei Familienaufstellungen nach Hellinger feststellen kann), und darüber hinaus als Echo oder Erinnerung im kollektiven Bewusstsein die Geschichte unserer Sippe, unseres Volkes und der ganzen Menschheitsfamilie mit Hexenverbrennungen, Konzentrationslagern, Folter und Krieg, Pest und Hungersnöten. Überall in unserem Körper, wo festgefrorene Energie aus unverarbeiteten Schocks sitzt, wo wir verspannt sind, wo wir an uns halten, wo sich unsere schmerzenden Knoten befinden, kann die Lebensenergie nicht frei fließen, und damit wird unsere Freude eingeschränkt (denn die Lebensenergie zu spüren ist identisch mit Freude). Und schließlich geht uns die Fähigkeit, vor Freude zu tanzen, gänzlich verloren. Wenn wir sie wieder finden wollen, müssen wir diese Knoten, diese Spannungen, diese alten Ängste erlösen, indem wir uns ihrer annehmen. Das bedeutet: Wir müssen sie fühlen und uns des Schmerzes erbarmen, der ihnen zugrunde liegt und vor dem wir uns so sehr fürchten. Die Eintrittskarte für das Fest des Lebens ist der Schmerz. Aber seien Sie getrost: den Schmerz, den Sie in sich tragen, endlich auch zu fühlen, hat nicht Leid zur Folge, sondern Freude. »Ein Schmerz, der vom Herzen abgelehnt wird, verwandelt sich in Leid; ein Schmerz, der vom Herzen angenommen wird, verwandelt sich in Freude«, heißt es in *Die Stimme des Herzens* [2].

Oft ist es, als würde ein Riesenschwall Energie sprich Lebensfreude freigesetzt, wenn man einen Schmerz, gegen den man sich ein Leben lang gewehrt hat, endlich einmal bewusst zulässt.

Leben ist Freude. Es gibt eine Ur-Silbe, die beides zugleich bedeutet: »hei«. Im Arabischen und Hebräischen bedeutet »hei« sowohl Leben als auch Freude und Energie und auch im Deutschen wurde diese Silbe früher verwendet, um Freude und Lebendigkeit auszudrücken: Man rief »hei« oder »heißa«. Die Silbe »hei« ist, sicher nicht zufällig, auch in den deutschen Worten »Heimat«, »heil« und »heilig« enthalten, in dem amerikanischen Gruß »hi« und in »high« als Ausdruck für einen Zustand erhöhter Lebendigkeit. Leben ist gleichbedeutend mit Freude. Wenn wir das nicht so erleben, dann deshalb, weil wir den Schmerz nicht fühlen wollen, den es unvermeidlich auch mit sich bringt. Unvermeidlich deshalb, weil wir in Raum und Zeit leben, und das bedeutet, dass es räumliche Trennung geben kann und dass alles vorübergeht, auch das Schöne. Das entspricht jedoch nicht unserem innersten Gefühl und fühlt sich deshalb falsch an. Unsere innerste Natur ist in der Ewigkeit und in der Unendlichkeit zu Hause. Da gibt es nichts, was vorübergeht, und nichts, wovon wir getrennt wären. Und nun finden wir uns plötzlich in einer Realität wieder, in der alles von uns getrennt erscheint und nichts von Dauer ist. Das tut weh.

Wir können versuchen, uns zu retten, indem wir einen Trick anwenden und uns immer wieder daran erinnern, dass wir ewige Wesen sind. »Ich bin ja nur vorübergehend hier,

---

2 Safi Nidiaye, *Die Stimme des Herzens* (In diesem Buch habe ich Inspirationen wiedergegeben, die ich zum Thema erhalten habe und die das Herz sehr stark berühren.)

außerdem ist alles Illusion, in Wirklichkeit bin ich ewig und unbegrenzt. Es gibt also keinen Grund zu leiden.« Manche tun das. Sie versuchen, das Leben als spirituelle Überschweber anzugehen. Doch damit entgeht ihnen das Schönste. Der Witz an der Sache liegt nämlich darin, sich ganz auf das Abenteuer »Inkarnation als Mensch« einzulassen. Wir können im Hinterkopf behalten, dass ein Teil unseres Wesens unsterblich, unendlich und mit allem verbunden ist, aber wenn wir das als Fluchtburg vor dem Schmerz der Realität benutzen, hindern wir uns daran, die Schönheit des Lebens zu erfahren. Diese Schönheit ist auf geheimnisvolle Weise an die Bereitschaft gekoppelt, sich dem Schmerz zu öffnen. Es ist ähnlich wie bei einer Geburt. Die Ankunft eines neuen Wesens auf dieser Welt ist ein unglaubliches Wunder, aber um dieses Wunder erleben zu können, muss man bereit sein, durch das Tor des Schmerzes zu gehen.

Schmerz und Freude schließen einander nicht aus. Der Schmerz hält uns nur so lange von der Freude ab, wie wir uns gegen ihn verschließen, weil wir uns damit vor dem Fühlen an sich verschließen. Und natürlich kann man auch keine Freude fühlen, wenn man einen Großteil seiner Fähigkeit zu fühlen außer Kraft gesetzt hat. Wenn Sie den Knoten lösen, in dem Sie den unerwünschten Schmerz festgehalten haben, und dem Schmerz erlauben, aus dem Knoten zu strömen und sich auszubreiten, sodass Sie ihn bewusst fühlen können, werden Sie immer die Erfahrung machen, dass Sie anschließend von frischer Energie erfüllt sind und sich wieder freuen können. Manchmal ist dies eine überwältigende Erfahrung, die mit großer Dankbarkeit einhergeht, manchmal eine eher stille und unscheinbare. Doch immer bringt sie einen Zuwachs an Lebendigkeit und Liebe.

In Kontakt oder nicht in Kontakt?

Ein offenes Herz ist in Kontakt, ein verschlossenes nicht. Nicht in Kontakt sein bedeutet Leid. Einsamkeit, Stress, Depressionen, aber auch die unglückselige Verstrickung in eigene Emotionen entstehen, wenn man nicht in Kontakt ist – mit sich selbst, mit seinem Körper, mit anderen Menschen, mit dem Leben. Hingegen entstehen schöne Gefühle wie Glück, Erfüllung, Zufriedenheit, Geborgenheit, aber auch höhere Emotionen wie Heiligkeit, Erhabenheit, Dankbarkeit, Liebe, Ehrfurcht, Demut, Andacht und Hingabe aus Momenten des Kontakts. Hier ist nicht nur der Kontakt mit einem anderen Menschen gemeint. Es kann auch ein tiefer Kontakt mit der eigenen Seele sein, mit der Natur, mit dem inneren Kind oder mit anderen Teilen seiner selbst, die man plötzlich entdeckt. Es kann der Kontakt mit einem Baum sein, mit der Luft, der Sonne, einem Tier oder ein innerer Kontakt mit einem Menschen, der räumlich weit entfernt oder gar schon tot ist ... Und natürlich kann es auch der Kontakt mit einem Menschen sein, dem wir gerade in Fleisch und Blut begegnen.

Apropos Fleisch und Blut. Auch in der Sexualität suchen wir vor allem Kontakt. Wenn man den Autoren einschlägiger Selbsthilfebücher glauben will, suchen Männer vor allem körperlichen Kontakt, der sie wieder zum Fühlen und damit in Kontakt mit ihrem Herzen bringen soll, während Frauen meistens seelischen Kontakt suchen, der dann ein Bedürfnis nach körperlichem Kontakt auslöst. Dennoch wird Sex oft praktiziert, ohne in Kontakt zu sein. Der eigene Körper wird genauso als »Es« beziehungsweise als Gegenstand behandelt wie der

Körper des Partners oder der Partnerin. Wenn wir den Körper eines anderen Menschen benutzen, um Lustgefühle in uns zu wecken und zu befriedigen, ohne mit ihm in Kontakt zu sein, wird uns diese Erfahrung nicht besonders viel Glück oder Erfüllung bescheren. Man kann dasselbe tun und zugleich mit dem Menschen in Kontakt sein, der einem dieses Vergnügen verschafft, und sei es nur dadurch, dass man Dankbarkeit dafür zum Ausdruck bringt oder wenigstens empfindet. In Kontakt zu sein hat nichts mit dem Aufbauen einer herkömmlichen »Beziehung« zu tun. Es geht vielmehr darum, in dem Augenblick, in dem ich dem Menschen begegne, mit ihm in Beziehung zu treten, und zwar so, wie ich gerade bin, mit meiner Wahrheit. Ich kann in Kontakt sein und sagen: »Ich will nur Sex von dir.« Ich kann aber auch sagen »Ich liebe dich«, ohne mit der betreffenden Person oder mit meinem eigenen Gefühl in Kontakt zu sein.

In vielen ländlichen Gegenden ist es Sitte, die Menschen zu grüßen, denen man unterwegs begegnet. So entsteht einen Augenblick lang Kontakt und der andere ist ein Du und nicht nur ein Objekt meiner Wahrnehmung (wenn überhaupt). In Großstädten kommt es eher vor, dass man sich gegenseitig anstarrt oder gar mustert, ohne in Kontakt zu treten. Der andere wird zum Gegenstand meiner Betrachtung, anstatt ein Du zu sein, und ich bleibe in der Blase meiner Isolation. Kontakt mag Risiken bergen, Ärger bringen, störend sein und uns vor Herausforderungen stellen, aber Kontakt bedeutet auch Lebendigkeit.

Kontakt heiligt und heilt, während Nicht-Kontakt alles unheilig macht, uns aus der heilen Welt der Verbundenheit herausreißt und letztlich krank werden lässt. Kontakt macht, um mit den Worten des großen jüdischen Philosophen Martin Buber zu sprechen, aus einem »Ich-und-Es-Verhältnis«, in dem ich das Subjekt und der/die/das Andere das Objekt meiner Wahrnehmung ist, ein »Ich-und-Du-Verhältnis«. Ich zitiere aus Bubers berühmtem Werk *Ich und Du*:

»Ich betrachte einen Baum. Ich kann ihn als Bild aufnehmen … Ich kann ihn als Bewegung verspüren … Ich kann ihn als Ausdruck des Gesetzes erkennen … In all dem bleibt der Baum mein Gegenstand. Es kann aber auch geschehen, aus Wille und Gnade in einem, dass ich, den Baum betrachtend, in die Beziehung zu ihm eingefasst werde, und nun ist er kein Es mehr … Kein Eindruck ist der Baum, kein Spiel meiner Vorstellung, kein Stimmungswert, sondern er lebt mir gegenüber und hat mit mir zu schaffen, so wie ich mit ihm – nur anders … Beziehung ist Gegenseitigkeit.

Wer Du spricht, hat kein Etwas zum Gegenstand … Aber er steht in der Beziehung.«

Wenn ich zurückfinden will zur heilen und heiligen Beziehung mit anderen, muss ich als Erstes Kontakt zu mir selbst herstellen. Den Atem zu spüren ist ein Anfang, den Körper zu spüren ein zweiter Schritt. Zu entdecken, wie man sich fühlt, und dies nicht nur zu registrieren, sondern Kontakt zu diesem Gefühl aufzunehmen, es zu erspüren und zu umarmen, der nächste. So seltsam es klingt, aber wenn man das tut, wird man für sich selbst zum Du und tritt in eine heilige Beziehung ein, eine Intimität mit sich selbst. Und plötzlich erlebt man sich als mit allem in Kontakt. Der eigene Körper wird ein Du, dem man voll Dankbarkeit und Liebe gegenüber steht, die Luft, die man atmet, das Haus, dessen Wände einen umgeben, die Sterne am Himmel, die geliebten Menschen, an die man denkt … Die ganze Welt wird verzaubert, sobald man, wie Buber sagt, »aus Willen und Gnade zugleich« in Kontakt tritt.

Früher erlebte ich solche Augenblicke nur durch »Gnade«. Sie konnten nicht willentlich herbeigeführt werden und ich hatte keine Ahnung, wie ich den Kontakt von mir aus wiederherstellen konnte, wenn ich ihn verloren hatte. Wie ich es versuchte, ging es jedenfalls nicht.

Doch seit ich den Weg zum Herzen entdeckt habe, den ich »körperzentrierte Herzensarbeit« nenne, weiß ich, wie ich jederzeit wieder in den Zustand des »In-Kontakt-Seins« zurückkehren kann. Es ist sehr einfach. Ich muss mich nur mir selbst zuwenden und mit meinem eigenen momentan vorherrschenden Gefühl in Berührung kommen, was immer es sein mag und wie immer ich es beurteile.

Atmen, fühlen, Herz aufmachen – und schon bin ich wieder in Kontakt und erfüllt von der Freude und dem Zauber des Lebens.

Bevor Sie sich auf den Weg machen ...

Sie brauchen zwei Dinge, um sich auf den Weg machen zu können: einen Grund und Bereitschaft. Beides müssen Sie nicht künstlich herstellen, sondern in sich finden.

Dass Sie einen Grund brauchen, liegt auf der Hand. Es kann ein Problem sein, dessen Lösung Sie ersehnen, oder der Wunsch nach Befreiung, Heilung, Klärung, Erlösung, Erwachen, Liebe oder was auch immer. Auf jeden Fall brauchen Sie irgendetwas, das Sie motiviert, innere Arbeit zu tun. Es ist nützlich, sich über dieses Motiv im Klaren zu sein, denn es wird Ihnen über schwierige Momente hinweghelfen und Ihnen die Kraft geben, auch dann weiterzumachen, wenn eine Stimme in Ihnen laut wird, die sagt: »Was soll der Quatsch, lass uns lieber den Fernseher anmachen.«

Zweitens brauchen Sie Bereitschaft, und zwar eine ganz bestimmte Bereitschaft. Ohne diese Bereitschaft wird es Ihnen entweder schwer fallen, sich aus Ihren inneren Verwicklungen zu lösen oder Ihr Herz zu öffnen. Welche ganz bestimmte Bereitschaft die Ihre ist, kann ich Ihnen nicht sagen. Das müssen Sie selbst herausfinden. Ich gebe nur ein paar Beispiele, die Ihnen verdeutlichen sollen, welche Art von Bereitschaft hier von Nutzen ist:

- die Bereitschaft, einer Sache auf den Grund zu gehen;
- die Bereitschaft, alles, was in Ihrem Innern auftaucht, bewusst wahrzunehmen;
- die Bereitschaft, aus der Hypnose Ihrer Gedanken aufzuwachen;

- die Bereitschaft sich zuzuwenden;
- die Bereitschaft, sich um die eigene innere Not zu kümmern;
- die Bereitschaft, Ihr Herz für alles zu öffnen, was auftaucht;
- die grundsätzliche Bereitschaft zu lieben;
- die grundsätzliche Bereitschaft, sich der Wahrheit zu öffnen.

Welche grundsätzliche Bereitschaft können Sie in sich wecken? Finden Sie sie, denn sie ist Gold wert. Selbst wenn Sie aus diesem Buch keinen anderen Nutzen ziehen können als den, den dieser Punkt Ihnen bietet, haben Sie sich schon einen großen Gefallen getan. Denken Sie an diese Bereitschaft jeden Morgen oder wann immer es Ihnen einfällt. Rufen Sie sie wach, wenn Sie ein Problem angehen, das Ihnen zu schaffen macht. Wecken Sie sie, wann immer es schwierig wird in Ihrem Leben. Diese Bereitschaft wird Ihnen helfen, alles gut zu überstehen und bereichert aus jeder Situation hervorzugehen.

Nun haben Sie Ihr Rüstzeug für den Weg und müssen nur noch den Einstieg finden. Der Einstieg ist immer das Thema, das Sie gerade am meisten beschäftigt. Dieses Thema nenne ich »Problem«. Probleme bieten den leichtesten Einstieg ins Herz. Bevor ich praktisch erläutere, wie Sie sie nutzen können, um Ihr Herz zu öffnen, möchte ich aus höherer Sicht erklären, was Probleme bedeuten.

Probleme

Probleme gibt es, solange es Menschen gibt. Tiere haben keine Probleme. Pflanzen haben keine Probleme. Steine und Meer, Wind und Feuer haben keine Probleme. Probleme hat nur der Mensch.

Das liegt nicht daran, dass er dümmer ist als die anderen Lebensformen auf diesem Planeten, sondern daran, dass im Menschen die Intelligenz des Universums erwacht. In allen anderen Lebensformen existiert sie unbekümmert vor sich hin; im Menschen beginnt sie, sich ihrer selbst bewusst zu werden und sich selbst zu entdecken. An jeder Schwelle zu weiterer Bewusstwerdung, vor jedem neuen »Aha« steht ein Problem. Das Problem ist das, worin sich die Anstrengung von Nichtwissen und Wissenwollen, von Nichtkönnen und Könnenwollen konzentriert. Wenn die Spannung, die daraus entsteht, überwunden ist, macht das Bewusstsein einen Sprung, und das Problem ist gelöst. Sein weiteres Dasein verbringt der Mensch nun auf der Basis seiner neuen Erkenntnis. Probleme sind also so etwas wie Krisen, die einem Erwachen vorausgehen. So gesehen sind Probleme nichts, was man lösen, überwinden oder loswerden sollte, sondern etwas, das man so vollständig wie möglich erleben muss. Wenn das geschehen ist, stellt sich die Lösung ganz von selbst ein.

Ich möchte Ihnen hier eine neue Art vorstellen, mit Problemen umzugehen. Wie wäre es, wenn Sie den anstrengenden und meist fruchtlosen Bemühungen, Ihre Probleme zu bewältigen oder zu verdrängen, den Rücken kehren und das Problem stattdessen einmal aufmerksam erleben würden? Dabei werden

Sie entdecken, dass sich Ihr Problem nicht nur in Ihrer Lebenssituation und in Ihrem Kopf abspielt, sondern auch als Verspannung, Schmerz oder sonstige Empfindung in Ihrem Körper bemerkbar macht. Wenn Sie dieser körperlichen Empfindung Aufmerksamkeit schenken, werden Sie entdecken, dass sie der Ausdruck eines Gemütszustandes ist, einer Emotion, die Ihnen bislang nicht bewusst war. Es ist genau die Emotion, die das Problem für Sie zum Problem gemacht hat. Und wenn Sie diese Emotion aufmerksam durchdringen, werden Sie auf ihrem Grund einen Schmerz finden, den Schmerz einer alten seelischen Wunde. Dieser Schmerz will gefühlt werden. Das ist alles. Nichts weiter ist nötig, um Ihr Problem zu lösen und die alte Wunde zu heilen.

Wenn Sie auf diese Weise mit Ihren Problemen umgehen, schlagen Sie mehrere Fliegen mit einer Klappe. Erstens hören Sie auf, sinnlose Kämpfe gegen Ihr Problem, sich selbst, Ihre Mitmenschen und das Schicksal zu führen; zweitens nutzen Sie die Chance, die seelische Wunde zu entdecken und zu heilen, die sich unter Ihrem Problem verbirgt; drittens werden Sie als Folge dieser Entdeckung von einer Reihe irrtümlicher Grundüberzeugungen befreit; viertens werden Sie eins mit sich, während Sie vorher von einem Teil Ihrer selbst getrennt waren, und fünftens öffnen Sie Ihr Herz – und das ist das wertvollste von allem.

Hier also die gute Nachricht: Sie können aufhören, an sich, Ihren Problemen und Ihren Mitmenschen herumzudoktern; Sie müssen nur bewusst werden. Wenn Sie bereit sind, Ihrem jeweiligen Problem auf den Grund zu gehen, indem Sie alles, was in Ihrem Innern auftaucht, bewusst wahrnehmen, wenn Sie bereit sind, sich vor nichts zu verschließen, was dabei auftauchen mag, werden Sie die Lösung in Ihrem Innern finden.

Mit jedem Schritt, den Sie auf diesem Weg gehen, werden Sie mehr Mitgefühl, Achtung und Verständnis für sich und andere entwickeln, werden Sie mehr eins mit sich sein und klarer in Ihren Gedanken und Äußerungen. Und wenn Sie auf diesem Weg des Herzens noch weiter gehen, werden Sie die Liebe entdecken, die allem zugrunde liegt, selbst Ihren schlimmsten Erlebnissen, Ihren tiefsten Wunden und Ihren schwierigsten Beziehungen. Und nach und nach wird diese Liebe alle Angelegenheiten Ihrer inneren und äußeren Welt ins rechte Licht rücken. Denn wo die Sonne der Liebe scheint, gibt es keine Missverständnisse mehr.

Die Sonne der Liebe

S tellen Sie sich vor, Sie seien ein irgendwie sichtbares und fühlbares Energiefeld, das aus hellen und dunklen Teilen besteht. Stellen Sie sich weiterhin vor, dass aus der Mitte dieses Energiefeldes eine Sonne leuchtet. Diese Sonne ist Ihr Herz (hier nicht als Organ gemeint, sondern als Zentrum Ihres Wesens). Einige Teile dieses lebendigen, pulsierenden, atmenden Gebildes werden von dieser Sonne erleuchtet. In ihnen ist es hell und warm und alle Energiepartikelchen – die hier eher Wellen ähneln als Teilchen – fühlen sich darin wohl, geborgen und am richtigen Platz. Sie schwingen, summen und tanzen in Harmonie.

Der weitaus größere Teil dieses Energiegebildes wird jedoch nicht von den Strahlen der Sonne erreicht. In diesen Bereichen ist es dunkel und kalt. Die Teilchen, die sich darin befinden, sind vor Kälte erstarrt und vegetieren im Dunkeln vor sich hin. Sie leiden Hunger, fühlen sich verlassen, verraten, gedemütigt, zu Unrecht verurteilt und gefangen gehalten, aber niemand merkt etwas davon.

Ausgelöst durch ein Ereignis oder eine Begegnung gerät das ganze Feld gelegentlich in Aufruhr. Dann fällt ein Hoffnungsschimmer auf jene Schattenteilchen, denn einige von ihnen werden im Zuge des Aufruhrs in die Nähe der hellen Zonen katapultiert. Vielleicht haben sie dann Glück, werden bemerkt und aus ihrem Kellerdasein erlöst. Vielleicht aber auch nicht. Dann sinken sie nach einer Weile in hilflosem Zorn, resigniert und schließlich verbittert ins kalte Dunkel der Schattenwelten zurück.

Das ist ein ungefähres Bild dessen, was sich in unserer Psyche abspielt. Einige wenige Teile unserer Persönlichkeit werden gesehen und in Liebe und Achtung angenommen. Sie führen ein unbeschwertes Dasein und sonnen sich in der Anerkennung und Liebe unseres Herzens. Viele andere Teile haben wir verbannt, und dennoch existieren sie in uns. Auch sie sind ein Teil von uns, allerdings repräsentieren sie all das, was wir nicht haben beziehungsweise nicht sein oder fühlen wollen.

Wir können diese Teile unserer selbst noch so sehr ablehnen, von uns weisen und ignorieren; wir können sogar leugnen, so etwas wie sie überhaupt zu kennen, dadurch lösen sie sich nicht auf oder verschwinden aus unserem Lebensfeld. Wie könnten sie auch, es sind schließlich Teile von uns selbst. Solange wir ihre Existenz leugnen oder ignorieren, können sie sich auch nicht verwandeln. Also leiden sie unbemerkt vor sich hin, und zwar Jahre und Jahrzehnte lang auf immer gleiche Weise. Sie nutzen jede Chance, sich bemerkbar zu machen. Zum Beispiel manövrieren sie uns immer wieder in Situationen hinein, in denen wir sie eigentlich bemerken müssen. Sie zeigen sich in unseren unwillkürlichen Äußerungen, in Träumen, in unseren automatischen Reaktionen und in unseren Überzeugungen. In und an unserem Körper zeigen sie sich in Verspannungen, Schmerzen, Entzündungen und Erkrankungen, in unserer Körperhaltung ebenso wie in unserem Gesichtsausdruck.

Wer sie in sich selbst nicht entdeckt, kann sie im Spiegel der Welt erkennen, in den Situationen, in die er gerät, und in der Art, wie seine Mitmenschen sich ihm gegenüber verhalten. Denn Menschen spiegeln einander ihre unbewussten Seiten. Das heißt: Wir neigen immer dazu, andere Menschen so zu behandeln, wie sie sich selbst behandeln. Wenn ein Mensch sich selbst nicht achtet, wird es uns ebenfalls schwer fallen, ihn zu achten. Das kann sich darin äußern, dass wir diesen Menschen oft zurechtweisen und belehren oder dass wir seine Äußerungen einfach nicht ernst nehmen. Auch wenn ein Mensch sich selbst im Stich lässt, sich nicht um sich kümmert und lieblos zu sich selbst ist, werden seine Lebenspartner ihm dieses Verhalten spiegeln, indem sie ebenso achtlos und lieblos mit ihm umgehen. Die unbewusste Botschaft eines solchen Menschen lautet: »Ich bin es nicht wert, dass man sich um mich kümmert.« Er übermittelt sie durch seine Haltung, seine Stimme, seine Mimik und die Art, wie er spricht und sich verhält.

Wenn wir also im Spiegel unserer Umwelt jene Teile unserer selbst entdecken wollen, die im Dunkel unseres Unterbewusstseins ein Schattendasein führen, müssen wir nur darauf achten, wie andere Menschen uns behandeln und wie wir uns dabei fühlen. Wenn wir oft übersehen werden und uns darüber ärgern, können wir ziemlich sicher sein, dass hier erstens ein alter Schmerz in uns berührt wird, den zu fühlen wir um jeden Preis vermeiden wollen, und dass wir zweitens selbst dazu neigen, uns zu übersehen, beispielsweise indem wir eben diesen Teil, der sich übersehen fühlt, nicht wahrnehmen.

Zurück zu unseren Schattenteilchen. Da wir von klein auf gelernt haben, unsere Gefühle zu verdrängen, ist unsere innere Unterwelt von einer Unzahl verschiedener Gestalten bevölkert. Es hat keinen Sinn, sich mit einer Taschenlampe in den Keller zu begeben und sie alle auf einen Schlag aufspüren zu wollen, nach dem Motto: Ärmel hochgekrempelt und aufgeräumt. Die meisten Kellerbewohner würden sich verstecken, bis der Lichtstrahl des forschenden Bewusstseins sich wieder entfernt hat. Denn der da jetzt mit der Taschenlampe kommt, ist ja derselbe, der sie dort hinunterverbannt hat. Von dem können sie nichts Gutes erwarten. Wenn Sie mit dem Forscherblick Ihr Unterbewusstsein durchstreifen, werden Sie also erst einmal gar nichts entdecken. Außerdem gibt es in unseren inneren Gefängnissen so viele verbannte Gestalten, dass man wahrscheinlich zutiefst schockiert wäre und schleunigst die Flucht ergreifen würde, wenn man sie alle auf einmal erblickte.

Eine einfache und gesunde Art, nach und nach Licht in dieses Dunkel zu bringen, wird uns vom Leben selbst geliefert. Wir müssen uns nur das Problem anschauen, das uns gerade am meisten zu schaffen macht. Damit versucht nämlich eines der Schattenteilchen, Aufmerksamkeit zu erringen. Kein Nachdenken ist dazu nötig, kein Suchen, kein Herumstochern im Unterbewusstsein, kein Forschen in der Vergangenheit. Wir tun einfach nur das, was wir sowieso die meiste Zeit tun: Wir beschäftigen uns mit unseren aktuellen Problemen, allerdings auf effizientere Weise, nämlich indem wir sie mit Licht und mit Liebe versorgen. Das läuft nicht auf ein esoterisches Licht- und-Liebe-Wischiwaschi hinaus, sondern ist etwas sehr Präzises. Licht ist da, wenn das Bewusstsein eingeschaltet ist. Liebe ist da, wenn das Herz offen ist.

Licht und Liebe

Unser Keller-Selbst besteht wie gesagt aus einer Vielzahl sehr unterschiedlicher Gefühlspartikelchen und Wesensteile. Da ist beispielsweise der Hass auf unsere Eltern, den wir auf keinen Fall fühlen wollen (weil man das nicht darf), und manchmal sogar auf Gott (was noch viel verbotener ist); beide hassen wir für das, was sie uns angetan haben. Da ist das Schuldgefühl, das wir nicht haben wollen und an dem wir dennoch festhalten. Da ist ein alter Groll, den wir nicht loswerden, so hartnäckig wir ihn auch zu überwinden versuchen. Da ist die Existenzangst, von der wir nichts wissen wollen, weil wir Angst haben, uns auch nur vorzustellen, was im größten anzunehmenden Ernstfall passieren könnte. Da ist unsere Angst vor dem Leben und vor dem Tod, vor dem Alter oder vor körperlicher Gewalt, Ängste, die wir aus dem gleichen Grund vor uns selbst verstecken. Da ist das Begehren, das nicht da sein darf, die Eifersucht, die wir verachten. Da ist das Bedürfnis, wichtig und bedeutend zu sein, das neben anderen kindlichen Bedürfnissen und Gefühlen in die Verbannung geraten ist, weil wir es weit von uns weisen, so egoistisch, dumm oder primitiv zu sein. Da ist die Trauer, die wir nicht zulassen, weil wir Angst haben, von ihr verschlungen zu werden, der Zorn, den wir unterdrücken, weil wir seine Zerstörungskraft fürchten. Da ist die Wut auf unseren Partner, die nicht existieren darf, weil wir Angst haben, ihn zu verlieren, wenn er merkt, dass wir wütend sind. Da ist der Ärger über irgendeine Kleinigkeit, den wir leugnen, weil wir uns über ihn erhaben dünken. Da ist unsere Scham, die wir aus Angst vor ihr verdrängen. Da ist all die Angst, die nicht existieren darf, weil wir ein furchtloser Mensch sein wollen.

Und unter all dem verborgen liegt der Schmerz. Dieser Schmerz ist das, worum es eigentlich geht. Alle negativen Gefühle, Angst, Wut, Ärger, Neid, Eifersucht, Traurigkeit, Resignation, Ohnmacht und wie sie alle heißen, sind nichts als unsere Versuche, diesen Schmerz nicht fühlen zu müssen. Der tiefe Schmerz unter diesen Gefühlen rührt von seelischen Verletzungen her, die wir zu einer Zeit erlitten haben, als wir sie nicht verarbeiten konnten und deshalb verdrängen mussten, und die nie heilen konnten, weil der Schmerz nie gefühlt wurde. Licht und Liebe konnten diese Verletzungen nicht erreichen, und Licht und Liebe sind das Einzige, was seelische Wunden brauchen, um zu heilen. Anders ausgedrückt: Wenn diese Wunden heilen sollen, müssen sie von unserem Bewusstsein erkannt und von unserem Herzen angenommen werden.

Früher dachte man, um das Böse und Unerwünschte aus sich zu entfernen, müsse man sich kasteien (christliche Richtung) oder unbeirrbar auf das Absolute meditieren (Yoga) oder sich immerfort gute und schöne Dinge vorsagen (Positives Denken). Bei den Zoroastern (Anhänger des Propheten Zarathustra), den Essenern (die spirituelle Gruppe, in der Jesus geschult wurde), den Katharern und anderen mystisch orientierten Gruppierungen war die Rede von einem Kampf zwischen den Mächten des Lichts und den Mächten der Finsternis. Der Kampf, von dem jene Mystiker sprachen, ist der Kampf, der sich im Innern der Menschen abspielt. Und unter »Licht« ist ebenso wenig das Gute im moralischen Sinne zu verstehen wie »Finsternis« das Böse in diesem Sinne meint. Licht ist vielmehr Bewusstheit & Liebe, und Finsternis ist die Abwesenheit von Bewusstheit & Liebe. Ich verbinde die beiden Begriffe mit dem Et-Zeichen, um zu unterstreichen, dass Bewusstheit und Liebe letztlich eine Einheit sind oder in eins münden. Wenn

Sie sich einer Sache oder eines Wesens vollständig bewusst werden möchten, müssen Sie nämlich Ihr Bewusstsein in dieses Ding oder Wesen hineinversetzen und erfahren, was es heißt, es zu sein. Und schon sind Sie im Zustand der Liebe. Anders ausgedrückt: Wenn Ihr Bewusstsein einen anderen Menschen umschließen will, dann geht das nur, indem Sie Ihr Herz für diesen anderen öffnen. Und wenn Ihr Herz geöffnet ist, können Sie nicht anders als ihn lieben, denn Liebe ist der natürliche Zustand des offenen Herzens. Liebe und Bewusstheit laufen also letztlich auf dasselbe hinaus.

Die Vorstellung, das Licht müsse gegen das Dunkel kämpfen, erscheint mir unsinnig. Ebenso unsinnig und gefährlich ist die Idee, man müsse ein »Lichtkrieger« werden und gegen alles zu Felde ziehen, was die Finsternis verkörpert. Licht und Dunkel sind in unserem eigenen Innern und sie kämpfen nicht gegeneinander. Wenn die Dunkelheit verschwinden soll, müssen Sie das Licht einschalten. Haben Sie schon einmal beobachtet, dass es einen Kampf zwischen dem Licht der Glühbirne und der Dunkelheit Ihres Zimmers gegeben hätte? Ist das Morgengrauen ein Kampf zwischen dem Licht der Sonne und der Dunkelheit der Nacht? Dunkelheit schwindet, sobald Licht auftaucht. Unbewusstheit schwindet, sobald Bewusstheit auftaucht. Nichtwissen schwindet, sobald Wissen auftaucht. Nichtliebe schwindet, sobald Liebe auftaucht. Es gibt keinen Kampf.

Wehrt sich das Seil, das Sie bei Nacht für eine Schlange gehalten haben, im Licht des Tages dagegen, als das erkannt zu werden, was es ist? Ebenso wenig wehren sich die Teile unserer selbst, die im Schatten existieren, dagegen, dass das Licht von Liebe und Bewusstheit auf sie fällt. Wenn Sie andere Erfahrungen gemacht haben, sind Sie nicht mit Liebe und Bewusstheit an die Sache herangegangen, sondern mit etwas anderem, beispielsweise mit der Absicht, den betreffenden Teil Ihrer selbst zu beurteilen, zu richten, zu bekehren oder zu »heilen«, sprich in etwas zu verwandeln, das er nicht ist. Das alles ist weder Liebe noch Bewusstheit (Bewusstheit ist neutral), sondern läuft letztendlich auf Ablehnung hinaus.

Wenn Sie mit Bewusstheit und Liebe auf ein Schattenteilchen zugehen, wird es heilfroh sein, endlich erlöst zu werden. Allerdings müssen Sie das Licht immer auf die oberste Schicht richten. Wenn sich dieses Schattenteilchen beispielsweise schuldig fühlt, ein Tabu gebrochen zu haben – zum Beispiel weil Sie als Kind Momente hatten, in denen Sie Vater oder Mutter sexuell begehrten –, dann wird dieses Teilchen sich schämen und seine Schuld und sein Begehren aus Scham vor dem Licht verbergen. In diesem Fall ist die oberste Schicht die Scham, und Sie müssen das Licht von Bewusstheit und Liebe auf diese Scham richten. Ist die Scham erst angenommen, traut sich auch die Schuld hervor und schließlich das Begehren, das die Schuld und die Scham hervorgerufen hat. Dann ist der ganze Komplex erlöst und hört auf, Ihr Verhältnis zu sich selbst und anderen zu belasten und Ihre Sexualität zu vergiften.

Man muss also nur das Licht einschalten, damit die Dunkelheit verschwindet, und dieses Licht ist Bewusstheit und Liebe, was letztlich dasselbe ist. Allerdings sind Liebe und Bewusstheit für unsere alltägliche Bewusstseinseinstellung zwei verschiedene Dinge. Deswegen werden Sie sie in der Praxis nacheinander einschalten müssen: zuerst das Licht der Bewusstheit und dann das Licht der Liebe. Als Drittes werden Sie dann erleben, wie Bewusstheit und Liebe eins werden, wenn Sie gelernt haben, Ihr Herz zu öffnen. Im Herzen gibt es keine Bewusstheit ohne Liebe und keine Liebe ohne Bewusstheit. Das Herz kann gar nicht anders, als sich in Liebe dem zu öffnen, dessen es gewahr wird. Und es kann gar nicht anders, als das zu erkennen, dem es sich in Liebe öffnet.

Es werde Licht

Werfen wir also Licht auf unsere Probleme. Licht ist Bewusstheit. Nichts weiter. Wenn Sie bewusst werden wollen, müssen Sie den Beobachter in sich wecken, den »Zeugen«, wie er in manchen spirituellen Schulen genannt wird. Das ist die Instanz in Ihnen, die einfach nur wahrnimmt. Das ist der wichtigste Schritt. Und bevor ich ihn erkläre, näher illustriere und ausschmücke, lade ich Sie ein, ihn zu gehen. Machen Sie eine Pause und widmen Sie sich dem Wahrnehmen.

Nehmen Sie Ihren Atem wahr. Nehmen Sie wahr, wie sich Ihre Bauchdecke beim Einatmen hebt und beim Ausatmen senkt. Nehmen Sie die Geräusche aus der näheren und ferneren Umgebung wahr. Nehmen Sie Ihren Körper wahr. Fühlen Sie den Zustand Ihres Körpers. Werfen Sie einen Blick auf Ihre Gedanken. Anstatt einfach vor sich hin zu denken, beobachten Sie, was und wie Sie denken. Einatmen, ausatmen. Wenn Sie einen Atemzug nicht wahrnehmen, waren Sie einen Atemzug lang abwesend. Der Wahrnehmende, der Beobachter, die Bewusstheit war eingeschlafen. Das wird immer wieder vorkommen, es ist ganz normal. Sobald Sie es bemerken, werfen Sie einen kurzen Blick auf das, was Sie gerade gedacht haben – »Aha, Gedanke an Essen« – und kehren zur Wahrnehmung des Atems und des gegenwärtigen Augenblicks zurück. Es reicht, wenn Sie das zwei oder drei Minuten lang tun. Sonst wird es anstrengend, und Anstrengung dient unserem Zweck nicht.

Mit dieser Übung möchte ich Ihnen nur einen Eindruck von dem geben, was ich meine, wenn ich von Bewusstheit spreche. Sie stammt übrigens aus der buddhistischen Zen- oder Vipassana-Meditation. Wenn Sie lernen möchten, Ihr Herz zu öffnen, statt sich den Kopf zu zerbrechen, müssen Sie allerdings nicht täglich eine halbe Stunde lang still sitzen, wie es die Anhänger der entsprechenden Geistesschulen tun. Für unsere Zwecke reicht es aus, die Fähigkeit, Beobachter zu sein, in sich zu entdecken und sich immer dann daran zu erinnern, wenn man mit einem Problem oder einer schwierigen Situation konfrontiert ist. Das ist der leichte und natürliche Weg. Wenn wir in ein Problem verwickelt sind, ist unser Interesse, irgendeine Art von Hilfe zu bekommen oder einen Ausweg zu finden, natürlich groß, und sobald wir gelernt haben, dass Hilfe und Ausweg sich zeigen, wenn wir den Beobachter einschalten, werden wir ihn auch einschalten, sobald es brenzlig wird. Auf Dauer wächst dadurch die Bewusstheit ganz allgemein und in allen Situationen.

Den Beobachter oder die Bewusstheit wecken bedeutet also: auf »wahrnehmen« schalten. Das Erste, was wir wahrnehmen, wenn wir der Realität des gegenwärtigen Augenblicks bewusst werden, ist unser Atem. »Atmen« ist also ein nützliches Stichwort, um uns an Bewusstheit zu erinnern. In dem Moment, in dem ich »atmen« zu mir sage, ist meine Bewusstheit geweckt. Ich bin aufgewacht aus der Hypnose meiner eigenen Gedanken, einer Situation, eines Gesprächs oder eines Gefühls und beginne bewusst wahrzunehmen, was geschieht. Ich nehme meinen Atem wahr. Ich nehme wahr, wie mein Körper diese Gedanken, dieses Gefühl, diese Situation oder dieses Gespräch erlebt (beispielsweise mit hochgezogenen Schultern und gerunzelter Stirn). Ich nehme wahr, was in meinem Gemüt vor sich geht. Ich nehme wahr, was ich denke, anstatt es einfach nur zu denken. Ich nehme wahr, was ich fühle, anstatt es einfach nur zu fühlen. Später erweitert sich diese Wahrnehmung und erfasst auch das, was in anderen Beteiligten vor sich geht. Aber anfangen muss man bei sich, denn man kann in anderen nur das erkennen, was man in sich selbst bereits erkannt hat. Andernfalls wird man es falsch interpretieren (nämlich im Lichte dessen, was man schon kennt).

Der Gedanken wird man sich bewusst, indem man sie beobachtet. Bewusstheit in Bezug auf den Körper bedeutet mehr als nur zu beobachten. Es bedeutet, bewusst zu spüren. Wenn man auf der körperlichen Ebene bewusst werden will, muss der Beobachter mitten im Körper sitzen und nicht im Kopf. Man muss spüren, was vor sich geht. Man muss es bewusst erleben.

Bewusstheit hinsichtlich Emotionen bedeutet, eine Emotion bewusst zu erleben und dieses Erleben gleichzeitig als Gefühl zu erkennen.

Was ich mit alldem sagen will, ist, dass Bewusstheit nicht nur im Kopf stattfindet. Bewusstheit umfasst alle Ebenen, und auf jeder Ebene hat sie einen anderen Namen. Auf der körperlichen Ebene nennen wir sie »spüren«, auf der emotionalen »fühlen« und auf der geistigen Ebene »bemerken«, »entdecken« oder »erkennen«. Dies sind drei verschiedene Stufen von Bewusstheit, und ich schlage vor, dass wir sie in drei getrennten Schritten kennen lernen. Beginnen wir damit, uns unserer Gedanken bewusst zu werden – die leichteste Übung mit der größten Wirkung.

Bewusst oder nicht bewusst –
der entscheidende Unterschied

Sie müssen weder Ihr Leben noch sich selbst und Ihre Mitmenschen verändern, Sie müssen nur bewusst werden. Die Veränderung findet dann ganz von selbst statt. Sie müssen auch Probleme nicht lösen, Sie müssen nur bewusst werden. Sie müssen keine Verrenkungen machen, um ein besserer Mensch zu werden. Sie müssen nur bewusst werden. Sie müssen sich nicht mit Gewalt in Ihr Schicksal einmischen, in Ihre Gedanken, Gefühle und Beziehungen. Sie müssen nur bewusst werden. Irgendwie verändern sich die Dinge ganz von selbst auf positive Weise, wenn wir bewusst werden.

Wenn ich mich über jemanden ärgere und deshalb denke, dass dieser Jemand ein mieser Hund ist, bin ich

- mit meinem Ärger identifiziert,
- mir dieser Tatsache nicht bewusst,
- mir auch des Ärgers nicht bewusst (weil ich meine Aufmerksamkeit auf Gedanken über die andere Person richte)
- und mir nicht dessen bewusst, was ich in Wirklichkeit fühle (und durch Ärger abzuwehren versuche), beispielsweise den Schmerz darüber, dass ich verraten oder gedemütigt wurde. Wenn ich denke, dass mir nichts anderes übrig bleibt, als meine Koffer zu packen und meinen Mann zu verlassen, und dann verzweifelt bin, weil ich das doch nicht schaffe, bin ich unbewusst. Wenn ich wahrnehme, dass ich den Wunsch habe, der Situation zu entfliehen, und wenn ich ferner das Gefühl von Ohnmacht

und die darauf folgende Verzweiflung bemerke, bin ich zumindest teilweise bewusst. Ganz bewusst bin ich erst dann, wenn ich den Wunsch nach Flucht sowie das Gefühl der Ohnmacht und der Verzweiflung auch fühle.

Noch einmal ganz allgemein: Wenn ich ganz unbewusst bin, denke ich über die Dinge oder Menschen nach, die ich für die Ursache meines Problems halte. Ich versuche entweder, sie zu ändern (was schwierig bis unmöglich ist), wünsche mir, sie wären anders, oder ergehe mich in Selbstmitleid, weil sie nun mal nicht anders sind. Ich verschwende meine Energie also am falschen Ort und ernte Frust.

Wenn ich etwas bewusster bin, nehme ich wahr, dass ich ein Problem habe. Also versuche ich mich selbst zu ändern (was schwierig bis unmöglich ist), wünsche mir, ich wäre anders, oder ergehe mich in Selbstmitleid, weil ich nun mal nicht anders bin. Wiederum verschwende ich meine Energie, wenn auch immerhin schon am richtigen Ort.

Wenn ich auf dem Weg bin, ganz bewusst zu werden, nehme ich wahr, was ich denke und fühle, und falle auf nichts davon herein. Ich nehme also den Gedanken wahr, dass ich ein Problem habe. Ich nehme auch den Wunsch wahr, dieses Problem loszuwerden (da ein Wunsch nicht nur ein Gedanke, sondern auch ein Gefühl ist, muss ich ihn auch fühlen, um ihn vollständig wahrnehmen zu können). Und schließlich nehme ich wahr, wie ich mich mit alldem fühle. Anstatt ärgerliche Gedanken zu denken, nehme ich meinen Ärger wahr. Wenn ich feststelle, dass ich ärgerliche Gedanken denke, sage ich vielleicht zu mir selbst: »Da ist Ärger. Ich will mal sehen, ob ich ihn bewusst zulassen kann. Aha, so fühlt sich das an.«

Was auch immer auftaucht, man nimmt es ganz einfach bewusst wahr, *ohne damit identifiziert zu sein*. Das ist der Schlüssel. Das ist die Chance, sich von einem Wesen, das in Gedanken und Gefühlen gefangen ist, in ein Wesen zu verwandeln, das Gedanken und Gefühle bewusst wahrnimmt und nicht von ihnen beherrscht wird.

Lassen Sie mich versuchen zu erklären, was mit »identifiziert sein« gemeint ist. Mit etwas identifiziert zu sein bedeutet, dass man sich selbst für dieses Etwas hält. Wenn ich mit dem Gefühl der Trauer identifiziert bin, sage ich: »Ich bin traurig.« Mein ganzes Ich – all das, was ich zu sein glaube – wird dann mit Traurigsein gleichgesetzt: »Ich = traurig.« Das nennt man Identifikation. Identifikation ist immer eine Einschränkung. Alle anderen Gefühle, die ebenfalls Teil von mir sind, aber im Moment nicht im Lichtkegel meiner Aufmerksamkeit stehen, werden damit als Nicht-Ich erklärt.

Das ist nicht weiter schlimm, solange wir uns bewusst sind, dass »Ich bin traurig« nicht wörtlich gemeint ist, also nicht »Ich = traurig« bedeutet, sondern einfach einen vorübergehenden Zustand beschreibt. Das Dumme ist nur, dass die meisten unserer Identifikationen unbewusst und automatisch erfolgen und auf diese Weise verewigt und verfestigt werden.

Ein Beispiel. Ich habe von Kindesbeinen an als selbstverständlich vorausgesetzt, dass ich nicht geliebt werde. Dieser Gedanke gehörte sozusagen zum Grundinventar meines Ichs. Ich kannte keinen Zustand, dem er nicht zugrunde gelegen hätte. Also wusste ich erstens nicht, was es bedeutet, geliebt zu werden, und zweitens hatte ich das noch nie bewusst bemerkt. Meine Identifikationsformel lautete »Ich = ungeliebt«, was bedeutete, dass ich alles, was mir widerfuhr, auf der Grundlage dieses Gedankens interpretierte. Es bedeutete ferner, dass die Liebe, die Menschen mir entgegenbrachten, bei mir nicht ankam. Solange die Gleichung »Ich = ungeliebt« in mir vorherrschte, hatte in diesem »Ich« kein anders geartetes Gefühl Platz.

Damit sich das ändern konnte, musste ich, statt unbewusst davon auszugehen, dass ich nicht geliebt werde, bewusst wahrnehmen, dass der Gedanke »ich werde nicht geliebt« und der damit verbundene Schmerz in mir existierte. Indem ich sage »aha, da ist dieser Gedanke und dieses Gefühl«, löse ich mich aus der Identifikation mit ihnen. »Ich« wird dann nicht mehr mit »ungeliebt« gleichgesetzt, sondern ist derjenige, der das Gefühl, ungeliebt zu sein, wahrnimmt.

Um die Geschichte fortzusetzen und auf spätere Kapitel vorzugreifen: Es reichte nicht aus, »aha, da ist dieses Gefühl« zu sagen. Ein Gefühl nimmt man wahr, indem man es fühlt, und nicht, indem man es denkt. Das heißt, ich musste den Schmerz zulassen, den ich bislang gemieden hatte wie die Pest. Ich musste mein Herz für ihn öffnen.

Nachdem ich das getan hatte, machte ein neues, unbekanntes Gefühl in meinem Innern auf sich aufmerksam und es dauerte eine Weile, bis ich es als das erkannte, was es war: das Gefühl, geliebt zu werden. Da konnte ich zu mir sagen: »Aha, interessant. So fühlt es sich also an, geliebt zu werden.« Nicht dass ich nie zuvor geliebt worden wäre, aber ich hatte es noch nie zulassen können, das zu fühlen. Obwohl ich mich vor Sehnsucht danach verzehrte, hatte ich mich mit Händen und Füßen dagegen gewehrt. Es passte einfach nicht zu meiner Identifikation. Es war eine Bedrohung für das, was ich für »Ich« hielt (das Grundgefühl, nicht geliebt zu sein). Klingt verrückt, nicht wahr? Aber Sie werden sich wundern, welche Verrücktheiten Sie bei sich selbst entdecken, während Sie bewusster werden.

Wir identifizieren uns unbewusst mit allen möglichen Gedanken und Gefühlen, und solange wir sie nicht bemerken, können wir diese Identifikationen nie in Frage stellen. Wenn das Identifizieren offen geschieht, zum Beispiel in Form von Sätzen, die mit »Ich« anfangen, haben wir die Chance, die Identifikationen zu erkennen und ihre absolute Gültigkeit anzuzweifeln. Meistens aber läuft es ganz unbewusst ab. Ein Beispiel soll den Unterschied illustrieren.

Identifiziert mit einem Gefühl: »Ich bin empört.«

Unbewusst identifiziert mit demselben Gefühl: »Das ist doch wirklich das Allerletzte!«

Bewusst identifiziert: »Da ist große Empörung in mir, und ich merke, dass ich mit ihr identifiziert bin.«

Bewusst und nicht identifiziert: »Ich fühle meine Empörung bewusst. Ich nehme wahr, dass sie meine Abwehr gegen einen Schmerz ist. Ich nehme wahr, dass ich Angst habe, diesen Schmerz zuzulassen, und ich nehme den Schmerz selbst wahr (den Schmerz der Ungerechtigkeit).«

Wenn eine Freundin mir erzählt, dass ihr Mann sie verprügelt und sie ihm anschließend die Hand verbunden und Kaffee gekocht hat, sage ich, wenn ich meine Bewusstheit nicht eingeschaltet habe, vielleicht: »Ich könnte verrückt werden vor Wut, wenn ich mir das anhöre.«

Wenn meine Freundin dann »Wieso?« fragen würde, könnte ich zum Beispiel antworten: »Du bist vielleicht komisch! Lässt dich von deinem Mann verprügeln, und anstatt ihn hinauszuwerfen und anzuzeigen, verbindest du ihm die Hand, mit der er dich geschlagen hat, und kochst ihm auch noch Kaffee!«

Bei eingeschalteter Bewusstheit würde ich sinngemäß sagen: »Während du mir diese Geschichte erzählt hast, habe ich große Wut gespürt … Ich glaube, ich bin deshalb so wütend, weil da ein Gefühl von Ohnmacht, Demütigung und Ungerechtigkeit ist und weil ich das nicht fühlen will. Ich weiß nicht, ob ich da deine Gefühle aufnehme oder ob es meine eigene Reaktion auf deine Geschichte ist.«

Mit der ersten »normalen« Reaktion identifiziere ich mich mit der Wut meiner Freundin (die sie selbst unterdrückt hat) und mit meiner eigenen. Ich verzichte auf die Chance, den Schmerz hinter der Wut zu entdecken. Ich unterstütze sie darin, sich mit einem Teil ihrer selbst zu identifizieren, anstatt bewusst zu werden. Mit der zweiten Reaktion identifiziere ich mich nicht mit einem Gefühl, sondern bleibe die Wahrnehmende. Meine Freundin könnte sich in der Beschreibung meiner Gefühle erkennen und auf diese Weise ihre eigenen Gefühle wahrnehmen. Sie könnte zum Beispiel feststellen, dass sie ihre eigenen Gefühle der Wut, der Ohnmacht und der Scham über die Demütigung deshalb nicht zugelassen hat, weil sie befürchtet, dass sie ihren Mann verlassen muss, wenn sie sich diese negativen Gefühle erlaubt. Das muss aber keineswegs die notwendige Folge sein. Sie kann ihr Herz durchaus für ihre Wut und ihren Schmerz öffnen und gleichzeitig für den Wunsch, mit ihrem Mann zusammenzubleiben, oder für ihre Angst vor dem, was geschieht, wenn sie ihn verlässt. All das ist sowieso in ihr, und dass ihr diese verschiedenen Gefühle unvereinbar erscheinen, liegt daran, dass sie ihr Herz verschlossen hat. Würde sie ihr Herz öffnen, könnte sie die erstaunliche Erfahrung machen, dass alle diese Gefühle friedlich nebeneinander existieren können. Das vollständige Annehmen all dieser Gefühle würde im Übrigen auch zu einer Lösung des Problems führen. Das wäre keine Lösung, wie der Verstand sie vorweg zu entwerfen versucht, sondern die Art von Lösung, die das Leben ganz von selbst herbeiführt, sobald wir alle Aspekte des Problems bewusst erlebt haben.

Der erste Schritt:
»Aha, interessant«

Bevor Sie weiterlesen, möchte ich Sie einladen, einen ersten konkreten Schritt zu tun. Dann werden Sie meine weiteren Ausführungen vermutlich leichter nachvollziehen können.

Für diesen ersten Schritt empfehle ich Ihnen als »Mantra« oder Stichwort das Wörtchen »aha«. Es soll Ihnen immer dann einfallen, wenn Sie gerade von einem Gedanken hypnotisiert oder in ein Problem verwickelt sind. Es soll Ihre Bewusstheit wecken. Sobald Sie merken, dass Ihre Gedanken um irgendeinen Gegenstand kreisen, oder sobald Sie sich in einer schwierigen Situation gefangen fühlen, erinnern Sie sich an »aha«. Anstatt weiter vor sich hin zu denken, betrachten Sie Ihre Gedanken und sagen sich: »Aha. Das denke ich also.« Wahlweise können Sie es auch mit »aha, interessant« probieren. Wenn Sie merken, dass Sie gerade denken, wie unmöglich Sie es finden, dass Herr X einfach über Ihre Zeit verfügt, sagen Sie zu sich: »Aha, interessant. Da ist der Gedanke, dass X über meine Zeit verfügt. Und da ist der Gedanke, dass ich das unmöglich finde.« Später werden Sie Ihre Aufmerksamkeit auf Ihre Gefühle hinter den Gedanken richten, aber für diesen ersten Schritt genügt es, die Gedanken bewusst wahrzunehmen, statt sie einfach zu denken, und daran soll Sie das Mantra »aha« erinnern. Sie können sich Zettel an den Schreibtisch, in die Küche, aufs Klo oder ins Auto kleben, auf denen »Aha« steht, oder sich ein Aha-Armband basteln, oder Sie verzichten auf alle äußeren Erinnerungshilfen (die ohnehin nicht lange wirken) und nehmen sich einfach jeden Tag vor, Ihre Gedanken bewusst wahrzunehmen.

Mit diesem ersten Schritt schalten Sie das Licht der Bewusstheit ein und richten es auf Ihre Gedanken. Dieser Schritt führt geradewegs in die innere Freiheit. Er befreit Sie davon, Opfer Ihrer eigenen Gedanken zu sein. Sie leiden, ärgern und quälen sich und bereiten sich selbst unzählige Probleme, weil Sie Ihre eigenen Gedanken für die Realität halten und nicht für das, was sie sind: Gedanken. Wenn Sie sich ärgern, weil Ihr Partner mit seinem Verhalten mal wieder beweist, dass er sich nicht viel aus Ihnen macht, fallen Sie auf Ihre eigenen Gedanken herein. Sie stehen unter der Hypnose Ihrer eigenen, größtenteils im Kindesalter erworbenen Art, die Dinge zu interpretieren. Sie sind erstens mit der Idee identifiziert, dass Ihr Partner sich wenig aus Ihnen macht; zweitens mit der Idee, dass das der Grund für sein Verhalten ist; drittens mit der Idee, dass dieses Verhalten Ihres Partners Sie verletzen könne, und schließlich, unter alldem und wahrscheinlich unbewusst, sind Sie vermutlich mit der Idee identifiziert, grundsätzlich nichts wert zu sein. Ferner sind Sie, ebenfalls ohne sich dessen bewusst zu sein, mit dem Gedanken identifiziert, sich wertlos zu fühlen sei so schlimm, dass man es nicht überleben kann. Deshalb wehren Sie sich gegen dieses Gefühl, als koste es Sie Kopf und Kragen es zuzulassen.

Klingt kompliziert. Aber so kompliziert sind wir. Wenn wir einfach wären, würden wir in einem solchen Fall das Verhalten unseres Partners als sein Verhalten wahrnehmen und ganz selbstverständlich annehmen, dass er seine Gründe hat, sich so zu verhalten. Vielleicht würde es uns interessieren, etwas darüber zu erfahren, und dann würden wir ihn danach fragen. Oder wir würden ganz einfach den Schmerz fühlen, den der Gedanke, wertlos zu sein, verursacht. Das würde wehtun, aber wir würden den Schmerz bewusst anschauen, und dadurch wäre er auch befreiend und im nächsten Moment vorbei. Ein Gefühl, das wir zulassen, verwandelt sich ganz von selbst in ein anderes.

Wie wir die Wirklichkeit erleben, ja sogar welche Realität wir erleben, hängt zu einem großen Teil davon ab, was wir für wahr halten. Allerdings sind uns viele unserer grundlegenden Überzeugungen überhaupt nicht bewusst. Ein Mann mag beispielsweise die unbewusste Grundüberzeugung hegen, nicht gut genug zu sein. Wenn er nun von seiner Frau verlassen wird, wird er automatisch folgern, dass dies geschieht, weil er nicht gut genug war. Dieser Gedanke mag ihm vielleicht sogar bewusst sein, aber er stellt ihn nicht in Frage. Er hält ihn nicht für das, was er ist, nämlich eine Überzeugung aus den Tagen seiner Kindheit, sondern hält ihn für die aktuelle Wirklichkeit. Möglicherweise hat er diese unbewusste Grundüberzeugung sogar stets im Verhalten seiner Frau gegenüber ausgedrückt, ohne es zu merken. Schließlich waren all seine Aussagen und Handlungen von der Annahme durchdrungen, nicht gut genug zu sein. Aufgrund dessen hat seine Frau vielleicht wirklich ganz automatisch – und ebenso unbewusst – angenommen, er sei nicht gut genug und sie müsse sich einen besseren Mann suchen. Seine Interpretation der Geschichte mag also sogar zutreffend sein, aber nur im Sinne einer sich selbst erfüllenden Prophezeiung.

Auf welcher Weise wir Ereignisse interpretieren und uns demzufolge fühlen, hängt also von unseren grundlegenden Überzeugungen ab, von denen die meisten uns überhaupt nicht bewusst sind. Andere sind uns zwar bewusst, aber wir stellen sie nicht in Frage, weil wir sie ganz selbstverständlich für wahr halten. Vielleicht ist es für Sie von Nutzen, wenn ich einige der negativen Glaubenssätze aufzähle, die mir im Laufe meiner Arbeit begegnet sind:

- Von einem geliebten Menschen (oder diesem bestimmten Menschen) verlassen zu werden würde ich nicht überleben. Oder: Das Leben ist nicht mehr lebenswert, wenn dieser Mensch mich verlässt.

- Ich bin nicht liebenswert / wenig wert / schlecht / grundsätzlich schuldig / hässlich / lächerlich / unbeliebt.
- Das Leben ist schwer.
- Arbeit ist anstrengend.
- Die Welt ist ein Jammertal.
- Die Ehe ist eine Hölle.
- Wenn man nicht verheiratet ist oder nicht wenigstens in einer festen Beziehung lebt, ist man nicht vollständig / nicht vollwertig / nicht normal.
- Alleinsein ist eine Hölle.
- Sex ist schmutzig, außer wenn er durch Liebe veredelt wird.
- Gut zu sich selbst zu sein ist egoistisch.
- Ich darf nicht glücklich sein.
- Ich verdiene es nicht, glücklich / wohlhabend / erfolgreich zu sein.
- Wenn ich reich / erfolgreich bin, müssen andere leiden / zurückstecken / werden andere neidisch sein / werden andere mich hassen.
- Gesund, wohlhabend und schön zu sein ist ungerecht gegenüber denen, die es nicht sind.
- Wer Erfolg haben will, muss hart arbeiten.
- Es ist gefährlich, nicht so zu sein wie alle anderen.
- Ich darf auf keinen Fall in der Menge untergehen, weil es tödlich ist, nicht gesehen zu werden.
- Es ist demütigend, eine Frau zu sein.
- Ich muss mich dafür schämen, dass ich einen Unterleib habe.
- Geld zu nehmen ist unmoralisch.
- Männer sind gefährliche Wahnsinnige, die man in Schach halten muss. (Unbewusste Überzeugung mancher Frauen.)
- Männer muss man erziehen.
- Frauen beschneiden meine Freiheit. Oder: Frauen wollen mich verschlingen. (Überzeugung mancher Männer.)

- Frauen sind dumm / schwach / falsch / gefährlich.
- Liebe bedeutet, sich auf Tod und Trennung einzulassen.
- Liebe bedeutet Abhängigkeit.
- Liebe bedeutet Leiden.
- Wenn ich mich um mich selbst kümmere, werde ich verlassen. Folglich darf ich mich nur um mich selbst kümmern, wenn ich ganz allein bin und es keiner merkt. Wenn jemand anders bei mir ist, muss ich mich um ihn kümmern.

Erkennen Sie in einigen dieser Aussagen Ihre eigenen Grundüberzeugungen wieder? Oder regen diese Aussagen Sie an, eigene Glaubenssätze zu entdecken? Manche sitzen an der Oberfläche und werden relativ mühelos bewusst. Schreiben Sie einige Ihrer eigenen unbewussten Glaubenssätze auf oder sprechen Sie sie laut aus und wiederholen Sie sie dann mit »Aha« oder »Aha, interessant«. »Aha, interessant, ich denke also, dass Frauen gefährlich sind.« »Aha, interessant, ich glaube offenbar, dass ich gehasst werde.« Oder, noch besser ausgedrückt: »Aha, interessant, da ist der Gedanke, dass Frauen gefährlich sind. Aha, da ist der Gedanke, dass ich gehasst werde. Interessant.«

Das »Aha« löst Sie aus der Identifikation mit einem Gedanken. Wenn Sie bedenken, dass nahezu all Ihre Probleme darauf beruhen, dass Sie Ereignisse, Situationen, Beziehungen oder Personen auf eine bestimmte Art beurteilen und interpretieren (und sich als Folge dieser Interpretation so oder so fühlen), ist das der wichtigste Schritt zur Lösung Ihrer Probleme. Wenn Sie auf die übliche Weise nach einer Lösung des Problems suchen, versuchen Sie diese Lösung innerhalb einer von Ihrer Denkweise erzeugten Realität (die nicht die Wirklichkeit ist, sondern nur Ihre Einbildung) herbeizuführen. Was immer Sie unternehmen, um das Problem auf diese Weise zu lösen, Sie bleiben verstrickt. Indem Sie das Mantra »Aha, interessant« anwenden, lösen Sie sich von dem Glauben an Ihre Gedanken, die das Problem erzeugen. Damit ist noch nicht alles getan (später werden wir sehr viel tiefer einsteigen), aber es ist der erste Schritt. Und der allein ist Gold wert, wie Sie feststellen werden, sobald Sie ihn in einem konkreten Fall gehen.

Übrigens gibt es außer der üblichen Art, nach Lösungen für Probleme zu suchen, auch noch geistige Methoden der Problemlösung.

Zum Beispiel die Visualisierungsmethoden, mittels derer man versucht, Stricke zu lösen, die einen an Personen oder Situationen binden. Man stellt sich diese Bande bildlich vor und zerschneidet oder verbrennt sie dann, oder man stellt sich Kreise und Achten aus Licht vor, welche die Verstrickung auflösen sollen. Alles nicht wirklich hilfreich, wenn Sie mich fragen. Indem Sie auf diese Weise an Ihren Fesseln herumsäbeln, bleiben Sie ein Gefangener Ihrer Überzeugung, gefesselt zu sein, obwohl Sie nichts weiter tun müssen, als daraus aufwachen: »Aha, interessant. Da ist dieser Gedanke in meinem Kopf.«

Setzen Sie sich auf die Zuschauerbank Ihres Bewusstseins, lehnen Sie sich zurück, verschränken Sie die Arme und sagen Sie zu allem, was auftaucht: »Aha, interessant.« Sie werden merken, wie befreiend das ist, wenn Sie es eine Weile praktizieren. Sie werden es natürlich nicht ständig üben, weil Sie es vermutlich meistens vergessen, aber Sie können sich vornehmen, es immer dann zu üben, wenn Sie merken, dass Ihre Gedanken um eine bestimmte Sache kreisen. Oder beim Spazierengehen. Oder beim Abwaschen … Ich persönlich setze mich zu dieser Übung nicht extra hin, sondern ziehe es vor, sie in die Aktivitäten und Passivitäten des normalen Lebens einzubauen. Und ich versichere Ihnen, es ist die Befreiung schlechthin. Man muss sich nur daran erinnern. Es muss einem einfallen. »Aha« oder »Aha, interessant« hat sich als hervorragende Erinnerungshilfe erwiesen.

Sie können Ihre Denkprozesse beobachten wie ein Außerirdischer, der in den Körper eines Erdenmenschen geschlüpft ist und nun interessiert beobachtet, wie das Denken dieses Erdlings funktioniert. Die Folge ist, dass Sie daraus erwachen wie aus einer Hypnose. »Aha. Das habe ich also die ganze Zeit gedacht.« Dieses Erwachen geht weit über Positives Denken und ähnliche Methoden hinaus. »Positiv denken« bedeutet, die Gedanken zu beeinflussen. Statt sich mit einem negativen Gedanken zu identifizieren, identifizieren Sie sich mit einem positiven. Einmal abgesehen davon, dass das Gefühl, das hinter dem negativen Gedanken steht, nicht ausgelöscht, sondern nur verdrängt wird, befinden Sie sich nach wie vor auf der Ebene, auf der Sie mit Gedanken identifiziert sind. Sie nehmen Ihre Gedanken immer noch für bare Münze. Sie bekämpfen sie und versuchen sie zu ändern.

Ich schlage stattdessen vor: *Wachen Sie auf aus Ihren Gedanken.* Gedanken sind nur Gedanken. Sie sind nicht die Realität. Es ist zwar zutreffend, dass Gedanken Realität gestalten. Aber statt Ihre Gedanken so zu ändern, dass sie eine bessere Realität gestalten (was auf Dauer schwer möglich ist, solange Sie »Negatives« einfach durch Positives verdrängen, weil das verdrängte Negative Ihre Realität in dem Maße beherrscht, in dem Sie es verdrängen), treten Sie ganz einfach einen Schritt zurück und nehmen Ihre Gedanken interessiert zur Kenntnis. (Sie können übrigens auch Ihre äußere Realität interessiert beobachten, um zu entdecken, wie Sie denken, denn sie ist zum Großteil ein Spiegel Ihrer inneren Überzeugungen.)

Mit positiven Affirmationen (Sätze, die etwas bekräftigen, das man erkannt hat oder sich einredet) zu arbeiten, ist anders. Nehmen wir den Fall einer Frau, die unglücklich ist, weil ihr Mann sie, wie sie meint, nicht mehr anschaut. Sie liest ein Buch über die Macht der Gedanken und beschließt, etwas zu ändern. »Gedanken schaffen Realität«, sagt sie sich, »also werde ich anders denken.« Sie versucht es mit dem Gedanken »Es macht mich glücklich, wenn mein Mann mich nicht anschaut«, aber das erscheint ihr unglaubwürdig. Also redet sie sich ein: »Ich bin glücklich, ob mein Mann mich anschaut oder nicht.« Nehmen wir an, diese Frau ist gut in Selbsthypnose. Indem sie sich das Tag für Tag einredet, gelingt es ihr, ihre innere Realität so zu manipulieren, dass sie glücklich ist, auch wenn ihr Mann sie gerade nicht anschaut. Ist das Gefühl, unglücklich zu sein, damit verschwunden? Es ist nur aus ihrem Blickfeld verschwunden. Sie nimmt es lediglich nicht mehr wahr. Die Erfahrung hat gezeigt, dass es an einem anderen Ende auftauchen wird. Sie wird dann eben über etwas anderes (Ähnliches) unglücklich sein. Wenn sie es sich immer wieder ausredet, bleibt nur noch der körperliche Teil des Gefühls in ihrer Wahrnehmung bestehen. In irgendeinem körperlichen Symptom wird sie das ganze alte Unglücklichsein wiederfinden, wenn sie eines Tages ihre Aufmerksamkeit darauf lenkt. Soweit ich das überblicken kann, haben alle Teilnehmer an meinen Seminaren, die ihre negativen Gefühle zuvor mit positiven Affirmationen und ähnlichen Techniken hinweggeredet, -gedacht oder -visualisiert hatten, diese Erfahrung gemacht. Gefühle kann man nicht wegreden. Man muss sie fühlen, dann verändern sie sich ganz von allein.

Manche Menschen gehen noch einen Schritt weiter und versuchen, mit magischen Methoden auf ihre Umwelt einzuwirken. In diesem Fall würde unsere unglückliche Ehefrau nicht versuchen, sich selbst durch konzentrierte Gedanken zu beeinflussen, sondern ihren Mann, etwa indem sie denkt: »Von Tag zu Tag schaut er mich öfter und länger an.« Das ist eine besonders krasse Form von Gewalt, weil der Betreffende nichts davon merkt und keine Chance hat, sich dagegen zu wehren. Vielleicht kann Ihr Gewissen das verkraften, aber Sie werden dennoch für die Folgen aufkommen müssen. Sie haben einen anderen Menschen seines freien Willens beraubt, und damit haben Sie ihn seiner Verantwortung für sich enthoben und sich diese Verantwortung auf die eigenen Schultern geladen. »Die Geister, die ich rief, werd ich nun nicht mehr los.« Das Harmloseste, was passieren kann, wenn Sie mit einer solchen Manipulation erfolgreich sind, ist, dass Sie es irgendwann satt haben, dass Ihr Mann Sie ununterbrochen anschaut. Hoffentlich kennen Sie dann den Gegenzauber. Das Schlimmste ist vielleicht, dass Sie ein Schuldgefühl mit sich herumschleppen, das Sie Ihres Lebens nicht mehr froh werden lässt. Ich kenne Menschen, die sich lange bemüht haben, eine solche alte Schuld abzubüßen, ohne es zu merken, bis sie auf den Zusammenhang stießen.

Auf dem Weg, den wir hier gehen, passiert etwas anderes. Sie erwischen sich bei dem Gedanken »Ich bin unglücklich, weil mein Mann mich nicht mehr anschaut.« Sie sagen sich: »Aha. Da ist der Gedanke, dass mein Mann mich nicht mehr anschaut, und der Gedanke, dass ich deswegen unglücklich bin. Interessant.« Und schon sind Sie nicht mehr diejenige, die unglücklich ist, sondern diejenige, die den Gedanken an Unglücklichsein wahrnimmt. Sehen Sie, wie befreiend das ist? Um es wirklich verstehen zu können, müssen Sie es in einem konkreten Fall anwenden. Allerdings dürfen Sie dabei nicht den Fehler machen, Ihre Gefühle für ungültig zu erklären, nach dem Motto: »Es ist ja nur ein Gedanke, dass ich unglücklich bin, also bin ich nicht unglücklich, haha.« Die Übung besteht darin, dass Sie auf etwas aufmerksam werden und es bewusst wahrnehmen, statt sich unbewusst damit zu identifizieren. Diese Übung beinhaltet keinen Kommentar und keinerlei Bewertung. Sie soll Ihnen nicht dazu verhelfen, sich von Ihren Gefühlen zu distanzieren. Im Gegenteil, es geht darum, dass Sie sich Ihrer Gefühle gewahr werden. Und dieses Gewahrwerden soll Ihnen nicht dazu verhelfen, sich von Ihren Gefühlen loszusagen, es soll Ihnen helfen, Ihr Herz zu öffnen. Zu diesem Zweck werden Sie dieses »Aha« später auch auf das ausdehnen, was in Ihrem Körper und in Ihrer Gefühlswelt vor sich geht: »Aha, so fühlt es sich an, wenn ich das denke.« Das wird umwälzende Veränderungen nach sich ziehen, aber im Moment genügt es, dass Sie Ihre Gedanken bewusst wahrnehmen, statt sie nur zu denken. Damit befreien Sie sich von der Tyrannei Ihrer Art zu denken. Statt alles durch den Filter Ihrer Gedanken zu sehen, werden Sie nach und nach lernen, unmittelbar mit der Realität in Kontakt zu treten, indem Sie Ihr Herz öffnen.

Der zweite Schritt:
Atmen

Der zweite Schritt ist eine Vertiefung des ersten. In diesem Kapitel lernen Sie, Ihre Körperempfindungen wahrzunehmen.

Jeder Schritt hat übrigens seinen Wert in sich, nicht nur als Element einer Methode. Der erste Schritt – die Gedanken beobachten, anstatt sie einfach nur zu denken – bringt Ihnen das Geschenk der inneren Freiheit, weil Sie dabei entdecken, dass Sie nicht auf Ihre Gedanken hereinzufallen brauchen. Auch dieser zweite Schritt bringt Ihnen ein Geschenk, das selbst dann von großem Wert ist, wenn Sie nichts weiter tun als diesen Schritt. Es ist das Geschenk der Präsenz. Damit meine ich, dass Sie mit Ihrem Bewusstsein dort sind, wo Ihr Körper ist, und nicht anderswo.

Und das ist die Übung. Sobald Sie sich in einer problematischen Situation befinden oder über eine solche nachdenken, sagen Sie zu sich: »Atmen.« Mit diesem Stichwort lenken Sie Ihre Aufmerksamkeit auf Ihren Atem. Und gleichzeitig nehmen Sie wahr, was in Ihrem Körper vor sich geht, denn der Atem ist etwas, das sich im Körper abspielt und nicht in der Welt der Gedanken.

Ein Beispiel: Sie haben ein ganz nettes Gespräch mit Ihrem Chef, aber an irgendeiner Stelle merken Sie, dass etwas nicht stimmt. Vielleicht haben Sie ihm gerade zugestimmt, obwohl Sie eigentlich anderer Meinung sind als er, und nun fühlen Sie sich unwohl. Während Sie dem Gespräch weiter folgen, erinnern Sie sich an das Stichwort »atmen« und spüren Ihren Körper. Sie nehmen wahr, wie Ihr Körper auf die Situation reagiert. Vielleicht merken Sie, dass Ihre Schultern verkrampft sind. Versuchen Sie nicht zu entspannen; nehmen Sie einfach nur wahr, dass sie verkrampft sind. »Aha, meine Schultern sind verkrampft.« Spüren Sie Ihren Atem und die Verkrampfung. Es ist nur ein Schritt und nicht die ganze Methode, aber Sie werden merken, dass er etwas an der Situation verändert.

Ein anderes Beispiel: Sie merken, dass Ihre Gedanken um einen Vorfall kreisen, und sagen sich: »Aha, interessant, meine Gedanken kreisen um diesen Vorfall.« Dann erinnern Sie sich an »atmen«. Richten Sie Ihre Aufmerksamkeit auf Ihren Körper. Spüren Sie Ihren Atem und nehmen Sie die Körperempfindungen wahr, die diese Gedanken begleiten. Vielleicht kribbeln Ihre Hände oder die Stirn zieht sich zusammen oder der Nacken tut weh.

Wie beim ersten Schritt geht es auch hier darum, sich nicht einzumischen, sondern einfach nur wahrzunehmen. An dieser Stelle verwende ich lieber das Wort »wahrnehmen« als das Wort »beobachten«. »Beobachten« lässt eine gewisse Distanz anklingen, die im Fall der Gedankenbeobachtung hilfreich ist, während die Wahrnehmung der Körperempfindung ohne diese Distanz stattfinden soll. Beobachten Sie beispielsweise Ihren verkrampften Magen nicht aus der sicheren Distanz des Kopfes, indem Sie lediglich feststellen: »Magen verkrampft, aha«, sondern lenken Sie Ihre Aufmerksamkeit in den verkrampften Magen. Erleben Sie für einen Augenblick, wie es ist, ein verkrampfter Magen zu sein. Wenn Ihnen das nicht gleich gelingt, verstärken Sie die Verkrampfung ein wenig und fühlen Sie einfach eine Weile so aufmerksam wie möglich, während Sie Ihren Atem spüren. Atmen, Verkrampfung spüren. Nichts weiter.

Achten Sie darauf, wie Ihr Körper reagiert, wenn Sie einen Raum betreten oder einer Person begegnen. Wenn Sie das nächste Mal den Körper eines anderen Menschen berühren oder selbst berührt werden, konzentrieren Sie Ihre Aufmerksamkeit ganz auf das Atmen und Spüren. Erwarten Sie nichts Bestimmtes, sondern nehmen Sie einfach nur wahr, was Sie empfinden.

Das Mantra für diesen zweiten Schritt heißt also »atmen«. Ähnlich wie »aha« ist es ein Stichwort, das man sich leicht einprägen kann und das einem in den Situationen des Lebens hilft, sich an die Übung zu erinnern. »Atmen« lenkt Ihre Aufmerksamkeit auf Ihren Atem, und wenn Sie Ihren Atem spüren, spüren Sie Ihren Körper. »Atmen« bedeutet nicht, dass Sie tiefer oder anders atmen sollen als sonst. Es soll Sie einfach nur auf den Atem aufmerksam machen. Dadurch vertieft und erweitert er sich von allein, was ja nur gesund ist, da wir alle viel zu flach atmen. »Atmen« hilft, mit sich selbst, mit dem eigenen Körper, aber auch mit seinen Gefühlen in Kontakt zu kommen. »Atmen« hilft, bewusst und gesammelt zu bleiben. »Atmen« gibt uns Gelegenheit, einen Augenblick in uns hineinzuspüren, bevor wir auf etwas reagieren.

Üben Sie eine Weile nichts weiter als das. Prägen Sie sich jeden Morgen ein: »An ›atmen‹ denken.« Das heißt auch: »Heute werde ich bewusst wahrnehmen, was in meinem Körper vorgeht, vor allem wenn ich mich in Situationen befinde, die mir schwierig oder wichtig erscheinen. ›Atmen‹ ist das Stichwort, das mich daran erinnern soll.«

Diese Übung hat viele Vorteile. Allem voran bringt sie den Segen der Präsenz, und präsent zu sein ist sehr viel angenehmer und gesünder, als ständig durch einen Schleier von Gedanken von der Realität getrennt zu sein. Außerdem fördert sie erstaunliche Entdeckungen über den Zusammenhang zwischen Körper und Geist zutage und gibt Ihnen viele nützliche Hinweise in Bezug auf Orte, Menschen und Situationen. Was sich in Ihrem Körper abspielt, wenn Sie sich in einer bestimmten Situation befinden, hat nämlich nicht nur damit zu tun, wie Sie aufgrund Ihrer persönlichen Geschichte auf die Situation reagieren. In Ihrem Körper offenbart sich gelegentlich auch jene höhere Weisheit, die wir Instinkt nennen. Manchmal verrät uns unser Körperzustand auch etwas über den inneren Zustand des Menschen, mit dem wir gerade in Kontakt sind. Vor allem aber werden Sie merken, dass Frieden in Ihrem Innern einkehrt, wenn Sie, während Ihre Gedanken um ein Problem kreisen, Ihre Aufmerksamkeit auf das richten, was sich in Ihrem Körper abspielt. Irgendetwas in Ihnen wird dann erleichtert aufseufzen und sagen: »Gott sei Dank, jetzt kümmert er (oder sie) sich endlich auch mal um mich.« Das ist jener Teil Ihrer selbst, der leidet und dessen Leid Sie bislang nicht bemerkt haben. Darum hat er sich als Verspannung, Schmerz, Knoten, Enge oder welches Symptom auch immer in Ihrem Körper manifestiert. Später werden Sie noch mehr darüber erfahren.

Bis dahin empfehle ich Ihnen, auch diesen neuen Schritt wenigstens für kurze Zeit zu üben, bevor Sie weiterlesen. Wenn Sie schon Erfahrungen mit den ersten beiden Schritten gemacht haben, werden Sie meine weiteren Ausführungen sehr viel besser nachvollziehen können.

Der dritte Schritt:
Fühlen

Mit dem dritten Schritt wecken Sie Ihre Bewusstheit für Gefühle. Um eines Gefühls gewahr zu werden, muss man es *erkennen, körperlich erleben (spüren)* und *zulassen, es zu fühlen (aufhören, sich dagegen zu wehren)*.

Wenn wir nie gelernt hätten, Teilaspekte unseres inneren Erlebens zu verdrängen, wäre das alles eins. Aber leider haben wir genau das gelernt. Deshalb müssen wir das Ausgeblendete Stufe für Stufe wieder einblenden. Sie erkennen das Vorhandensein einer Emotion daran, dass

- Ihre Gedanken ständig um einen Vorfall kreisen;
- Sie ein Problem mit irgendetwas oder irgendjemandem haben;
- Sie verspannt sind,
- Sie Schmerzen oder merkwürdige Körpersymptome haben oder
- an einer Krankheit leiden;
- andere auffallend oft mit Ärger, Zurückweisung oder anderen Ihnen unverständlichen Emotionen auf Sie reagieren.

Das heißt, Sie haben drei Möglichkeiten, auf eine Emotion aufmerksam zu werden: in Ihren *Gedanken*, in Ihrem *Körper* und in Ihrer *Umwelt*.

Wenn Ihre Gedanken auf eine Emotion schließen lassen: Wenn Sie Ihre Gedanken beobachten, statt sie einfach nur zu denken, werden Sie sehr bald erkennen, welche Gedanken Emotionen ausdrücken, um Gefühle kreisen oder Gefühle verbergen, beschönigen, rechtfertigen und erklären. Erinnern Sie sich dann an das Mantra »aha« und sagen Sie sich: »Interessant. Ich denke also, dass ... Wie fühlt sich das an? Kann ich es auch fühlen, statt es nur zu denken? Was geschieht dabei in meinem Körper? Aha, meine Schultern ziehen sich ein wenig hoch. Wie fühle ich mich mit diesen hochgezogenen Schultern? Ängstlich?« Erinnern Sie sich an »atmen«. Nehmen Sie Ihren Atem wahr und spüren Sie die Angst in Ihren hochgezogenen Schultern.

Wenn Ihr Körper sich mit einem Symptom meldet: Nehmen wir an, Sie haben Magenschmerzen. Anstatt zu einer Pille oder Wärmflasche zu greifen, beschließen Sie, sich unmittelbar (also ohne ein Mittel dazwischenzuschalten) um Ihren Magen zu kümmern. Sie setzen oder legen sich also hin, atmen und spüren. Bringen Sie so viel wie möglich von Ihrer Anwesenheit in Ihren schmerzenden Magen. Schenken Sie ihm reine Zuwendung. Mit »rein« meine ich ohne Beimischung. Wenden Sie sich Ihrem Magen einfach zu, schenken Sie ihm Ihre Präsenz, Ihren Atem, Ihre Aufmerksamkeit. Wenn Sie das tun, werden Sie nach einer Weile entdecken, was Ihnen dort im Magen eigentlich so wehtut. Vielleicht ist es Kummer. Vielleicht sind es Sorgen. Vielleicht ist es Ärger. Sie merken das, indem Sie Ihrem Magen Zuwendung und Aufmerksamkeit schenken – nicht, indem Sie mit Gewalt herausfinden wollen, was hinter Ihren Magenschmerzen steckt. Wenn Sie liebevoll und geduldig dort anwesend sind, wo es schmerzt, erkennen Sie in dem Schmerz Ihres Magens plötzlich Ihren eigenen Schmerz.

Wenn Ihre Umwelt verrückt spielt: Nehmen wir an, Sie machen immer wieder die Erfahrung, dass sich Menschen, die Sie gern mögen, von Ihnen abwenden oder vor Ihnen flüchten. Sie verstehen das nicht. Sie verstehen die Welt nicht. Eines Tages fällt Ihnen auf, dass Sie womöglich ein Problem haben. Ziehen Sie sich zurück. Denken Sie an eine solche Situation. Eine, die sich Ihnen besonders stark eingeprägt hat, oder einfach die Letzte, die sich ereignet hat. Dann richten Sie Ihre Aufmerksamkeit auf Ihren Körper. Wie reagiert Ihr Körper auf die Erinnerung? Atmen, beobachten. Die Stirn legt sich in Falten, der Oberkörper sackt zusammen … Wie fühlt sich das an? Wie fühlen Sie sich in dieser Haltung, mit dieser zusammengezogenen Stirn und diesem eingesunkenen Oberkörper? Weinerlich? Jämmerlich? Traurig? Atmen, fühlen, kennen lernen.

Nun haben Sie ein Gefühl entdeckt, das Ihnen zuvor nicht oder nicht richtig bewusst war. Sie haben es körperlich gespürt und geistig erkannt (benannt). Jetzt müssen Sie nur noch zulassen, es zu fühlen. Es mag wie eine unsinnige Doppelung klingen, wenn ich Sie auffordere, eine Emotion erst zu fühlen und sie dann auch noch zuzulassen. Die Erfahrung hat mich aber gelehrt, dass der Gedanke an »Zulassen« noch etwas mehr auslöst als das einfache Erkennen und Spüren. Zulassen ist eine Art Nachgeben. Man hört auf, sich gegen das Gefühl zu wehren. Dieses Zulassen ist nur in Verbindung mit Bewusstheit möglich. Man muss sich aus der Identifikation mit dem Gefühl lösen, und das geschieht durch das »Aha«. »Aha, interessant. Da ist Trauer. Wie fühlt sie sich an? Kann ich sie zulassen?« Atmen, fühlen, zulassen. Während Sie zulassen, sich so zu fühlen, bleiben Sie der oder die bewusst Wahrnehmende. Das Beobachten ist hier kein Zuschauen wie bei den Gedanken, sondern ein »Zufühlen«. Man fühlt die Emotion bewusst und ohne Gegenwehr. Das bedeutet Zulassen. Das Mantra für diesen dritten Schritt lautet also: »Atmen, fühlen, zulassen.«

Eine Emotion oder ein Gefühl ist die Art, wie wir uns fühlen, und sie basiert auf der Art, wie wir eine Situation auffassen. Wir fühlen uns so und so, weil wir die Dinge so und so interpretieren. Im ersten Schritt haben wir uns aus der Identifikation mit unseren Gedanken gelöst, was vielleicht zur Folge hat, dass manche Gefühle gar nicht mehr neu in uns entstehen, weil wir nicht mehr so sehr an unsere eigene Interpretation der Ereignisse glauben. Andere Gefühle werden jedoch immer wieder entstehen, egal, was wir glauben oder nicht, und zwar ganz einfach deshalb, weil sie auf tief sitzende seelische Wunden zurückgehen, die entdeckt werden wollen.

Wenn ich mich, um bei meinem Beispiel zu bleiben, grundsätzlich ungeliebt fühle, werde ich alle Ereignisse und Äußerungen in meinen Beziehungen automatisch entsprechend interpretieren. Vieles von dem, was mein Partner tut und sagt, wird mir wehtun, weil ich ganz selbstverständlich davon ausgehe, dass er es deshalb sagt oder tut, weil er mich nicht liebt. Wenn er meine Hand hält, habe ich einen Augenblick lang den Eindruck, geliebt zu werden, aber sobald er sie loslässt, falle ich wieder in meinen inneren Normalzustand zurück und fühle mich ungeliebt. Je weniger uns ein Gedanke oder ein Gefühl bewusst ist, desto stärker werden wir von ihm beherrscht. Sobald wir beginnen, einen Gedanken oder ein Gefühl bewusst wahrzunehmen, erhöht sich unsere Chance zu erkennen, dass dieser Gedanke und dieses Gefühl nicht die Realität ist, sondern nur eine Art zu denken oder zu fühlen.

»Kennen lernen« ist ebenfalls ein hilfreiches Stichwort für diese Übung. Wenn Sie in Ihren Gedanken Ärger entdecken, sagen Sie sich: »Aha, interessant. Da ist Ärger. Atmen, kennen lernen.« Wie fühlt Ärger sich an? Wenn Sie Ihren Ärger kennen lernen möchten, müssen Sie beobachten, was in Ihrem Körper vor sich geht, während Sie ärgerliche Gedanken denken, und diesen Körperzustand aufmerksam erleben (atmen, spüren). Es geht, wie schon gesagt, nicht einfach nur darum, gedanklich festzustellen »Magen verkrampft, Fäuste geballt, aha«, sondern darum, dass Sie sich mit Ihrer Aufmerksamkeit ganz in den verkrampften Magen und die geballten Fäuste hineinbegeben und zulassen, dass Sie sich selbst so verspannt fühlen wie diese Teile Ihres Körpers. Auf diese Art lernen Sie Ihren Ärger kennen. Wenn Sie dabei bewusst atmen, sorgen Sie dafür, dass der Ärger Sie nicht davonträgt. Mit anderen Worten, Sie sorgen dafür, dass Sie nicht vor lauter Ärger Ihr Bewusstsein verlieren.

Dass das passiert ist, erkennen Sie daran, dass Sie sich auf einmal inmitten lauter ärgerlicher Gedanken wiederfinden, mit denen Sie identifiziert sind. Wenn Sie merken, dass Sie »so ein Blödmann« oder etwas in der Art denken, wissen Sie, dass Sie Ihre Bewusstheit verloren und sich von Ihrem Ärger haben überwältigen lassen. Sie brauchen diese Gedanken keineswegs abzuschalten oder zu ändern. Sie müssen nur Ihre Bewusstheit wieder einschalten. Nehmen Sie diese Gedanken interessiert zur Kenntnis (»aha«) und spüren Sie Ihren Atem und die Spannung in Ihrem Körper. Seien Sie inmitten Ihrer Verspannung und erleben Sie sie aufmerksam. Übertreiben Sie sie ruhig ein wenig. Dann können Sie sie deutlicher fühlen. Sie können auch Ihre Atmung intensivieren, um das Gefühl vollständiger kennen zu lernen. Sie brauchen nicht zu befürchten, dass Sie sich damit in die Emotion hineinsteigern. Der Atem hilft lediglich, das Gefühl, das ohnehin vorhanden ist, ganz zu fühlen.

Welches Gefühl Sie auch immer entdecken mögen, unternehmen Sie nichts, um es zu verändern oder zu heilen. Wenn Sie das doch tun, ist Ihre Bewusstheit wieder eingeschlafen und Sie sind erneut mit einem Gedanken identifiziert, nämlich mit dem Gedanken, dass dies ein unschönes Gefühl ist oder dass Sie es ändern müssen. Wenn Sie beispielsweise im Zuge der Übung ein Schuldgefühl in sich entdecken, ist es ganz natürlich, dass auch der Wunsch nach Befreiung von diesem Schuldgefühl auftaucht, die Sehnsucht nach Vergebung. Fallen Sie nicht darauf herein. Identifizieren Sie sich nicht damit. Sagen Sie sich: »Aha, jetzt taucht die Sehnsucht nach Vergebung auf. Wie fühlt sie sich an? Kann ich es zulassen, auch diese Sehnsucht zu fühlen?«

Belassen Sie jedes Gefühl so, wie es ist. Lernen Sie es kennen, wie es ist, lassen Sie zu, es zu fühlen. Seien Sie wach für jedes neue Gefühl, das auftaucht. Lassen Sie nicht zu, dass es das vorherige Gefühl verdrängt, so wie die Sehnsucht nach Vergebung versucht, das Schuldgefühl zu verdrängen. Würdigen Sie das Schuldgefühl so, wie es ist, und würdigen Sie die Sehnsucht nach Vergebung so, wie sie ist. Oder, ein anderes Beispiel, lernen Sie Ihre Angst so kennen, wie sie ist, und lernen Sie Ihr Vertrauen, das neben der Angst existiert, ebenfalls kennen. Lassen Sie jedes Gefühl für sich bestehen. Töten, verdrängen, überlagern oder verändern Sie kein Gefühl durch ein anderes. Das ist vielleicht der wichtigste Punkt an der ganzen Arbeit. Wenn Sie ihn nicht beachten, ist die ganze Mühe umsonst, und Sie spalten Ihr inneres Erleben erneut in Teile, die Sie fühlen, und Teile, die Sie nicht fühlen wollen. Dann beginnt das alte Spiel von vorn: Die Teile, die Sie nicht fühlen wollen, leiden und kämpfen um Aufmerksamkeit, indem sie Situationen herbeiführen, in denen sie einfach nicht übersehen werden können.

Sie haben das aber alles nicht getan. Sie sind wach geblieben. Sie haben Ihr Gefühl entdeckt, gespürt und zugelassen. Jetzt sind Sie auf dem besten Weg, Ihr Herz zu öffnen. Es fehlt nur noch eine Kleinigkeit. Ihr Herz muss bewegt werden, sich diesem Gefühl zu öffnen. Sie müssen im fühlenden Zentrum Ihres Wesens eine Regung hervorrufen, die es veranlasst, dieses Gefühl in sich aufzunehmen. Mit den Jahren hat sich herausgestellt, dass es Worte gibt, die diese Bewegung des Herzens auslösen können. Ich nenne sie die magischen Schlüssel fürs Herz.

Doch bevor ich diese Schlüssel nenne und näher darauf eingehe, lade ich Sie ein, sich auf den Eintritt in die Sphäre des Herzens vorzubereiten. Es ist eine andere Welt als die, in der wir uns normalerweise aufhalten, und es erfordert eine bestimmte Einstimmung, sie zu betreten. Das nächste Kapitel soll diese Einstimmung anregen.

Die Sphäre des Herzens

Wenn man die Sphäre des Herzens betritt, ist man nicht mehr der Mensch, der man außerhalb dieser Sphäre war. Es ist ein wenig, als betrete man einen Tempel und ließe sich von seiner Atmosphäre von Heiligkeit, Frieden und Schönheit berühren und verzaubern. Man streift sein Ego ab, all das, was man vorgibt zu sein. Im Herzen wohnt die schlichte Wahrheit. Man ist bereit sich zu öffnen, sich zu zeigen.

Genau wie ein Tempel oder eine Kirche – jedenfalls im Idealfall – jedem Zuflucht und eine Atmosphäre bietet, in der er oder sie willkommen ist und geachtet wird, heißt auch das Herz alles willkommen, was seine Sphäre betritt. Nicht weil es so gut erzogen ist oder sich solche Mühe gibt, sondern weil das seine Natur ist. In der Sphäre des Herzens gibt es keine Trennung zwischen »ich« und »du«, »mein« und »dein«. Wenn wir unser Herz einem anderen Menschen öffnen, fühlt es dessen Nöte und Freuden wie die eigenen, und deshalb versteht es, achtet es und erbarmt sich. Dennoch gibt es keine Verwechslung. Auch wenn ich deine Gefühle in meinem Herzen fühlen kann, weiß ich, dass das deine Gefühle sind und nicht meine. Wenn es dennoch Verwechslungen gibt, wenn ich also Gefühle für meine eigenen halte, die bei Licht besehen gar nicht zu mir gehören, dann ist nicht mein Herz offen, sondern ich habe mich aus psychologischen Gründen in die Emotionen eines anderen Menschen verwickeln lassen oder versuche unbewusst, ihm etwas von seiner Bürde abzunehmen.

Wie kann man Zugang finden zu dieser heilsamen Erfahrung des offenen Herzens? Wie findet man überhaupt sein Herz? Das ist eine Frage, die mir oft gestellt wird. Manchen mag sie unsinnig vorkommen, aber sie ist alles andere als das. Wir haben uns so sehr daran gewöhnt, ein Leben ohne Beteiligung unseres Herzens zu leben, ein Leben, das vermeintlich von unserem Verstand, in Wirklichkeit aber von unseren Ängsten gesteuert wird, dass die meisten von uns tatsächlich keine Ahnung haben, wo das Herz ihres Wesens zu finden ist und woran man erkennt, dass man es gefunden hat. Mir ging es ebenso.

Die Mauern, die wir um unser Herz errichtet haben, sind dick. Sie bestehen aus unserer erstarrten (weil nicht gefühlten) Angst vor unserem tiefsten Schmerz, aus all dem, was wir vor diese Angst geschoben haben, um auch sie nicht fühlen zu müssen, und aus dem, was wir wiederum davor geschoben haben, Schicht um Schicht.

Jede Herzschutzmauer hat aber so etwas wie eine Achillesferse, einen schwachen Punkt. Das Leben meint es offenbar gut mit uns, denn es erwischt uns immer mal wieder an diesem schwachen Punkt. Das ist eine Stelle, an der die Mauer durchlässig ist, und dort können wir eben doch Schmerz fühlen oder Liebe oder Sehnsucht. Bei dem starken Film- oder Romanhelden ist diese schwache Stelle die Liebe zu einer Frau oder zu seinem Kind. Was ist Ihr schwacher Punkt? Was berührt Ihr Herz besonders, was bringt es zum Schmelzen? Bei manchen ist es der Kontakt mit kleinen Kindern oder Tieren oder die Liebe zu einem bestimmten Menschen, bei anderen die Schönheit der Natur, der Gesang der Vögel, der Duft einer Blume, der magische Augenblick des Sonnenuntergangs, die Morgenröte, der Sternenhimmel … Ein Musikstück von Bach, Beethoven oder Brahms … Keine Musik, welche die Emotionen in Aufruhr versetzt und Erinnerungen an die Vergangenheit heraufbeschwört, sondern Musik, die an Schönheit, Wahrheit und Liebe erinnert.

Alles, was Ihr Herz besonders berührt, ist geeignet, den Kontakt mit ihm wiederherzustellen. Vielleicht kennen Sie einen Menschen, bei dessen Anblick Ihnen das Herz aufgeht. Dann denken Sie an diesen Menschen, um Ihr Herz zu öffnen. Vielleicht gibt es einen Meister oder Heiligen, den Sie besonders lieben und verehren, ein Wesen mit einem offenen Herzen voller Liebe und Schönheit. Dann denken Sie an dieses Wesen, lassen Sie sich von ihm berühren, inspirieren, verwandeln. Stellen Sie sich vor, dass er oder sie Sie anschaut mit Augen, die bis auf den Grund Ihres Herzens sehen und alles verstehen. Oder versetzen Sie sich in dieses Wesen. Stellen Sie sich vor, er oder sie zu sein. Wie fühlt es sich an, ein Herz voller Liebe zu haben?

Suchen Sie den Kontakt mit Menschen, die ein offenes Herz haben. Lesen Sie Geschichten von Menschen mit Herz. Legen Sie ein Tagebuch an, in dem Sie Ihr Herz sprechen lassen. Geben Sie Ihrem Herzen eine Stimme, indem Sie singen. Fragen Sie Ihr Herz, was es sich wünscht, wonach es sich sehnt, was ihm Freude macht. Fragen Sie Ihr Herz, worunter es am meisten leidet.

Schenken Sie auch Ihrem physischen Herzen gelegentlich einen Moment Aufmerksamkeit. Legen Sie Ihre Hand aufs Herz und fühlen Sie Ihren Herzschlag. Schenken Sie Ihrem Herz-Chakra, Ihrem energetischen Herzzentrum, gelegentlich Aufmerksamkeit. Legen Sie die Hand auf die Mitte Ihrer Brust und atmen Sie dort hinein. Achten Sie darauf, wie Sie sich dabei fühlen und welche Gedanken auftauchen. Verbinden Sie Ihr Herz mit Ihrem Bauch, indem Sie die linke Hand aufs Herzzentrum legen und die rechte auf den Bauch. Oder umgekehrt, je nachdem, was sich richtiger anfühlt. Verbinden Sie Ihr Herz mit Teilen Ihres Körpers, die unter Schmerz, Verspannung, Entzündung oder Erkrankung leiden, indem Sie eine Hand aufs Herz legen und die andere auf den betroffenen Körperteil. Verbinden Sie Ihr Herz mit Ihrem Kopf, indem Sie eine Hand aufs Herz und die andere auf die Stirn oder den Hinterkopf legen. Verbinden Sie Ihr Herz mit Ihren Händen, indem Sie erst eine Weile beide Hände aufs Herzzentrum legen und dann jeweils mit der einen Hand die Innenseite des anderen Arms hinunter bis zur Hand streichen.

Atmen Sie mit dem Herzen. Hören Sie mit dem Herzen zu. Fühlen Sie Ihr Herzzentrum, während Sie mit einem Menschen sprechen. Wenn Sie ein wichtiges Gespräch führen oder einem geliebten Menschen zuhören, der Ihnen von seinen Sorgen berichtet, stellen Sie sich eine Verbindung zwischen seinem und Ihrem Herzen vor. Üben Sie, mit dem Herzen zuzuhören statt mit dem Kopf. Üben Sie, Ihr Herz sprechen zu lassen.

All dies sind Wege, auf denen Sie den Kontakt zu Ihrem Herzen wiederfinden. Vielleicht regen diese Vorschläge Sie an, Ihren eigenen Weg zum Herzen zu entdecken. Wenn Sie mehr über das Herz erfahren möchten oder sich nach einer Lektüre sehnen, die Ihr Herz berührt, empfehle ich Ihnen mein Buch *Die Stimme des Herzens*.

Die magischen Schlüssel fürs Herz

Weiter oben habe ich versucht, jenen Teil unseres innersten Wesens zu beschreiben, der dem entspricht, was man sich unter dem Himmel vorstellt. Diesen Himmel kann man jederzeit wieder entdecken und aktivieren, indem man sein Herz öffnet. Ich habe ihn, Sie erinnern sich vielleicht, als einen Ort beschrieben, an dem jeder sein darf, wie er ist, respektiert wird, wie er ist und wo er Verständnis, Mitgefühl und Erbarmen für alles erfährt, was er fühlt und erleidet. Genau das sind die magischen Schlüssel fürs Herz. Sie beschreiben die natürlichen Fähigkeiten unseres Herzens: alles so anzunehmen und anzuerkennen, wie es ist, sich jedes Gefühls zu erbarmen, alles zu verstehen und zu achten. Das ist es, was das Herz ganz von selbst tut, sobald es sich öffnet, um mit einem (fremden oder eigenen) Gefühl in Berührung zu kommen. Es kann gar nicht anders. Denn indem es sich öffnet, fühlt es, und indem es fühlt, erbarmt es sich dessen, was es fühlt, und versteht und achtet es.

Indem es sich öffnet, sagt das Herz also sinngemäß zu einem (fremden oder eigenen) Gefühl:

- Ich erkenne, dass du da bist (Anerkennung).
- Weil ich das erkenne, lasse ich zu, dass du da bist und dass du so bist, wie du bist (Erlaubnis).
- Ich fühle dich (Erbarmen, Mitgefühl).
- Und weil ich dich fühle, erkenne ich dich (Verständnis).
- Und weil ich dich fühle und verstehe, achte ich dich (Achtung, Respekt).

Das sind die magischen Schlüssel fürs Herz: Anerkennung, Erlaubnis, Mitgefühl, Erbarmen, Verständnis und Achtung. Um den jeweils passenden zu finden, muss man einfach wie bei einem realen Schlüsselbund einen nach dem anderen probieren. Wenn man den richtigen Schlüssel ins Schloss steckt, kann man die Tür öffnen. Übersetzt bedeutet das: Während Sie eine Emotion fühlen (also nicht nur bemerken, sondern auch körperlich spüren und zulassen), fragen Sie sich, was sie von Ihrem Herzen braucht, um aus ihrer Verbannung erlöst zu werden: Anerkennung? Erlaubnis? Verständnis? Erbarmen? Mitgefühl? Achtung? Eines dieser Worte wird eine Regung in Ihrem Herzen auslösen. Dann werden Sie spüren, dass es sich öffnet und das Gefühl in sich aufnimmt.

Man spürt, wenn man das Richtige getroffen hat. Wenn es das Wort »Erlaubnis« ist, dann bedeutet das, dass man dem betreffenden Gefühl signalisiert, dass es da sein darf (anstatt es sich, wie bisher, zu verbieten). Die Reaktion ist Erleichterung, Aufatmen. Das Gleiche gilt für das Wort »Anerkennung«. Es bedeutet, ein Gefühl anzuerkennen, das man bisher immer geleugnet hat. Was »Verständnis« betrifft, so ist das Verständnis des Herzens ein unmittelbares. Das Herz braucht keine Gründe und keine Rechtfertigungen, um zu verstehen. Es versteht, indem es fühlt. Das Wort »Verständnis«, im richtigen Augenblick gedacht oder ausgesprochen, kann dieses fühlende Verstehen des Herzens anregen. Als Reaktion fließen oft Tränen der Erleichterung. Und »Erbarmen«? Sich eines Gefühls oder eines Menschen in Not zu erbarmen, bedeutet, es oder ihn nicht allein zu lassen, sondern zu ihm zu gehen und mitzufühlen. Manche Menschen können mit dem Wort »Erbarmen« nichts anfangen. Wenn Sie auch dazu gehören, versuchen Sie es mit dem Wort »Mitgefühl«. »Mitgefühl« wirkt, wenn der betreffende Teil Ihrer selbst sich vor allem danach sehnt, dass jemand (Sie selbst) bei ihm ist und mit ihm fühlt. »Achtung« oder »Respekt«: Manche Gefühle, vor allem solche, die vorher unter Verachtung gelitten haben, brauchen Achtung. Diese Achtung taucht von allein auf, sobald man merkt, dass sie das ist, was der betreffende Teil braucht. Sie entsteht dadurch, dass man das Gefühl fühlt (also sein Herz öffnet). Die Achtung des Herzens braucht genau wie sein Verständnis oder seine Liebe keine Gründe. Man achtet ein Gefühl, weil es da ist.

Wenn Sie diese Schlüssel an der Tür Ihres Herzens durchprobieren, müssen Sie das Gefühl, für das Sie um Aufnahme bitten, wirklich haben. Sie müssen mit ihm in Fühlung sein. Nur durch Denken geht es nicht. Sie fühlen also die Emotion. Und dann fragen Sie sich, was sie von Ihnen braucht. Anerkennung? Erlaubnis? Verständnis? Erbarmen? Mitgefühl? Oder Achtung?

Wenn all diese Worte nicht wirken, probieren Sie es mit dem schlichten Wort »Annehmen«. Manchmal wirkt es. Oder »würdigen«.

Das Wort »Liebe« verwende ich so gut wie nie als »Herzensschlüssel«. Das liegt daran, dass »Liebe« einige Nebenbedeutungen hat, welche die Öffnung des Herzens verhindern können. Jemand wollte beispielsweise sein Herz für seinen Hass öffnen und meinte, »Liebe« sei das dafür geeignete Zauberwort. Der Hass brauche vor allem Liebe, sagte er. Was aber geschah, als er es damit versuchte, war, dass der Hass erneut verdrängt wurde. Ohne es zu merken, hatte sich dieser Mensch nämlich vorgestellt, sein Hass müsse sich durch die Behandlung mit »Liebe« in etwas Liebes, Nettes verwandeln. Seine Vorstellung von Liebe kam einer Ablehnung gleich.

Dennoch geht es natürlich um Liebe. Die »magischen Schlüssel« sind Beschreibungen von Liebe. Aber diese Liebe ist bedingungslos, neutral und frei von Emotion. Sie erlaubt allem, zu sein wie es ist, würdigt es, erkennt es, achtet und versteht und fühlt es, wie es ist, aus keinem anderen Grunde als dem, dass es existiert. Wenn es das ist, was Sie unter Liebe verstehen, kann das Wort Ihnen helfen, Ihr Herz zu öffnen.

Warnung vor falschen Herzensschlüsseln

Manche Menschen versuchen es mit falschen Schlüsseln. Sie meinen, damit die Tür ihres Herzens öffnen zu können, aber in Wirklichkeit verschließen sie sie nur noch fester vor dem Gefühl, das sie gerade in sich entdeckt haben. Die wahren Schlüssel fürs Herz sind jene Worte, die genau das beschreiben, was geschieht, wenn das Herz sich einem (eigenen oder fremden) Gefühl öffnet. Es ist eine Regung von Erbarmen, Mitgefühl, Verständnis, Achtung und so fort, wie ich es oben beschrieben habe. Sein Herz einem Gefühl zu öffnen, bedeutet nichts anderes, als zuzulassen, dass man dieses Gefühl im Innersten erlebt (anstatt es von sich fern halten zu wollen).

Bei manchen Menschen tauchen an dieser Stelle, an der Schwelle zum Herzen, Begriffe auf, die zwar gut klingen, aber das Gegenteil bewirken. Ein Beispiel: Jemand hat gerade seine Angst entdeckt. Als er sich fragt: »Was braucht diese Angst von meinem Herzen?«, taucht in seinem Kopf »Vertrauen« auf oder »loslassen« oder »Mut«. Es mag schon richtig sein, dass es in ihm einen Wunsch nach Vertrauen oder mehr Mut gibt oder eine Sehnsucht danach, loslassen zu können. Das ist dann ein neu aufgetauchtes Gefühl, das ebenso bewusst und ohne sich damit zu identifizieren gewürdigt werden soll wie die Angst. Die Angst aber braucht kein Gegenmittel, sondern Annahme. Der Teil, der Angst hat, möchte, dass jemand (man selbst) bei ihm ist und mit ihm fühlt. Er will mit seiner Not nicht allein und unverstanden oder womöglich verachtet sein. Er braucht es, dass man ihn versteht und achtet.

Ein anderes Beispiel: Sie haben gerade Ihre Eifersucht entdeckt. Sie haben sie bewusst gespürt und zugelassen und fragen sich nun, wie Sie Ihr Herz für sie öffnen können. Was braucht sie? Wenn nun eine innere Stimme »mehr Großzügigkeit« oder etwas dergleichen sagt, fallen Sie bitte nicht darauf herein, sondern erkennen Sie sie als Stimme eines anderen Teils Ihrer Psyche. Der Teil, der unter dem Schmerz der Eifersucht ohnehin schon genug leidet, kann ganz bestimmt nicht brauchen, dass Sie ihm noch eins draufgeben, indem Sie sagen: »Du sollst großzügiger sein.« Das ist Ablehnung seines Gefühls, Nichtverständnis, Nichtachtung, Nichtliebe und erzeugt doppeltes Leid. Der eifersüchtige Teil braucht Erbarmen. Er braucht Achtung, Mitgefühl, Verständnis oder jedenfalls irgendeine Art von Annahme. Sobald Sie spüren, was er wirklich braucht, öffnet sich Ihr Herz.

Wenn also auf die Frage, was ein Gefühl von Ihrem Herzen braucht, Worte auftauchen, die eine Gegenmedizin beschreiben, müssen Sie erkennen, dass hier nicht Ihr Herz seine Bereitschaft kundtut, sich dem negativen Gefühl zu öffnen, sondern sich ein anderer Teil Ihrer Psyche meldet, der eben dieses Gefühl zu verdrängen versucht. Lassen Sie das nicht zu. Würdigen Sie jeden für sich und geben Sie jedem für sich einen Platz in Ihrem Herzen. Nutzen Sie dafür die magischen Schlüssel oder Worte mit ähnlicher Bedeutung, die in Ihnen auftauchen, wenn Sie die Übung machen.

Die ganze Übung

Wenn Sie mir bis hierher gefolgt sind, haben Sie inzwischen gelernt,

- sich nicht mit den Inhalten Ihres Bewusstseins zu identifizieren, sondern sie zu beobachten. Wenn also im Zuge der Übung, die Sie jetzt machen werden, Gedanken oder Gefühle auftauchen, werden Sie in der Lage sein, sie als solche zu erkennen und »aha« zu sagen, statt sich von ihnen überwältigen zu lassen. (Wenn nicht, üben Sie den ersten Schritt.)
- eine Verspannung, einen Schmerz oder eine sonstige Körperempfindung bewusst wahrzunehmen, indem Sie sie nicht nur zur Kenntnis nehmen und benennen, sondern auch spüren und dabei Ihren Atem wahrnehmen.
- eine Emotion zu erkennen, indem Sie tief in eine vorhandene Körperempfindung hineinspüren, und diese Emotion bewusst zuzulassen, statt sich unbewusst von ihr beherrschen oder überwältigen zu lassen (»atmen, zulassen«).
- Kontakt mit Ihrem Herzen aufzunehmen.

Nun können Sie, wenn Sie dieses Kapitel zu Ende gelesen haben, die ganze Übung der körperzentrierten Herzensarbeit ausprobieren. Nachdem Sie die Übung einige Male so ausführlich wie hier beschrieben gemacht haben, werden Sie in der Lage sein, die Essenz dieser Übung beziehungsweise einzelne Elemente daraus in Ihr Alltagsleben zu integrieren, ohne sich jedes Mal eigens Zeit dafür nehmen zu müssen.

Ich empfehle, dass Sie sich für einen ersten Versuch mindestens eine halbe Stunde Zeit freihalten, in der Sie von niemandem gestört werden.

Als Erstes wählen Sie das Problem aus, das Sie anschauen möchten. Es muss etwas sein, das Sie zurzeit stark beschäftigt. Vielleicht ist es ein kleiner ärgerlicher Vorfall, der Sie nicht loslässt, obwohl Sie ihn für relativ unwichtig halten. Es kann aber auch ein riesengroßes Lebensproblem sein, das Sie schon lange mit sich herumschleppen. Am besten gehen Sie einfach kurz in sich und nehmen das erste Thema, das auftaucht. Ich gehe davon aus, dass es mit gutem Grund als Erstes auftaucht.

Als Nächstes formulieren Sie Ihre Absicht. Dabei geht es darum, dass Sie sich selbst einschließlich aller mithörenden unter- und überbewussten Ebenen Ihres Wesens klar machen, was Sie vorhaben. (Weglassen, wenn Sie wenig Zeit haben.) Hier ist meine Formulierung einer solchen Absichtserklärung:

Ich möchte mein Problem anschauen, um die Teile meiner selbst zu finden, die dahinter verborgen sind. Alle, die auftauchen, sind willkommen. Ich möchte sie kennen und verstehen lernen, sodass ich mein Herz für sie öffnen kann.

Nun beginnt die eigentliche Übung.

❶ Schließen Sie die Augen und denken Sie an Ihr Problem. Lassen Sie das Thema lebendig und präsent werden, indem Sie an konkrete Vorfälle beziehungsweise das oder ein konkretes Ereignis denken, in dem sich das Problem manifestiert hat. Es kann natürlich auch eine Person sein. Erinnern Sie sich. Rufen Sie das Thema in Ihrem Bewusstsein wach.

❷ Spüren Sie Ihren Atem und nehmen Sie Ihren Körper wahr. Wie reagiert Ihr Körper auf diese Bilder und Gedanken? Wo tut sich etwas (eine Verspannung, die auf sich aufmerksam macht, ein Schmerz, ein Stechen, Brennen, Zittern, Kälte, Hitze, Taubheit, Herzklopfen, Schlaffheit usw.)? Beziehen Sie alle Bereiche Ihres Körpers mit ein, auch das Gesicht und den Kopf, die Füße, die Peripherie ebenso wie die inneren Bereiche. Gehen Sie nun mit Ihrer Aufmerksamkeit dorthin, wo Sie etwas Besonderes wahrnehmen. Nehmen Sie den Atem mit. Spüren und atmen Sie in die betreffende Körperzone. Geben Sie ihr auf diese Weise vollständige und unmittelbare Zuwendung. Atmen, spüren, dort präsent sein. Das ist alles. Verändern Sie nichts. Lernen Sie den Zustand dieses Teils Ihres Körpers kennen, der auch ein Teil von Ihnen ist.

❸ Wenn Sie eine Weile aufmerksam und Ihren Atem spürend bei diesem Teil Ihres Körpers geblieben sind, merken Sie vielleicht, dass der Zustand von Spannung oder Schmerz nicht nur diesen Körperteil betrifft, sondern Ihr eigener Zustand ist. Es ist Ihr eigener Schmerz, Ihre eigene Anspannung, Ihre Schlaffheit oder Taubheit, die sich dort manifestiert. Wenn Sie also mit all Ihrer Aufmerksamkeit, bewusst atmend (!) in diesem Teil Ihres Körpers bleiben und sich klar machen, dass sein Zustand Ihr eigener ist – merken Sie dann, dass dieser Zustand eine Emotion ist, ein Gefühl? Und wie heißt dieses Gefühl? Angst? Beklemmung? Ohnmacht? Resignation? Traurigkeit? Bitterkeit? Wut? Ärger? Sorge? Kummer? Kälte? Hitzige Erregung? Verwirrung? Fangen Sie hier nicht an zu überlegen, welches Gefühl dort sitzen könnte, sondern spüren und atmen Sie und erkennen Sie durch ausschließliche Aufmerksamkeit. »Aha, das ist ja Angst.« Atmen, zulassen. Können Sie zulassen, sich so zu fühlen, wie dieser Teil sich fühlt? Ohne Gegenwehr? Atmen, fühlen, das Gefühl da sein lassen und für es da sein.

❹ Nun ist der Augenblick gekommen, das Herz einzuschalten. Während Sie mit Ihrer Emotion in Kontakt sind, fragen Sie sich, was sie von Ihrem Herzen braucht. Was braucht dieser Teil Ihrer selbst von Ihnen, um sich angenommen und erlöst zu fühlen? Probieren Sie die hilfreichen Schlüsselworte durch: Anerkennung, Erlaubnis, Mitgefühl, Erbarmen, Verständnis, Achtung. Oder auf welche andere Weise können Sie Ihr Herz diesem Gefühl öffnen? Verweilen Sie danach solange Sie wollen in dem Kontakt Ihres Herzens mit dem Teil Ihres Wesens, den Sie nun nach Hause gebracht haben. Sie können diesen Teil auch fragen, was er in der konkreten Situation, von der Sie ausgegangen sind, von Ihnen braucht. (Aber denken Sie daran: kein Gegenmittel! Wenn Sie wirklich mit diesem Teil Ihrer Psyche in Kontakt sind, wird er stets etwas antworten wie: »Ich möchte, dass du mich bemerkst«, »… dass du mich nicht allein lässt«, »… dass du mich an die Hand nimmst« etc.) Sie können auch mit ihm reden. Sie können für ihn beten. Was immer in diesem Augenblick in Ihrem Innern auftaucht, ist gut.

❺ Bevor Sie die Augen wieder öffnen und die Übung abschließen, prägen Sie sich gut ein, welches Gefühl oder welche Gefühle Sie entdeckt haben und was sich diese Gefühle von Ihnen wünschen.

❻ Aufatmen, ausseufzen und die Augen öffnen.

❼ Benennen Sie die Emotion, um die es ging (»Angst vor Gewalt«, »Wut wegen Unterdrückung«, »Gefühl, abgelehnt zu werden«). Notieren Sie eine Bezeichnung, die Ihnen helfen wird, sich an dieses Gefühl zu erinnern. In den nächsten Tagen werfen Sie immer mal wieder einen Blick auf diese Notiz, um sich daran zu erinnern, dass Sie dieses Gefühl im

Auge behalten wollten. Genaueres zu dieser »Nachsorge«
erfahren Sie im übernächsten Kapitel.

Wenn Sie sich ausführlicher mit dieser Übung befassen oder
genauere Anleitungen haben möchten, lesen Sie bitte mein
Buch *Das Tao des Herzens*. Dort sind alle Fragen und Schwierigkeiten beschrieben, die im Zusammenhang mit dieser
Übung auftauchen können.

Aus meinem Tagebuch

HYSTERISCHER ANFALL

Ein Freund hat mich gebeten, eine Arbeit für ihn zu erledigen, etwas mit Computer und Internet. Er hat es nicht hingekriegt, es war ihm zu umständlich, und sowieso, meint er, ist es einfacher, wenn ich das mache. Da hat er zwar Recht, aber es passt mir überhaupt nicht in den Kram. Ich habe selber so viel zu tun. Also gut. Er hat ja Recht, ich kann das besser. Werfe also den Computer an. Mache auf Anhieb alles falsch, was man nur falsch machen kann. Als Erstes tritt die Maus in Streik, dann der Drucker und schließlich ich selber. Habe etwas, das ich einwandfrei als Nervenzusammenbruch identifiziere. Schalte das verflixte Ding aus, ziehe den Telefonstecker aus der Wand, um ausgiebig heulen zu können. Eigentlich hatte ich rausgehen wollen, an die frische Luft. Draußen schien nämlich die Sonne, die ich seit Urzeiten nicht mehr gesehen habe. Und jetzt scheint sie nicht mehr. Der ganze Tag ist verdorben. Jammer, jammer. Wo ich doch nur diesen Tag habe. (Ab morgen wieder Termine.)

Da merke ich, wie mich eine rasende Wut packt. Kennen Sie diese Wut, bei der man unbedingt etwas zerstören, zerschmettern, zerfetzen will? Im Idealfall das Gesicht des Menschen, der an dem Ganzen schuld ist, aber das tut man natürlich nicht, erstens weil er gerade nicht da ist, zweitens weil man ihn eigentlich gern hat, und drittens weil man so was nicht tut. Ich merke, dass meine Wut anfängt, außer Rand und Band zu geraten. Eine Art Hysterie breitet sich aus. Der Gefühlsaufruhr ist so stark, dass ich nicht weiß, wo ich anfangen soll mit bewusst werden und kümmern. »Atmen«, denke ich. Den Atem spüren. Gar nicht so einfach, wenn man gerade einen hysterischen Anfall hat. Der Atem geht stoßweise. Es

fällt mir schwer, nicht mit Gegenständen um mich zu werfen, son-
dern zu sitzen, all diese Wut zu spüren und zu atmen. In die Wut
mischt sich Ohnmacht, Hass, Resignation und Bitterkeit. Inzwi-
schen ist mir längst klar, dass es um etwas Altes geht. Die aktuel-
len Gefühle wegen des Computer-Vorfalls sind nur die Spitze des
Eisbergs. Irgendwie ist mir das Ganze vertraut, aber mein Denk-
vermögen ist wegen Hysterie außer Kraft gesetzt. Verstehe nichts.
Also atmen. Merke, dass ich Hilfe brauche. Mache nach »oben« auf,
indem ich mich daran erinnere, dass es noch ein höheres Ich gibt,
das nicht in das Geschehen verwickelt ist. Bitte es um Hilfe. Ja, jetzt
kommt langsam Bewusstheit und Entspannung. Die Emotionen
sind immer noch da, immer noch an der Schmerzgrenze, aber jetzt
ist auch eine Instanz da, die sich das Ganze anschaut, und, jeden-
falls als Ahnung, eine liebevolle Absicht, sich um meine wütenden
und leidenden Teile zu kümmern. So etwas wie eine Mutter, die ins
Kinderzimmer kommt, weil sie Geschrei gehört hat, und ihre Kin-
der als wirren, kreischenden Haufen miteinander balgender Ver-
rückter vorfindet. Wer schreit am lautesten? Wer braucht ganz
dringend Hilfe? Vermutlich der Teil, der wütend ist, aber die Wut
hat sich schon ein wenig verflüchtigt und überhaupt scheint sich alles
verflüchtigt zu haben.

Bin aber nicht gewillt, hier einfach abzubrechen. Ich möchte erst
mein Herz öffnen. Aber für wen, wenn sich alle verdrückt haben und
gar kein Gefühl mehr da ist? Wirklich gar keins? Ich beobachte mei-
nen Körper. Schultern und Arme hängen kraftlos herunter. Das Ge-
sicht fühlt sich verschlossen an. Dahinter ist es sehr dunkel. Wenn
ich konzentriert in diesen Zustand hineingehe, fühle ich Ohnmacht
und Resignation und das Gefühl, ein Opfer zu sein, mich nicht weh-
ren zu können und mich fügen zu müssen. Nun regt sich Erbarmen
für dieses Gefühl in mir und ich merke, was dieser Opfer-Teil drin-
gend braucht. Er möchte endlich geachtet werden, existieren dürfen,
nicht mehr übersehen und auch nicht mehr verachtet und bekämpft
werden (was ich immer getan habe, ohne es recht zu merken). Oh
ja, das tut gut. Erleichterung und Frieden breiten sich aus.

Ich weiß, das ist noch nicht alles. Es gibt noch etwas Tieferes dahinter. Ich stelle mir auch kurz die Frage, was das sein könnte. Wie müsste ich mich fühlen, wenn ich alle Reaktionen weglassen würde, wenn ich weder wütend werden noch in Resignation flüchten würde, wenn ich mir das, wogegen ich getobt habe, gefallen lassen müsste (hab ich ja sowieso), ohne mich mit all diesen emotionalen Reaktionen gegen den Schmerz zu wehren, den mir das bereitet ?: Was wäre dann? Na ja, dann müsste ich mich eben wie jemand fühlen, den man so behandeln kann … auf den man unbequeme Arbeiten abwälzen kann … der sich das gefallen lässt, obwohl es ihm nicht passt … der sich nicht wehren kann … Wie fühlt sich denn so jemand? Erbärmlich, nehme ich an (ich suche herum, versuche, das Gefühl zu erkennen). Gedemütigt. Ich ahne es nur, kann es noch nicht richtig fühlen. Aber das reicht für den Augenblick. Wichtig ist, dass ich das oberste Gefühl in mein Herz geschlossen habe: das Gefühl von Ohnmacht und Resignation. Wie gut, das zulassen zu können. Wie gut, nicht mehr dagegen anzukämpfen. Irgendwie bin ich jetzt zwar erschöpft von dem Emotionsanfall, aber viel mehr in Kontakt mit mir, viel offener, viel vollständiger da als vorher.

Ich rufe meinen Freund an. Sage, dass ich mich überfordert fühle und er seinen Kram allein machen muss. Versteht er bestens. Kein Problem. Bin sehr zufrieden.

Verräter sein

Allerlei Emotionen rauben mir zurzeit den Schlaf, ein solcher Wirrwarr, dass ich nicht genau weiß, um was ich mich zuerst kümmern soll. Das wichtigste Gefühl, das weiß ich, wenn ich mich reden und denken höre, ist das Gefühl, ein Verräter zu sein, und wenn man meinen Gedanken und Worten glaubt, leide ich sehr darunter. Aber ich fühle diesen Schmerz nicht. Keine Ahnung, wo er steckt. Heute Morgen setze ich mich hin zur Meditation, mache als Erstes meine »Morgenvisite« bei mir selber und schaue, wie es mir geht.

Etwas in meinem Rücken tut sehr weh. Ich habe es schon nachts gespürt. Ich weiß nicht genau, wo es sitzt, aber irgendwie habe ich den Verdacht, dass es in der linken Niere ist. Ich versuche, mit meiner Aufmerksamkeit in die schmerzende Stelle hineinzugehen und herauszufinden, was da so wehtut. Es gelingt mir nicht. Okay. Ich erinnere mich: Nichts herausfinden wollen, nur Zuwendung geben. Also atmen, die Hand drauflegen, einfach so gut es geht an dieser Stelle präsent sein.

Währenddessen laufen Gedanken in meinem Kopf ab, die ich mit einem Auge beobachte. Es könnte ja ein Hinweis darin enthalten sein. Und wirklich taucht plötzlich ein Gedanke auf, der eine Welle von Emotionen auslöst. Es ist der Gedanke, dass es ganz schrecklich ist, mich wie ein Verräter zu fühlen. Aha. Interessant. Passt ja ganz gut zu der Tatsache, dass der Schmerz hinten sitzt (scheint mir schlüssig, dass ein Schmerz, der mit Verrat zu tun hat, hinten sitzt). Schaue mir diese Gedanken also aufmerksamer an.

Da ist die Idee, in einer ausweglosen Situation zu sein. Wie immer ich handle, in jedem Fall bin ich ein Verräter. Das kommt mir irgendwie bekannt vor. Ausweglosigkeit also bewusst fühlen. Atmen. Zulassen. Tut gut, es einfach zuzulassen. Als Nächstes taucht der Gedanke auf, dass es mir für mein »Opfer« Leid tut und dass ich es hätte verhindern können. Aha. Reue fühlen, zulassen. Immer noch Schmerz in der Niere. Ich gehe tiefer mit meiner Aufmerksamkeit hinein. Da schießen Tränen aus meinen Augen und der schreckliche, bittere Schmerz des Verrats dringt in mein Bewusstsein. Ich weine und weine, während ich gleichzeitig beobachte. Zulassen, zulassen, immer mal wieder an Atmen denken ... Als ich mich frage, ob dieser Schmerz vielleicht Erbarmen braucht, gibt es einen erneuten Tränenausbruch, und der Gedanke taucht auf: Hierfür gibt es kein Erbarmen. Auch nicht von mir selber. Aha. Muss also meine Aufmerksamkeit auf das Gefühl richten, kein Erbarmen erwarten zu können. Fühlt sich elend an. Elend zulassen, atmen, bewusst wahrnehmen. Schließlich taucht auf, wie es sich anfühlt, ein Verräter zu sein. Schwer zu beschreiben ... elend, grau, schmutzig, bedrückt ...

Und ganz allein. Atmen, fühlen. Gedanke, von allen verachtet zu werden, sogar von mir selber. Atmen, zulassen, das zu fühlen. Dann spüre ich, dass doch »Erbarmen« da ist, weil es nämlich darin besteht, dass ich zu dem Verräter-Teil da hinten hingehe und mit ihm fühle. Und das tue ich ja gerade. Merke dann, dass ich um Vergebung bitten möchte, erinnere mich aber, dass es keine gute Idee ist, den Schmerz irgendwie wegbekommen zu wollen, sondern besser, ihn einfach so zu lassen und bewusst mitzunehmen. Aufatmen. Fühlt sich richtig an.

Später merke ich, dass irgendetwas anders ist. Fühle mich vollständiger. Fange an zu erkennen, dass der Verrat gar nicht nur meine Schuld ist. Ich bin in den Verrat anderer verstrickt, bin selber Opfer von Verrat. Der Betreffende (der Verratene) hat auch selbst seinen Teil Schuld daran, dass alles so gekommen ist … Ich merke, dass ich ihn mehr achte, wenn ich das wahrnehme. Diese Gedanken sind kein Versuch, den Verrat zu beschönigen, um den Schmerz nicht zu fühlen, sondern eine brandneue und echte Erkenntnis, die sich daraus ergibt, dass ich den Schmerz zugelassen habe.

Ich bin sehr dankbar und beobachte in den darauf folgenden Tagen, dass ich mich weniger schuldig fühle und mutiger geworden bin. (Früher musste ich oft zurückstecken, weil ich ja so schuldig war.)

ENTKRÄFTUNG UND WIEDERAUFERSTEHUNG

Ich bin am Ende meiner Kräfte. Zu viel Arbeit, keine Zeit für mich, keine Lust mehr, überhaupt alles zu viel. Ich bin ein Wrack. Da fällt mir ein Spruch von Louise Hay in die Hände, der sinngemäß besagt: Ich beanspruche jetzt mein strahlendes wahres Wesen. Ja. Schön. Klingt gut. Möchte ich gern. Ich weiß, mein wahres Wesen ist ein Quell unendlicher Möglichkeiten. Was hält mich davon ab, es zu beanspruchen? Das Gefühl, ein Opfer zu sein. Wenn ich mein strahlendes Wesen beanspruche, diese unendliche Quelle von Kraft und allem, was ich brauche, muss ich auf das Gefühl verzichten, ein Opfer zu sein. Komischerweise will ich das nicht. Na so was. Ach so, das Gefühl, Opfer zu sein, muss erst gewürdigt werden. Ich muss es überhaupt erst einmal zulassen, mich als Opfer zu fühlen, und kennen lernen, wie sich das anfühlt. Der Körper wird schwach, alles zieht nach unten, die Vorderzähne sind zusammengebissen. Niedergedrückt, schwer, entmutigt und etwas Verschlossenes, Verbissenes in Mund und Zähnen. Es fühlt sich nach Verweigerung an. Da taucht ein Seufzer auf: ein Gefühl von Jammer. Das Ganze, so spüre ich jetzt deutlich, will wahrgenommen werden, will nicht übergangen und beiseite geschoben werden. Es sagt: Ich kann nicht mehr. Ich will nicht mehr.

Am nächsten Tag erlebe ich zu meinem Erstaunen, dass ich mich weniger bestimmen lasse von dem, was an Anforderungen auf mich einstürmt (durch Telefon, Post, E-Mail). Ohne es mir vorgenommen zu haben, sage ich zu alldem plötzlich: Moment mal. Erst einmal schaue ich, was ich jetzt brauche, damit ich mich wieder wohlfühle. Und schaffe es in erstaunlich kurzer Zeit, mich von dem lustlosen Wrack, als das ich noch am Morgen aufgewacht bin, in eine freudig Schaffende zu verwandeln.

ANATOMIE EINER UNZUFRIEDENHEIT

Ich habe lange geschlafen. Als ich wie immer meine Körperübungen machen will, fällt mir die Bügelwäsche ins Auge und ich beschließe, erst einmal ein wenig zu bügeln. Da dies ein seltenes und besonderes Ereignis ist (ich schiebe das Bügeln immer so weit wie möglich vor mir her), komme ich mir richtig gut vor, wie ich da mein Bügelbrett aufbaue. Eigentlich will ich nur zwei, drei Sachen bügeln, aber dann, wo ich schon einmal dabei bin, bügle ich den ganzen Haufen. Als ich damit fertig bin, ist es so spät, dass Körperübungen nicht mehr drin sind. Ich habe Hunger. Muss erst frühstücken. Fühle mich frustriert, weil die Übungen ausgefallen sind. Ich entscheide trotzdem, sie nicht zu machen. Als ich mich später zu meiner allmorgendlichen Meditation hinsetze, bemerke ich eine gewaltige Unzufriedenheit. Zunächst einmal bin ich unzufrieden mit mir, weil ich die Körperübungen weggelassen habe, dann aber wegen allem, was ich tue und was ich nicht tue. Ich merke, dass ich mich verurteile, weil ich nichts richtig mache. Weder trainiere ich meinen Körper so viel, wie ich es mir eigentlich wünsche, noch arbeite ich die Berge auf meinem Schreibtisch konsequent genug auf, noch halte ich meine Wohnung richtig in Ordnung noch meine Sachen noch meine Seele noch mein ganzes Leben.

Der innere Verurteiler regt sich furchtbar auf. Im Hintergrund meldet sich ganz leise und schüchtern eine andere Stimme. Sie gibt zu bedenken, dass ich doch eigentlich Anerkennung verdiene, weil ich trotz meiner anstrengenden Seminar- und Reisetätigkeit so eifrig alles in Ordnung halte. Aber die Unzufriedenheit ist lauter, deshalb wende ich mich ihr zu. Also atmen, Unzufriedenheit kennen lernen (sie zieht mir das Gesicht zu einer grimmigen Miene zusammen). Es tut gut, mich der Unzufriedenheit aufmerksam zuzuwenden, anstatt einfach nur unzufrieden zu sein. Nun bricht sie auf und setzt eine Vielfalt von Gefühlen frei. Zuerst ist da Wut, eine geradezu wahnsinnige Wut auf mich selbst, die mich die Fäuste ballen und die Kiefer zusammenpressen lässt, dann Ohnmacht (weil ich offenbar nicht in der Lage bin, mich zu ändern), dann Resignation, verbunden mit einem Gefühl, als kehre ich nach kurzer Auflehnung in das gewohnte Gefängnis zurück (das Gefängnis der Verhaltensgewohnheiten, die mich dazu verdammen, mich in Grenzen zu bewegen, die enger sind, als ich sie haben will, weil ich nicht genügend trainiere, nicht genügend arbeite, nicht genügend übe, nicht genügend dies und das tue). Als sich die Gefängnistür sozusagen hinter mir geschlossen hat, taucht ein positives Gefühl auf, das Gefühl von Sicherheit und Schutz innerhalb der gewohnten engen Grenzen. Es gelingt mir, einige dieser Gefühle anzunehmen, indem ich ihnen Erlaubnis gebe, zu existieren: die Resignation, das Gefangensein, das Gefühl von Sicherheit und Schutz in den Mauern der eingeschränkten Existenz.

Ich erkenne, dass ich ein Leben lang gegen mich selbst angekämpft habe. Immer habe ich etwas von mir verlangt, was ich aus welchem Grund auch immer nicht leisten konnte. Auf diese Weise war ich ständig mit mir unzufrieden und ständig im Zwiespalt. Ich merke, dass ich jetzt einen Schritt in Richtung Lösung dieses lebenslangen Konflikts gemacht habe. Ich habe aufgehört zu kämpfen. Eine ungeheure Befreiung. Ich darf also resigniert in die Mauern des Gewohnten zurückkehren. Es ist nur ein erster Schritt, das weiß ich, aber er kommt mir vor wie der entscheidende.

Im Moment verlangt er auch Opfer: Ich muss Abstand davon nehmen, einen perfekten Körper, die perfekte Gesundheit, einen leeren Schreibtisch und eine perfekt gepflegte Wohnung zu haben. Ich nehme mir vor, die Sehnsucht danach eventuell gesondert zu würdigen. Jetzt höre ich erst mal auf zu kämpfen.

Eine Woche später. Es fühlt sich ein bisschen seltsam an, als sei alles irgendwie in Unordnung geraten und gleichzeitig lebendiger geworden. Ich muss nicht mehr um jeden Preis dieses oder jenes tun; ich kann es auch sein lassen. (Früher habe ich es auch sein gelassen, war aber unzufrieden darüber. Jetzt spielt es keine große Rolle mehr.) Ich habe entdeckt, dass man auch einfach leben kann. Das war früher etwas, was nur andere Leute konnten und worum ich sie stets beneidet habe.

RAUCHEN

Seit Monaten will ich mir das Thema Rauchen näher anschauen. Ich habe wieder angefangen zu rauchen, wenn auch sehr wenig. Eine bis zwei Zigaretten pro Tag, und auch noch von der Öko-Sorte, da kann man eigentlich nicht meckern, aber auch das ist mir eigentlich zu viel. Ich schaffe es nicht, damit aufzuhören. Warum? Ich nehme mir oft vor, mich hinzusetzen und mir in Zeitlupe den Moment anzuschauen, in dem die Lust zu rauchen auftaucht, um der Sache auf den Grund zu gehen. Aber es bleibt bei dem Vorsatz. Bei *einem Seminar rauche ich in der Mittagspause. Direkt anschließend mache ich mit der Gruppe eine geführte Meditation. Ich merke, dass der Nachgeschmack der Zigarette mich dabei stört, und will ein Pfefferminzbonbon lutschen. Da fällt es mir auf: Hier ist eine Gelegenheit, mir das Problem des Rauchens anzuschauen, und zwar vom anderen Ende, also nicht den Moment vor dem Rauchen, sondern den Moment nach dem Rauchen. Ich verzichte also auf das Pfefferminzbonbon und schaue mir das Après-Zigaretten-Gefühl aufmerksam an. Es fühlt sich beschmutzt an. Ich lasse es zu. Erkenne es als psychischen Zustand. Es ist mir vertraut, wurde nur noch nie bewusst wahrgenommen. Darauf folgt Traurigkeit mit dem Gedanken, dass ich es schon wieder getan habe. Es fühlt sich an, als hätte ich mich selbst bestraft, und bei genauerem Hinschauen habe ich den Eindruck, dass ein Erwachsener mir sagt: »Siehst du, jetzt hast du dich selbst bestraft.«*

Ich fühle mich ziemlich elend. Im Zentrum der ganzen Sache steht das Gefühl, schmutzig oder beschmutzt zu sein. Plötzlich begreife ich, dass ich rauche, um mich selbst auf dieses Grundgefühl aufmerksam zu machen. Ich öffne mein Herz für mein Schmutzig-Sein und meine Traurigkeit darüber, so gut es in diesem Rahmen geht, und beschließe, die Sache weiter zu beobachten.

Nachtrag: Drei Wochen später. Ich rauche schon seit drei Wochen nicht mehr und habe es nur ein einziges Mal vermisst, war aber nicht weiter schlimm. Weiß nicht, ob es von Dauer ist. Aber immerhin, jetzt ist es erst mal geschafft.

Was geschieht mit dem Gefühl, wenn man sein Herz dafür geöffnet hat?

Nun haben Sie also ein Gefühl wieder entdeckt und in Ihr Herz geschlossen, einen Teil Ihrer selbst, der Ihrer Aufmerksamkeit entgangen war oder den Sie ganz absichtlich unterdrückt haben. Was geschieht nun mit diesem Gefühl?

Etwas in Ihrem emotionalen Gefüge hat sich verändert. Der Unterschied besteht zunächst einmal darin, dass das betreffende Gefühl nun da sein darf, was vorher nicht der Fall war. Plötzlich wird es nicht mehr unterdrückt, wenn es auftaucht, sondern von Ihnen bemerkt. Dieser Unterschied mag Ihnen beim Lesen enttäuschend klein vorkommen; Sie müssen es anwenden, um feststellen zu können, wie groß er wirklich ist. Ein Vorher-nachher-Vergleich kann das verdeutlichen.

Vorher: Das Gefühl wird (aus Angst oder Ablehnung) ignoriert. Es bedarf nun der ständigen inneren Korrekturarbeit, um zu bewerkstelligen, dass ein Gefühl, das vorhanden ist, nicht bemerkt wird. Die Aufmerksamkeit muss abgelenkt, Gedanken müssen vertuscht und geschönt werden. Das alles ist mit körperlicher Anspannung verbunden. Der natürliche Energiefluss ist gestört. Was die äußere Wirklichkeit betrifft, so müssen Situationen vermieden werden, die das Gefühl an die Oberfläche bringen könnten. Ist dies doch passiert, muss mit harten Bandagen gekämpft werden, um den Schaden abzuwehren (der, wie man meint, entstehen würde, wenn man das Gefühl zuließe). Dieser Schaden könnte in einer emotionalen Reaktion wie Wut, Kälte, Trotz, Vorwurf, Drohung, Tränenausbruch oder Flucht bestehen.

Man ist in zwei Teile gespalten, von denen der eine leidet, weil er nicht wahrgenommen und anerkannt wird, und der andere, weil er sich andauernd anstrengen muss, um den ersten in Schach zu halten. Zusätzlich zu diesen beiden widerstreitenden Parteien gibt es noch einen dritten Teil, nämlich den emotionalen Gesamtzustand von Krieg, Konflikt, Spannung und Unwohlsein. Es herrscht der unbewusste Zwang, sich in Situationen zu begeben, in denen das Gefühl aktiviert wird (weil es versucht, auf sich aufmerksam zu machen). Das heißt, eine bestimmte Art von Problem kehrt immer wieder.

Nachher: Die Spaltung ist aufgehoben; man ist eins mit sich. Es wird kein innerer Krieg mehr gegen das betreffende Gefühl geführt. Dadurch gewinnt man Energie. Es besteht keine Notwendigkeit mehr, bestimmte Situationen zu vermeiden. Das bedeutet einen Gewinn an Freiheit. Man muss sich nicht mehr vor anderen Menschen verschließen, die das Gefühl in einem auslösen könnten. Das bringt einen Gewinn an Liebe, Offenheit und Kommunikationsfähigkeit mit sich. Das Gefühl wird einfach gefühlt, wenn es auftaucht. Es ist eine Nuance im Strom des inneren Erlebens, die manchmal auftaucht, mehr nicht. Kein Problem mehr. Das Problemthema, das mit der unterdrückten Emotion zu tun hatte, entfällt, da die Emotion erstens kein Problem mehr und zweitens kein unbewusster Zwang mehr vorhanden ist, sich in Probleme dieser Art zu stürzen.

Doch was aus meiner Perspektive das Wichtigste ist: Etwas ist aus der Verbannung erlöst und damit vom Leid befreit worden. Denn Leid – seelisches Leid – entsteht nicht durch den Schmerz der Verletzung, sondern dadurch, dass wir diesen Schmerz nicht wahrnehmen und damit den Teil unserer selbst, der ihn erleidet, zu ewigem Leid verdammen.

Zuerst aber bedarf es einer Phase der »Nachsorge«. Nachdem Sie eine Emotion durch den eben geschilderten Prozess des

Aufspürens und Annehmens aus der Versenkung geholt und in Ihr Herz aufgenommen haben, ist es gut, diese Emotion noch eine Weile im Auge zu behalten. Das Einfachste ist, Sie schauen täglich einmal auf den Zettel, auf dem Sie sich den Namen des Gefühls notiert haben. Das soll Sie an Folgendes erinnern: Wo immer dieses Gefühl in Ihnen aktiviert wird, werden Sie darauf aufmerksam, schenken ihm einen Moment Zuwendung (atmen, spüren, zulassen) und lassen es im Übrigen einfach da sein. In dieser Phase werden Sie erkennen, in wie vielen Situationen und Bereichen Ihres Lebens Sie sich bisher von diesem Gefühl haben beherrschen lassen, ohne es zu merken. Mit der Zeit wird es immer seltener auftauchen. Das liegt erstens daran, dass es Sie nicht mehr in Situationen treibt, in denen Sie es wahrnehmen müssen, weil es nicht mehr darum kämpfen muss, von Ihnen wahrgenommen zu werden. Zweitens liegt es daran, dass Sie Ereignisse nun anders interpretieren als zuvor, als Sie von dem Vorhandensein dieses Gefühls noch keine Ahnung hatten.

»Nachsorge« bedeutet also, sich eine Zeit lang (drei Tage, eine Woche, zwei Wochen, je nach Bedarf) täglich daran zu erinnern, ein Auge auf dieses Gefühl zu haben (Notizzettel), und es, sobald es auftaucht, bewusst und absichtlich da sein zu lassen. Wenn während der Übung ein Hinweis aufgetaucht ist, wie Sie sich im Alltag um dieses Gefühl kümmern können (»an die Hand nehmen«, »nicht im Stich lassen« und so weiter), geht es dann auch noch darum, diesen Hinweis in die Tat umsetzen.

Mehr ist nicht nötig. Denn mehr ist zu viel. Lassen Sie mich das an einem Beispiel erläutern.

Penelope hat entdeckt, dass sie große Existenzangst hat. Ihre Praxis für Physiotherapie geht in letzter Zeit nicht besonders gut. Nun hat sie diese Existenzangst in ihrem Körper aufgespürt (subtile Verspannung der gesamten Körperoberfläche sowie im Solarplexus)

und versucht, ihr Herz für sie zu öffnen. Sie hat gespürt, dass die-
ses Gefühl, das sie vorher immer geleugnet hatte, vor allem Aner-
kennung brauchte. Zurückgekehrt in die Alltagssituation, versucht
Penelope nun, ihrer neu entdeckten Existenzangst zu helfen, indem
sie ganz bewusst daran arbeitet, Vertrauen aufzubauen. Am Anfang
ist sie ganz begeistert und voll von neuem Mut. Doch nach einer
Weile macht sich ein depressiver Zustand in ihrem Gemüt breit, und
sie hat das Gefühl, einen Rückschritt gemacht zu haben. Wo liegt
das Problem?

Penelope hätte es dabei belassen sollen, ihre Angst einfach zu füh-
len, sie im Unterschied zu vorher nicht zu unterdrücken, sondern
einfach da sein zu lassen und sich dieser Angst in den Situationen,
in denen sie aufzutauchen pflegt, bewusst zu sein. Auf diese Weise
hätte sich der Teil ihres Wesens, der diese Angst erleidet, nicht mehr
allein gelassen gefühlt und Vertrauen gewonnen. Stattdessen hat sie
versucht, sich selbst die Angst aus- und das Vertrauen einzureden.
Die Folge war, dass der ängstliche Teil wieder nicht anerkannt und
verstanden, sondern mit seiner Angst allein gelassen wurde. Kein
Wunder, dass er mit einem Gefühl von Enttäuschung und Re-
signation reagierte, das Penelope dann »depressiv« nannte.

Der weitere Unterschied besteht darin, dass das Gefühl, das Sie
nun nicht mehr unterdrücken, Sie auch nicht mehr beherrscht.
Vorher waren Sie ihm ausgeliefert, weil Sie sein Vorhandensein nicht bemerkt haben und unbewusst eine höllische Angst
vor ihm hatten. Sie waren gezwungen, alles in sich und Ihrer
Umgebung daran zu hindern, Sie mit diesem Gefühl zu konfrontieren. Sie waren unfrei. Nun, da Sie es zugelassen und die
Entdeckung gemacht haben, dass es nichts weiter ist als ein Gefühl, können Sie es einfach da sein lassen und frei nach Herz
handeln. Ein Beispiel:

Björns tiefster Schmerz war der Schmerz der Demütigung. Mehr
als alles andere fürchtete er sich vor allem, was ihn an diesen

Schmerz erinnern könnte. Er hatte sich eine Haltung von Stolz und Unabhängigkeit zugelegt. Alles, was nicht zu seiner Vorstellung passte, ein stolzer und unabhängiger Mensch zu sein, vermied er. Er zahlte stets für alles, was er bekam, um in niemandes Schuld zu stehen. Er sorgte dafür, dass er keinen Chef über sich hatte. In Liebesbeziehungen bestimmte er, wo es langging, außer wenn er ausdrücklich angeordnet hatte, dass die Partnerin bestimmen sollte. Fehler zuzugeben war ihm praktisch unmöglich. Auf diese Weise war er zu einem ziemlich unflexiblen Menschen geworden. Viele Handlungsmöglichkeiten standen ihm nicht offen, weil sie nicht mit seinem Stolz und seinem Wunsch nach Unabhängigkeit vereinbar waren. Björn war ein ziemlich bewusster Mensch und es war ihm klar, dass es im Wesentlichen der Schmerz der Demütigung war, den er sich zu ersparen versuchte; aber diese Erkenntnis nützte ihm nichts. Seine Angst vor diesem Schmerz beherrschte ihn. Björn musste erst lernen, die Angst nicht nur gedanklich zu erkennen, sondern auch zu fühlen, und nach der Angst auch den Schmerz der Demütigung zuzulassen, um nach und nach von beidem frei zu werden.

Wenn er nun mit einem Menschen zu tun hat, dessen Verhalten ihm herablassend erscheint, kann er wahrnehmen, dass er sich gedemütigt fühlt, und dieses Gefühl bewusst zulassen, ohne mit ihm identifiziert zu sein. Wenn er eine Situation vor sich hat, die er früher vermieden hätte, um sich nicht dem Gefühl von Demütigung auszusetzen, nimmt er jetzt wahr, dass er Angst vor diesem Gefühl hat, und indem er atmet und die Angst fühlt, kann er sich trotzdem in diese Situation begeben. Die Demütigung bleibt ihm im Allgemeinen erspart, weil er nun entdeckt hat, dass die meisten Menschen gar nicht die Absicht haben, ihm eine Demütigung oder was auch immer zuzufügen und dass sein Empfinden auf seine eigene Interpretation zurückging.

Hinzu kommt noch ein weiterer Punkt. Solange Sie von einem Gefühl beherrscht werden, ohne es zu wissen, strahlen Sie dieses Gefühl unbewusst aus, und andere Menschen reagieren darauf. Solange Björn von seiner Angst vor Demütigung beherrscht wurde, sich aber im tiefsten Innern unbewusst gedemütigt fühlte (ein Gefühl, das im Unterbewusstsein einen ganz grundlegenden Charakter angenommen hatte, weil es nie erkannt, hinterfragt, relativiert worden war), strahlte er aus:»Ich bin jemand, auf dem man herumtrampelt.« Und die Menschen erkannten unbewusst:»Aha, da ist jemand, auf dem ich herumtrampeln kann. Super.« Oder, je nach Charakter:»Oh je, da ist jemand, auf dem man herumtrampeln kann. Der Ärmste, zu dem müssen wir ganz lieb sein.« Beide Reaktionen rühren an die alte Wunde. Das heißt, der Betreffende fühlt sich automatisch wieder gedemütigt, und wenn er weiter unbewusst bleibt, wehrt er dieses Gefühl wieder ab, indem er sich, je nachdem, welche Verteidigungsstrategie er im Laufe seines Lebens entwickelt hat, in eine Haltung von Stolz, Unnahbarkeit oder Unabhängigkeit flüchtet, wütend wird, zurückschlägt, sich rächt, oder sich duckt und unterwürfig wird, damit ihn der Schlag der Erniedrigung nicht treffen kann. (Ich mache mich klein, damit du mich nicht klein machen kannst.)

Wenn nun das Gefühl aus der Verdrängung erlöst ist, wenn er also sein Herz sowohl für die Angst als auch für die Demütigung geöffnet hat, ist die unbewusste Identifikation »Ich bin jemand, auf dem man herumtrampeln kann« oder »Ich = gedemütigt« aufgehoben. »Ich« ist dann nicht mehr mit dem Gefühl identifiziert, gedemütigt zu werden, sondern wieder das Zentralbewusstsein geworden, unabhängig, neutral und nicht mit einem einzelnen Gefühl identifiziert. »Ich« ist nun etwas Souveränes, und Demütigung ist ein Gefühl, das von diesem souveränen Zentralbewusstsein (»Ich«) wahrgenommen wird. Was der Betreffende nun ausstrahlt, ist nicht mehr Angst vor Demütigung, sondern Souveränität. Und dementsprechend respektiert man ihn mehr und ist weniger geneigt, ihm überheblich oder mitleidig-lieb entgegenzutreten. (Ausnahmen bilden die Menschen, die mit ihrem überheblichen oder mitleidig-lieben Verhalten nicht auf die betreffende Person reagieren, sondern dieses Verhalten immer und überall an den Tag legen, weil es ihre Art ist, sich vor Verletzung zu schützen.)

Ergänzen wir also den Vorher-nachher-Vergleich um diese beiden Punkte:

Vorher: Man wird erstens von der Angst vor dem Schmerz beherrscht und bekommt zweitens immer noch eins auf die schmerzende Stelle.

Nachher: Erstens kann man den Schmerz zulassen, muss ihn nicht mehr vermeiden und wird nicht mehr von ihm beherrscht. Zweitens fühlen sich andere nicht mehr gezwungen, ihren Finger in die Wunde zu legen. Damit verschwindet das Thema nach und nach aus dem Leben.

Unter jedem negativen Gefühl
liegt ein Schmerz

Unter jedem negativen Gefühl liegt der Schmerz einer Verletzung, die wir in einer Zeit erlitten haben, als wir sie nicht verarbeiten konnten. Das eigentliche negative Gefühl ist also Schmerz. Bei allen anderen Gefühlen handelt es sich um unsere Reaktionen auf diesen Schmerz, also eigentlich um »Sekundärgefühle« [3].

Es gibt, grob unterteilt, drei Arten dieser negativen Sekundärgefühle: zornige, traurige und ängstliche. Jede dieser drei Hauptgruppen ist mit einer charakteristischen Über- beziehungsweise Unterspannung im Körper verbunden.

Zorn und alle aggressiven Gefühle bilden eine Kraft, die nach außen drängt. Gleichzeitig gibt es eine Kraft, die diese Gefühle zurückhält, denn wir sprechen hier von unterdrückten Gefühlen. Das Ergebnis ist ein Zustand geballter Anspannung, den viele Menschen im Kiefer/Zahnbereich fühlen (man will beißen, zerreißen, zermahlen), in Armen, Händen und Fingerspitzen (schlagen, kratzen, auf den Tisch hauen) und in den Beinen (treten, aufstampfen). Wenn Sie tief in Ihren Zorn hineingehen, werden Sie die geballte und zurückgehaltene Aggressivität in Ihren Muskeln spüren. Vermutlich werden Ihre Muskeln dabei ins Zittern geraten und Ihr Atem wird sich beschleunigen. Wenn Sie dann von Kopf bis Fuß in ein feines inneres Vibrieren geraten (und das wach beobachten), fühlen Sie Ihren Zorn. Manche fühlen ihn auch im Bauch oder in der Leber (als Gefühl von Vergiftung).

---

3 ein Ausdruck von Bert Hellinger

Zorn, Ärger, Wut & Co. sind kraftvolle, feurige Emotionen. Der Atem geht schnaubend.

Alle traurigen Emotionen sind eher wässrig und werden im Körper als Kraftlosigkeit empfunden. Trauer, Traurigkeit, Kummer, Resignation, Enttäuschung, Entmutigung und Hilflosigkeit sind im Allgemeinen mit einem Mangel an körperlicher Spannung verbunden, der sich in hängenden Schultern, kraftlosen Armen, herabgezogenen Mundwinkeln und eingesunkener Brust zum Ausdruck bringt. Der Atem ist seufzend.

Angst und alle auf Angst hinauslaufenden Emotionen (Sorge, Unterdrückung, Zurückhaltung, Angespanntheit, Eifersucht, Ängstlichkeit) sind wiederum mit körperlicher Anspannung verbunden, allerdings mit einer, die irgendwie statischer, starrer und stiller ist als die der zornigen Emotionen. Ein Teil des Körpers macht sich starr und hart, versucht zurückzuweichen, sich tot zu stellen oder sich nach innen zurückzuziehen.

Angst ist eine blockierende Emotion. Man atmet minimal oder hält den Atem an.

Unter jeder dieser negativen Emotionen sitzt wie gesagt ein Schmerz. Dieser Schmerz ist der eigentliche Grund, warum wir all diese Gefühle haben. Wir sind traurig, weil uns etwas wehtut, wir werden wütend, weil uns etwas wehtut, und wir haben Angst vor etwas, das uns wehtut. Bei Zorn und Angst liegt das auf der Hand, bei Traurigkeit wird mancher Leser vielleicht stutzig. Aber ich habe in meiner praktischen Arbeit immer wieder beobachten können, dass Traurigkeit oder Trauer nicht der eigentliche Schmerz ist, sondern nur der Schutz vor dem Schmerz. Traurigkeit hat etwas Mildes an sich. Wie ein schwarzer Schleier, ein Mantel aus Trauer, ein dunkler Kokon oder ein Meer aus Traurigkeit (verschiedene Arten, wie Menschen ihre Trauer oder ihre Traurigkeit beschreiben) kann sie uns davor schützen, uns mit der Schärfe des eigentlichen Schmerzes konfrontieren zu müssen. Eine Zeit lang kann das notwendig und angemessen sein, doch früher oder später kommt der Tag, an dem wir es wagen müssen, das, weswegen wir trauern, zu fühlen. Andernfalls werden wir ein Leben lang an derselben Traurigkeit leiden, und der Schmerz wird nie erlöst.

Was nun die Probleme anbelangt, mit denen wir uns herumschlagen: Sie sind erst dann wirklich gelöst, wenn der Schmerz gefunden und gefühlt ist, der dem Problem zugrunde liegt. Diesen Schmerz findet man aber für gewöhnlich nicht sofort, und selbst wenn man gleich erkennt, welcher Art er ist, wird man ihn nicht immer zulassen können. Im Allgemeinen stößt man zunächst auf alle möglichen anderen Emotionen: Wut, Angst, Traurigkeit und all die anderen »Untergefühle« dieser Hauptkategorien, eben die Gefühlsschichten, mit denen man seinen Schmerz zugedeckt hat.

Manchmal handelt es sich auch nur um eine einzige Schicht, zum Beispiel wenn der eigentliche Schmerz, an dem man leidet, Ablehnung ist, und man, um ihn nicht fühlen zu müssen, einfach eine Art des Nichtfühlens, eine Gefühlskälte, entwickelt hat. (Achtung: Gefühlskälte ist auch ein Gefühl und ebenso zu behandeln wie alle anderen Emotionen.) In diesem Fall muss man einfach den Zustand des Nichtfühlens oder der Kälte bewusst zulassen und feststellen, was er vom Herzen braucht (Erlaubnis? Anerkennung? Verständnis?).

Meistens sind es aber viele Schichten von Gefühlen, die das eigentliche Gefühl, den Schmerz, verdecken. Hier einige Beispiele:

- Man fühlt sich gedemütigt.
- Man hat Angst, sich gedemütigt fühlen zu müssen, und wehrt sich mit Wut.
- Weil man mit seiner Wut nichts ausrichten kann, fühlt man sich ohnmächtig.
- Weil man Angst davor hat, sich wütend und ohnmächtig fühlen zu müssen, fängt man an zu hassen.

- Weil man hasst, entsteht der Wunsch nach Rache.
- Weil Rache nicht verwirklicht werden kann, taucht wieder Ohnmacht auf.
- Rachedurst und Ohnmacht können zu Verbitterung führen.
- Verbitterung führt oft zu Gefühlskälte und Grausamkeit.

Hier geht es von der obersten bis zur untersten Schicht um folgende Gefühle:
Grausamkeit, Gefühlskälte,
Verbitterung,
Ohnmacht,
Wunsch nach Rache,
Hass,
Ohnmacht (andere Variante),
Wut, Angst,
Schmerz über die erlittene Demütigung.

Oder:

- Man fühlt sich im Stich gelassen.
- Man hat Angst, dieses Gefühl zuzulassen, und reagiert deshalb mit Verzweiflung.
- Die Verzweiflung führt zu keiner Änderung der Situation, paart sich also mit Hilflosigkeit.
- Verzweiflung gepaart mit Hilflosigkeit führt in die Resignation.

Es geht also um die Gefühle:
Resignation,
Hilflosigkeit, Verzweiflung,
Angst,
Schmerz, weil man verlassen wurde.

Wenn zu diesem Gefühlskomplex noch Wut hinzukommt (weil man das Gefühl, im Stich gelassen zu werden, nicht mag) und diese Wut unterdrückt oder nicht ausreichend gewürdigt wird, kann zur Resignation am Schluss noch Verbitterung kommen.

Oder:

- Der tiefste Schmerz ist der Schmerz der Ablehnung.
- Man hat Angst, er könne einen umbringen. Um ihn nicht fühlen zu müssen, macht man sich also »gefühlskalt«.
- Gefühlskälte ist aber etwas, das man ablehnt.
- Also strengt man sich an, besonders warmherzig und mitfühlend zu sein.

Die Gefühle, um die man sich hier kümmern muss, sind (wieder von oben nach unten aufgezählt):
Anstrengung,
Ablehnung (die eigene Ablehnung der Gefühlskälte),
Gefühlskälte, Angst,
Schmerz darüber, dass man abgelehnt wurde.

Sie sehen also: Das unterste Gefühl ist immer ein Schmerz, und die nächste Schicht ist die Angst vor diesem Schmerz. Die darauf folgenden Schichten sind Reaktionen auf diese Angst. Das am häufigsten übersehene oder geleugnete Gefühl ist gar nicht der Schmerz, sondern die Angst. Ihres tiefsten Schmerzes sind sich viele Menschen bewusst, auch wenn sie weit davon entfernt sind, ihn zu fühlen. Doch dass sie von ihrer Angst vor diesem Schmerz beherrscht werden, wissen sie im Allgemeinen nicht und würden es auch jederzeit vehement leugnen.

Das ganze Drama ist vorbei, wenn der Schmerz, um den es dabei geht, bewusst gefühlt wird. Dieser Schmerz, das eigentliche Gefühl, braucht nur gefühlt zu werden. Mitgefühl, Erbarmen, Verständnis, Achtung, all diese Zauberworte, die auf die Sekundärgefühle so erlösend wirken, sind angesichts des eigentlichen Schmerzes überflüssig. Ganz von selbst verneigt und erbarmt man sich und versteht, wenn man diesem Schmerz endlich gegenüber steht. Man muss einfach nur wagen, ihn zu fühlen, ihn zuzulassen und sich ihm hinzugeben, ohne sich in ihm zu verlieren.

Es gibt nichts Erlösenderes, nicht Befreienderes und nichts Heilenderes als das. Danach kehrt ein Gefühl von Einssein ein, von Frieden und von Liebe.

Und mit der Liebe ist man endlich auf Grund gestoßen. Liebe ist immer der Grund, die unterste Schicht, noch unter dem Schmerz, die überhaupt allem zugrunde liegt. Liebe ist die innerste Schicht des inneren Erlebens, der innerste Zustand unseres Herzens, und genau dort kommen wir an, wenn wir durch das Tor des Schmerzes gegangen sind.

Die Abkürzung zur Erlösung

Es gibt zwei Wege, die durch die verschiedenen negativen Gefühle zum eigentlichen Schmerz führen. Den einen habe ich bereits skizziert: Man fühlt sich sozusagen durch die verschiedenen Schichten von Gefühlen hindurch, bis man auf das stößt, weswegen sie vorhanden sind, den Schmerz. Jedes dieser Gefühle, mit denen man sich vor diesem Schmerz zu schützen versucht, braucht eine bestimmte Art von Annahme durch das Herz – Verständnis, Anerkennung, Erlaubnis, Achtung, Erbarmen oder Mitgefühl. Der Schmerz selbst muss, wenn man endlich auf ihn gestoßen ist, einfach nur gefühlt werden, nichts weiter.

Im Laufe der Jahre hat die Praxis gezeigt, dass es einen zweiten Weg gibt, eine Abkürzung, die direkt zum Schmerz führt. Am Eingang zu dieser Abkürzung steht die Frage: »Und was ist, wenn ich meine emotionale Reaktion weglasse?«

Nehmen wir an, Ihr Chef hat Sie vor allen Kollegen zurechtgewiesen. Sie haben eine Mordswut. Mitten in Ihrem Wutanfall werden Sie wach (»Aha, da ist eine Mordswut«) und erinnern sich an »atmen, zulassen«. Sie spüren Ihre Wut einen Moment lang bewusst. Und dann fragen Sie sich: »Und was ist, wenn ich die Wut weglasse?« Mit anderen Worten: Wenn Sie den Vorfall auf sich wirken lassen, ohne wütend zu werden, sich zu wehren und sich anzuspannen – wie müssten Sie sich dann fühlen?

Wenn Sie Glück haben, taucht dann sofort das auf, weswegen Sie wütend sind: der Schmerz. In diesem Fall zum Beispiel das Gefühl, an den Pranger gestellt und öffentlich gedemütigt zu werden. Können Sie zulassen, sich so zu fühlen? Atmen, bewusst wahrnehmen. Das ist alles.

Dann werden Sie merken, dass die Situation Ihnen geholfen hat, ein Gefühl zu entdecken, das schon immer auf dem Grunde Ihrer Psyche vorhanden war und dem Sie nun die heilende Aufmerksamkeit schenken können, die es braucht.

Ein anderes Beispiel: Sie leiden an chronischer Verspannung im Nackenbereich. Eines Tages kommen Sie auf die Idee, aufmerksam in Ihre angespannten Nackenmuskeln hineinzuspüren. Sie entdecken, dass darin etwas sitzt, das sich verzweifelt bemüht, die Dinge im Griff zu behalten. Der klassische Weg wäre nun: Anstrengung spüren, Verzweiflung spüren, Angst spüren und schließlich das, wovor dieser Teil Angst hat: den Schmerz. Die Frage, die zur Abkürzung führt, lautet: »Was wäre, wenn ich die Zügel locker lasse?« Das stellen Sie sich vor, während Sie gleichzeitig die Muskeln entspannen und dabei an Ihr Leben im Allgemeinen oder an die Situation denken, die Ihnen gerade Probleme macht. Was geschieht? Welche Bilder und Gedanken tauchen auf? Vielleicht sehen Sie, wie dann alles über Ihnen zusammenbricht. Oder der Gedanke taucht auf, dass Sie dann hilflos ausgeliefert wären. Dass Sie völlig den Überblick verlieren würden. Dass die Welt unterginge. Dass alles auseinander fallen würde. Dass Sie den Halt verlieren würden. Was immer es ist, können Sie zulassen, sich so zu fühlen, ohne sich dagegen zu wehren? Es ist Ihr Gefühl. Es war schon immer da. Jetzt haben Sie Gelegenheit, es kennen zu lernen und ihm Zuwendung zu schenken. Atmen, zulassen, fühlen. Und Sie sind von der Angst erlöst. Es war nur ein Gefühl. Es ist nicht die Realität. Behalten Sie das Gefühl bewusst bei, während Sie an Ihre Welt, Ihr Leben, Ihre Situation denken. Üben Sie, es bewusst in Ihr Leben zu nehmen. (Andere müssen das nicht merken.) Wenn das Gefühl beispielsweise Haltlosigkeit ist, probieren Sie, wie es ist, sich haltlos zu fühlen und nichts dagegen zu tun. Nach einer Weile werden Sie merken, dass der eigentliche Halt genau darin besteht, bei sich zu sein und zu fühlen, was Sie eben fühlen, zum Beispiel diese Haltlosigkeit.

Ein letztes Beispiel: Nehmen wir an, Ihr Partner oder Ihre Partnerin rückt Ihnen zu sehr auf die Pelle. Er/sie will vielleicht bei Ihnen einziehen, Sie heiraten oder etwas dergleichen. Sie merken, dass Sie das innerlich in Aufruhr versetzt. Aus Angst, ihn/sie zu verlieren, sagen Sie aber nichts und fügen sich mit einem Gefühl von Resignation. Vermutlich beschönigen Sie das Ganze dann irgendwie. Doch eines Tages sind Sie mit diesem Zustand nicht mehr zufrieden. Sie beschließen, sich das Ganze anzuschauen. Sie halten sich also die Situation vor Augen, beobachten, wie Ihr Körper reagiert, atmen und spüren. Als Erstes taucht ein Gefühl von Abwehr auf. Eine Stimme sagt: »Du musst dich wehren.« Verspannung, Hitzegefühl oder sonstige Symptome des Abwehrkampfes machen sich bemerkbar. Sie fühlen die Abwehr und spüren die Wut, die dahinter auftaucht. Nun erinnern Sie sich an die Abkürzung. Sie fragen sich, was passieren würde, wenn Sie die Anspannungsreaktion der Wut weglassen und sich nicht wehren. Sie entspannen sich. Nun taucht ein Gefühl von Ohnmacht auf, dann Resignation, ein Zustand von Schwachheit und Schlappheit, in den Ihre Abwehr hineinschmilzt. An diesem Punkt sind Sie wach genug, um zu merken, dass dies nur eine weitere Reaktion ist, um den Schmerz, der hinter alldem steckt, nicht spüren zu müssen. Sie fragen sich also: »Und was ist, wenn ich das auch noch weglasse? Wenn ich mich also nicht wehre, aber auch nicht in Ohnmacht und Resignation hinwegschmelze, sondern einfach da bleibe und mich der Situation aussetze?« Da endlich taucht der Schmerz auf, um den es eigentlich geht, zunächst als Bild, das zeigt, wie Sie überrollt, niedergewalzt, erdrückt und letztlich erstickt werden. Aha! Das ist also das Gefühl, vor dem Sie solche Angst hatten. Können Sie es zulassen? Es ist nur ein Gefühl, nicht die Realität, und es ist ohnehin da.

Jetzt können Sie es kennen lernen. Atmen, zulassen, Gefühl bewusst wahrnehmen. Nichts Schlimmes kann passieren, solange Sie es sich bewusst anschauen und Ihren Atem dabei fühlen.

Die »Abkürzung« besteht also darin, alle Abwehrreaktionen beiseite zu lassen und die Situation auf sich wirken zu lassen, ohne sich zu verspannen (Wut, Angst) und ohne abzuschlaffen (Ohnmacht, Resignation), Auswege zu suchen (Verzweiflung, Panik) oder zu flüchten (Blackout, abschalten, Ausweichen auf höhere Ebenen). Auf die Abkürzung einbiegen können Sie von dem Gefühl aus, das gerade im Vordergrund steht, und zwar, indem Sie dieses Gefühl kurz würdigen (nicht einfach übergehen) und dann prüfen, ob Sie es weglassen können und was dann passiert. Wenn Sie Glück haben, taucht dann der Schmerz auf, der allem zugrunde liegt, und den brauchen Sie nur noch bewusst zuzulassen. Es ist Ihr Schmerz. Er braucht Sie. Sich ihm zuzuwenden und ihn zu fühlen ist ein Akt des Erbarmens und seine einzige Chance, Heilung zu finden. Er kann Sie weder umbringen noch verschlingen oder verletzen, denn er ist nichts weiter als ein Gefühl, ein Moment des inneren Erlebens. Zugegeben, er ist kein schönes Gefühl, vielleicht sogar das Schlimmste, das Sie sich vorstellen können, aber es geht vorbei. Atmen, fühlen, bewusst zulassen. Das ist alles.

Allerdings funktioniert diese Abkürzung nicht immer. Nicht jederzeit ist man bereit, den Schmerz zuzulassen. Ich lasse es oft auf einen Versuch ankommen, aber sobald ich merke, dass es nicht geht, breche ich den Versuch ab und kehre zu dem Gefühl zurück, das ich gerade entdeckt hatte, oder wende mich dem zu, was bei dem Versuch auftaucht.

Der Schatz unter dem Schmerz

Der Lohn der ganzen Mühe – wenn die Übung Mühe für Sie sein sollte – ist Liebe, ein Zustand, der viel schöner ist als alles, was vorher war. Diese Liebe stellt sich genau in dem Moment ein, in dem Sie aufhören, Ihren Schmerz zu leugnen, und anfangen, ihn zuzulassen. Aber es gibt noch mehr. Unter dem Schmerz liegt ein Schatz verborgen, den man nur finden kann, wenn man den Schmerz ganz annimmt. Es ist etwas Kostbares, ein inneres Erleben von einer ganz besonderen Schönheit, die zum Mysterium Ihres einzigartigen Lebens gehört. Man wird keine Worte finden, um es mitzuteilen. Man kann es höchstens andeuten, und verstehen können es nur Menschen, die Ähnliches durchlebt haben.

Ich kann Ihnen noch nicht einmal eine Vorstellung von diesem Schatz vermitteln, denn er sieht bei jedem anders aus. Eine Ahnung davon bekommen Sie, wenn Sie in die Augen von Menschen schauen, deren Herz voller Liebe ist. Manchmal findet man etwas davon in Gedichten, manchmal in Musik. Es ist Schönheit, Schmerz und Liebe in einem.

Wenn Sie Ihr Herz geöffnet, Ihren Schmerz gefühlt und früher oder später auch Ihren kostbaren »Schatz« gefunden haben, sind beide, der Schmerz und das Kostbare, Schöne, in Ihnen gegenwärtig. Der Schmerz löst sich nicht in Luft auf, auch wenn das zunächst eine verlockende Vorstellung und sogar ein Anreiz ist, die Mühe des Hinschauens überhaupt auf sich zu nehmen. Doch später spürt man, dass der Schmerz zur Einmaligkeit und Schönheit des Lebens gehört. Das heißt nicht, dass man masochistisch wäre und ihn unbedingt behalten möchte, aber er gehört einfach dazu, denn ohne ihn entbehrt das Leben und Erleben der Tiefe, des Zaubers, der Größe. Allerdings beherrscht uns die Angst vor diesem Schmerz nicht mehr. Wir argwöhnen nicht ständig, dass uns da wieder jemand genau diesen Schmerz abermals zufügen will, weil wir nun nicht mehr alles durch die Brille unserer spezifischen Verletztheit betrachten. Die alte Wunde kann endlich heilen, weil wir den Verband abgenommen haben (all die Schichten von Gefühlen, mit denen wir sie zugedeckt hatten) und weil wir sie in Ruhe lassen (dadurch, dass wir nicht mehr jede Aktion und Reaktion eines anderen als Hieb auf unsere wehe Stelle interpretieren). Die Gestalt des Schmerzes löst sich auf (die körperlichen Verspannungen, die eingefrorene Energie, die Erinnerungen, die an der Stelle, wo der Schmerz passiert ist, hängen geblieben sind), aber das Wesen des Schmerzes wird Teil unseres Wesens. Er macht unser Herz mild und mitfühlend gegenüber allen, die einen ähnlichen Schmerz erleiden.

Jedes Wesen, das auf die Welt kommt, nimmt damit sein Maß an Schmerz auf sich. Schon die Ankunft auf dieser Welt ist nicht nur aufregend und vergnüglich, sondern auch schmerzlich. Sie bedeutet nämlich, dass man aus einer formlosen und daher grenzenlosen, zeitlosen und daher unendlichen Welt ohne Kampf, Stress und Ärger, ohne Zwang und ohne Einschränkung in eine Form gepresst wird, die eine gewisse Menge von Eigenschaften und Fähigkeiten ermöglicht, aber alle anderen ausschließt. Man wird in das Bewusstsein geboren, eine einzelne Person zu sein, die vom Rest der Welt und von ihrer ursprünglichen Herkunft abgetrennt ist, in eine Welt, in der man nicht einfach vor sich hin existieren kann, in der man nicht ohne weiteres verstanden wird, in einen Körper, der verletzt, verstümmelt und getötet werden kann.

»Die Kunst des Kriegers ist es, das Wunder, ein Mensch zu sein, und den Schrecken, ein Mensch zu sein, im Gleichgewicht zu halten.«[4]

Es ist ein großartiges und einmaliges Abenteuer voller Möglichkeiten, und es macht Angst und tut weh. Das bleibt auch denen nicht erspart, die nie vergessen haben, dass sie eigentlich Unendlichkeit und Grenzenlosigkeit sind.

4 Carlos Castaneda, *Reise nach Ixtlan* (siehe Literaturverzeichnis)

Spiritualität als Flucht
vor dem Schmerz?

Der Schmerz, das sagte ich bereits, gehört schon deshalb zum Leben, weil die Entscheidung zu leben mit sich bringt, dass man auf vieles verzichten und sich in eine eigentlich unerträgliche Einschränkung und Vereinzelung fügen muss.

Nun gibt es ja Menschen, die sich ihrer Natur als ewiges, grenzenloses, eigentlich geistiges Wesen durchaus bewusst sind. Müssen die auch leiden? Müssten die nicht eigentlich frei von Schmerz sein? Oder, was wir wirklich wissen wollen: Wäre Spiritualität nicht eine Möglichkeit, dem Schmerz zu entrinnen? Meiner Auffassung nach ist sie das nicht und sollte es auch nicht sein. Die ganze Schönheit und Bedeutsamkeit, das »Wunder, ein Mensch zu sein«, wie Castaneda sagt, bekommt man nur mit, wenn man sich ganz auf den »Schrecken, ein Mensch zu sein« einlässt und Begrenzung, Vergänglichkeit, Tod, Trennung und all das akzeptiert. Das heißt jedoch nicht, einfach zu sagen: »Es hilft nichts, so ist es nun mal«, sondern seinen persönlichen Anteil an diesen schmerzlichen Themen bewusst zu durchleben und alle Gefühle, die daraus entstehen, zu fühlen und anzunehmen. Auch die berühmte Zen-Lehrerin Charlotte Joko Beck sagt: »Wir glauben, nicht dazu bestimmt zu sein, den Schmerz unseres Lebens auf uns zu nehmen. Das Traurige ist, dass wir, solange wir ausweichen wollen, uns selbst vom Wunder des Lebens und vom Wunder dessen, was wir sind, ausschließen.« [5]

---

5 Charlotte Joko Beck, *Zen im Alltag* (siehe Literaturverzeichnis)

Ich kenne viele Menschen, die dem Schmerz zu entrinnen versuchen, indem sie sich mit spirituellen Ideen befassen, zum Beispiel indem sie sich einreden, alles sei halb so schlimm, weil es ja gar nicht real ist (im Sinne ihrer Auffassung der Maya-Theorie, die besagt, dass alles Täuschung ist. Meiner Auffassung nach besagt sie allerdings eher, dass unsere Interpretation dessen, was wir wahrnehmen, eine Täuschung ist, die wir für die Realität halten). Aber das heißt, den Teil seines Wesens zu leugnen, der unter Trennung und Begrenzung leidet. Es läuft wieder auf Verdrängung der wahren Gefühle hinaus und führt meiner Erfahrung nach nicht zu Erwachen und Erleuchtung, sondern zu Spaltung, Scheinwissen und Scheinheiligkeit. Man meint dann zu wissen, was Sache ist, während man sich in Wirklichkeit vor der Hälfte der Realität verschließt.

Wir sind hier, um uns in dieser Verkörperung zu erleben, zu begegnen, zu feiern, zu erleiden, und schließlich als das zu erkennen, was wir sind: lebendige Manifestationen des All-Einen, des Alls oder der universalen Intelligenz, wie immer Sie es nennen wollen. Ich sage lieber nicht »Gott«, sonst denken Sie an den obersten Tugendwächter, den wir uns jahrhundertelang unter Gott vorgestellt haben und der uns immer noch im Hinterkopf herumspukt und die Freude an der Religion verdirbt.

Nicht umsonst ist die Geschichte, die uns von Christus erzählt wird, ein Drama, in dem der Auferstehung die Kreuzigung vorangeht. Ich glaube, man muss wagen, wirklich zu leben und alles zu fühlen und mitzufühlen, bevor man einen Eindruck von der Bedeutung bekommen kann, die hinter dem Leben verborgen ist. Von oben, aus den geistigen Sphären kann man es zwar intuitiv erfassen, aber das ist nicht dasselbe wie reales Erwachen. Ich kenne diesen Unterschied, weil ich viele Jahre lang auf Erhalt und Weitergabe intuitiven Wissens, also Wissens von höheren geistigen Ebenen spezialisiert war. Die wunderbaren Lehren und Weisheiten, die meine Freunde und Leser über mich als Kanal aus diesen höheren Sphären erhalten haben, waren unschätzbar wertvoll und wunderbar.[6] Aber es ist etwas anderes, als Frucht des eigenen Lebens zu derselben Erkenntnis zu erwachen. Dadurch bekommt die universale Intelligenz Gestalt und Leben, wird ein reales, pralles, lebendiges und gefühltes »Aha«, statt nur ein geistiges Ahnen oder Erkennen zu sein.

Spirituell zu sein erschöpft sich nicht darin, etwas zu wissen, selbst wenn es eigenes inneres Wissen ist, das man irgendwie intuitiv erfasst hat. Man weiß, worum es geht im Leben, man weiß, wie das Universum entstanden ist und warum alles so ist, wie es ist. Das hat nichts zu sagen. Selbst wenn man es wirklich wüsste, was natürlich nicht der Fall ist, hätte das wenig zu bedeuten, verglichen mit dem kleinen, aber realen Erwachen, das sich einstellt, wenn man einen Schmerz angenommen hat und aus der Hypnose einer Angst oder Überzeugung aufgewacht ist. Das ganze Leben lang hat man gedacht, abgelehnt zu werden sei etwas, das man keinesfalls überleben könne. Daher hat man alles getan, um es zu vermeiden oder nicht an sich heranzulassen, wenn es doch geschehen war. Und plötzlich hat man den gefürchteten Schmerz zugelassen und sagt: »Aha. So fühlt sich das also an. Davor bin ich also die ganze Zeit weggelaufen.«

Wenn man das tut, begibt man sich tatsächlich auf eine höhere Ebene. Man entdeckt seine Unversehrbarkeit. Man hat den Schmerz gefühlt und ist immer noch da, immer noch ganz und heil, eigentlich sogar ganzer, heiler und präsenter als zuvor. Das ist nicht dasselbe, wie auf die höhere Ebene zu flüchten, um den Schmerz nicht fühlen zu müssen. Letzteres ist

---

6 Safi Nidiaye, *Liebe ist mehr als ein Gefühl* (Lehren für Liebe, Leben und Partnerschaft); *Neues Wissen, neues Denken für eine bessere Zukunft* (Fortführung des ersten Buches, behandelt eher kollektive Themen); *Führung durch Intuition* (für Manager); (siehe Literaturverzeichnis)

Spaltung und Unbewusstheit, nicht Erleuchtung. Der Moment, in dem sich die Tür zum Herzen öffnet und ein vorher abgelehntes Gefühl einlässt, ist zugleich ein Durchbruch zu höheren, geistigen Ebenen. Viele erleben, dass sie plötzlich intuitiv wissen, welchen Sinn ihr Problem hat und wie sie es lösen können. Oder man ist sich auf einmal der kollektiven Dimension seiner Gefühle und Probleme bewusst und merkt förmlich, wie man mit seinem Zorn, seiner Hilflosigkeit oder welchem Gefühl auch immer teil hat an dem Zorn oder der Hilflosigkeit der Menschheit. Das Erbarmen, das sich einstellt, wenn man sein Herz öffnet, gilt dann nicht nur dem eigenen Gefühl, sondern allen Menschen, die Ähnliches fühlen. Andere erleben diesen Kontakt mit höheren Ebenen so, dass sie plötzlich von Liebe, Dankbarkeit, Ehrfurcht und Demut ergriffen werden. Der Wunsch zu beten, zu meditieren, ja sogar zu »lobpreisen« – die Stimmung, aus der heraus ein »Hallelujah« entsteht – wird wach.

Sein Herz für das zu öffnen, was in einem selbst gerade leidet, ist übrigens der beste Einstieg in die Meditation, den ich kenne. Anstatt die Probleme, Sorgen, Emotionen und Kümmernisse meines »kleinen Ich« zusammen mit diesem an der Garderobe abzugeben, bevor ich den Tempel betrete, nehme ich all das bewusst mit und bringe es vor den Altar. »Hier«, sage ich, »das ist mein Kummer. Schau Du ihn mit mir zusammen an.« Mein aktiver Beitrag zum Gottesdienst besteht darin, dass ich im heiligen Raum des Tempels, sozusagen unter den Augen Gottes oder des universalen Bewusstseins durch die Gefühle hindurchgehe, die mich gerade beschäftigen, und ihnen mein Herz öffne. Der Rest kommt von oben, per Eingebung.

In diesem Sinne beginne ich meine täglichen Meditationen fast immer damit, dass ich erst einmal nach mir schaue, so wie ein Arzt im Krankenhaus am Morgen nach seinen Patienten schaut. »Na, wie geht's uns denn heute?« Gibt es ein Thema, das auf dem Gemüt lastet? Gibt es Gedanken, die Aufmerksamkeit wünschen? Gibt es ein körperliches Symptom, das Zuwendung braucht? Dann mache ich die ganze Übung – atmen, spüren, zulassen, Herz öffnen. Meine Meditation stellt sich anschließend ganz von allein ein. Auch wenn ich nur wenig Zeit habe, sagen wir fünf Minuten, werfe ich einen kurzen Blick auf das, was gerade ansteht, ziehe die Übung in Ultrakurzform durch und verweile dann noch ein oder zwei Minuten in Stille oder im Gebet.

Eine wunderbare Reise
zu sich selbst

Evelyn, eine Frau, die kürzlich an einem meiner Seminare teilgenommen hat, schrieb mir gerade: »Jede der Meditationen nach deiner Methode ist eine wunderbare Reise zu mir selbst.« Für dieses Stichwort bin ich ihr sehr dankbar. Denn sonst hätte ich womöglich vergessen, Ihnen zu sagen, dass das ganze nicht nur Arbeit, Übung und Mühe oder gar Qual ist, sondern auch »eine wunderbare Reise zu sich selbst«. Diese tiefe, geheimnisvolle, liebevolle Intimität mit sich selbst, der Durchbruch zur Liebe und zu höheren Welten wird nie so deutlich wie in den Momenten, in denen man sein Herz für einen wirklich tiefen Schmerz öffnet, der nicht weggetröstet werden kann.

In dem Maße, in dem sich Bewusstheit und die Fähigkeit, sein Herz zu öffnen, entfaltet, verwandelt sich das ganze Leben in eine »wunderbare Reise zu sich selbst«, die auch unangenehme Momente mit sich bringt. Ich empfinde es beispielsweise als ein wahres Wunder, wie ich zurzeit jede kleine Begebenheit in meinen Beziehungen zum Anlass nehme, aus einer lebenslänglichen Hypnose zu erwachen, die durch einen Gedanken, ein Gefühl, eine Angst oder eine Wahnvorstellung ausgelöst wurde. Dieses Erwachen geschieht, indem ich bewusst beobachte, was in mir vorgeht, anstatt nur zu reagieren, und indem ich dem, was in mir vorgeht, Erbarmen und Verständnis entgegenbringe. Ich spüre meinen Atem, wenn es irgendwo brenzlig wird, und das erinnert mich an »bewusst beobachten«, »zulassen, was ich fühle«, und »Herz öffnen«. Mit der Zeit ist das etwas geworden, das unwillkürlich abläuft.

Emotionale Reaktionen sind immer noch als Erstes da, ganz wie gewohnt, aber gleichzeitig erwacht die Bewusstheit, und so wird aus jedem zwischenmenschlichen Vorfall ein Anlass, mich einem alten quälenden Schmerz zuzuwenden, mein Herz zu öffnen und zu Heilung, Vertiefung des Erlebens und mehr Liebe zu gelangen.

Mein Freund und ich pflegten unter einer Decke zu schlafen. Eine wunderbar große Decke, extra dafür angeschafft. Nun hat er beschlossen, sich in eine eigene Decke zu wickeln, damit er besser schlafen kann. Aus irgendeinem Grund lässt mich dieses Deckenthema den ganzen Tag und die ganze Nacht und dann noch eine Nacht nicht los. Ich beobachte, wie meine Gedanken verrückt spielen. »Wozu überhaupt ein Bett teilen, wenn man nicht unter einer Decke schläft und einander nicht mehr fühlen kann? Ich werde ein zweites Bett anschaffen und es nebenan aufstellen. Wozu überhaupt Beziehung, wenn man nicht unter einer Decke schläft? Ich gehe. Ich will wieder frei sein. Ich will wieder allein schlafen in meinem eigenen Bett. Ich hasse Beziehungen. Ich hasse überhaupt alles.« So ungefähr hört sich der Aufruhr in meinem Kopf an, und weil ich müde bin, machen die Gedanken, was sie wollen. Ich bin nicht in der Lage, ihnen auf den Grund zu gehen. Doch irgendwann, nachts um drei, stehe ich auf, gehe ins andere Zimmer und setze mich hin, um mir das Ganze anzuschauen. Da muss etwas Größeres dahinter stecken, wenn ich mich so aufrege. Ich fühle mich also durch die ganze Wut und den ganzen Frust hindurch und öffne auch mein Herz für irgendetwas – weiß nicht mehr was. Irgendwann taucht der Schmerz auf, um den es geht. Ich fühle mich verstoßen, aus Armen verstoßen (es geht längst nicht mehr um meinen Freund, sondern um meine Mutter). Ich verstehe es nicht. Da ist der Schmerz über das Verstoßensein und der Schmerz des Nichtverstehens.

Am nächsten Tag, während einer Massage, taucht auch der Rest auf. Mit großer Klarheit erinnere ich mich, wie ich, nachdem ich aus den warmen Armen meiner Mutter verstoßen war (ich war ein

Baby, als sie ging), nur noch so etwas wie professionelle Zuwendung bekam. (Darauf brachte mich die Massage, die ich gerade von meinem Freund erhielt und die mir wie die Fortsetzung des Dramas vorkam: Jetzt gibt es keine Streicheleinheiten mehr, sondern nur noch therapeutisch-zweckmäßige Berührung.) Ich fühlte großen Schmerz und hatte gleichzeitig das Gefühl, bestraft zu werden und nicht zu wissen, wofür. Viele Tränen flossen, aber es waren gute Tränen der Erleichterung, weil ein alter Schmerz entdeckt und bewusst angenommen worden war. In der Deckenfrage haben wir natürlich eine Lösung gefunden, die beide zufrieden stellt. War gar kein Problem.

Nach und nach fällt es immer leichter, bewusst zu werden, und ich kehre immer selbstverständlicher und müheloser in den Zustand der Liebe zurück. Das Schönste an diesem Weg scheint mir jedoch die Entdeckung zu sein, dass alles ganz anders ist, als ich immer gedacht habe, und zwar in jeder Hinsicht und in jedem Augenblick.

Und die positiven Gefühle?

Manchmal beklagt sich jemand darüber, dass ich die meiste Zeit von negativen Gefühlen rede. Geht es denn immer nur um das Negative? Was ist denn mit den positiven Gefühlen? Mit der Freude zum Beispiel?

Ich rede deshalb so viel über negative Gefühle, weil sie es sind, die uns Probleme machen, und weil die Menschen, an die ich mich wende, einen Ausweg aus ihren Problemen suchen. Mit Freude, Liebe, Frieden, Gleichmut, Zärtlichkeit und dergleichen haben die meisten Menschen keine Probleme, höchstens das Problem, dass sie zu wenig davon verspüren. Gegen positive Gefühle wehrt man sich nicht, sie unterdrückt und verdrängt man nicht – sollte man jedenfalls meinen. Allerdings stimmt das in der Realität nicht. Warum, werde ich später erklären, denn dazu muss ich wieder von negativen Emotionen reden. Jetzt bleiben wir erst mal beim Positiven.

Was sind überhaupt »positive« und »negative« Gefühle? Positive Gefühle sind bejahende Gefühle. Negative Gefühle sind verneinende Gefühle. Wenn ich Angst habe, wütend oder traurig bin, dann bedeutet das immer, dass ich etwas verneine. »Nein, diese Erfahrung will ich nicht. Sie ist nicht schön.«

Mit den Begriffen »positiv« und »negativ« ist meiner Auffassung nach keine Wertung verbunden. Es sind einfach Ausdrücke, die uns verstehen helfen, welche Art von Gefühl gemeint ist.

Im Wesentlichen gibt es zwei Arten von positiver Emotion: Freude & Co. und Liebe & Co. Weil es viele Varianten freudiger oder liebevoller Empfindungen gibt, füge ich »& Co.«

an. Bei Freude reicht die Skala von Zufriedenheit bis Jubel, bei Liebe von Sympathie oder Zuneigung und Zärtlichkeit oder Fürsorge bis zu rasender Leidenschaft oder dem Wunsch nach absoluter Hingabe.

Wenn wir überhaupt hier sind, in diesem Körper, auf diesem Planeten und in dieser Zeit, dann deshalb, weil wir irgendwann ja dazu gesagt haben. Das Dumme ist, dass wir das offenbar vergessen haben. Oder wir meinen, dass wir unmöglich gewusst haben können, worauf wir uns einlassen, als wir den Zug zur Inkarnation genommen haben. Wir sind nicht einverstanden. So haben wir uns das nicht vorgestellt. Oder wir denken, wir hätten überhaupt nicht kommen wollen. Als Kind habe ich immer, wenn meine Eltern Dankbarkeit von mir verlangten, gesagt: »Ich habe doch nicht darum gebeten, auf die Welt zu kommen, ihr wolltet mich doch unbedingt hier haben!« Später gelangte ich zu der Auffassung, dass beides nicht stimmte. Ich wollte sehr wohl auf die Welt kommen, aber sie wollten eigentlich gar kein Kind haben. Beide Sichtweisen enthalten Verneinung, Verneinung bedeutet negative Emotion, und negative Emotion bedeutet Leid.

Negative Emotion entsteht durch Verneinung. Entweder ist es eine Verneinung, die von uns selbst ausgeht (»Diese Erfahrung will ich nicht.«), oder eine Verneinung, die uns entgegengebracht wird (»Wir wollen dich eigentlich gar nicht haben.«). Beides wird natürlich unbewusst und nonverbal übermittelt, jedenfalls im Allgemeinen. »Du bist nicht richtig so, wie du bist. Du sollst anders sein.« Wenn uns die Verneinung entgegengebracht wird, ist die Negativität zwar eigentlich das Problem der anderen, aber wenn diese anderen unsere Eltern sind und wir noch ein Kind, dann ist es so, als hätte uns Gott oder das Leben verneint. Würde man schon als Baby erkennen, dass die Eltern ein Problem haben und dass das, was die Eltern aus ihrer Problematik heraus fühlen und denken, einen selbst weder schädigen noch umbringen kann, solange sie einem Nahrung, Schutz, Körperkontakt und Obdach geben, dann wäre dieser Schmerz nicht da. Aber in diesem Alter kann man die Eltern noch gar nicht richtig von sich selbst trennen. Man merkt nur: Da kollidiert etwas mit meiner inneren Wirklichkeit. Es fühlt sich falsch an. Es tut weh.

Wenn dann niemand zur Stelle ist, der uns offenen Herzens durch diesen Schmerz hindurch hilft, kommen unsere Reaktionen: Wut. »Weg damit! Ich will es nicht!« Angst. »Hilfe! Das bringt mich um!« Trauer. »Ich will das nicht. Ich will das Schöne wiederhaben. Ich ertrage das nicht. Ich kann mich gar nicht mehr freuen.« Verzweiflung. »Es muss doch einen Ausweg geben.« Resignation. »Es hat keinen Zweck.«

Sehen Sie, dass all diese Reaktionsgefühle (Wut, Angst, Trauer, Verzweiflung und Resignation) Versuche sind, den Schmerz nicht erleben zu müssen? Sie stehen für unsere Art, eine Erfahrung zu verneinen.

Positive Emotionen sind unsere Art, eine Erfahrung zu bejahen. »O ja! Das ist schön! Das fühlt sich gut an! Das gibt Kraft! Das macht Spaß!«

Es gibt natürlich auch Gemütszustände, die jenseits von Negativ und Positiv liegen, aber eher dem Positiven zuzurechnen sind. Dazu gehört beispielsweise ein friedvoller Zustand. Ich stelle ihn auf die positive Seite, weil Frieden sich nicht im Zustand der Verneinung einstellt, sondern Bejahung voraussetzt. Außerdem ist es ein Gefühl, das uns stets angenehm ist und das wir selber gern bejahen. Gleichgültigkeit könnte ebenfalls ein neutraler Zustand sein, wenn er nicht fast immer eine Tarnung negativer Emotionen wäre. Im Allgemeinen werden Menschen gleichgültig oder legen sich eine Lebensphilosophie zu, in der Gleichgültigkeit – »alles ist gleich gültig« – einen hohen Stellenwert hat, weil sie enttäuscht sind, weil sie Schiffbruch erlitten haben und weil sie Schmerz in sich tragen, den sie nicht fühlen möchten.

Doch zurück zu den positiven Emotionen. Ich habe entdeckt, dass es gut ist, sie genau so zu behandeln wie die negativen. Statt einfach nur zu denken, dass ich mich freue, und es jemandem mitzuteilen, erlebe ich die Freude bewusst auch als körperlichen Zustand und gebe ihr einen Platz in meinem Herzen. Sie werden lachen, aber auch Ihre Freude sehnt sich danach, von Ihnen wirklich gefühlt und angenommen zu werden. Das Gleiche gilt für Ihre Liebe. Für mich war die verrückteste Entdeckung die, dass die Liebe zu dem Menschen, den ich mehr als alles auf der Welt liebte, seit langem vor der Tür meines Herzens stand und darauf wartete, dass ich sie endlich einließ! Mit dieser Liebe war dasselbe passiert, was ich Ihnen schon im Zusammenhang mit den negativen Emotionen geschildert habe: Ich war vollkommen von ihr beherrscht, hatte sie aber noch nie bewusst gefühlt und ihr noch nie mein Herz geöffnet. Natürlich holte ich das nach, was zu einer spürbaren Veränderung des inneren Klimas führte und dazu, dass ich auch dem geliebten Menschen mein Herz öffnen und zum ersten Mal fühlen konnte, wie er sich innerlich erlebte.

Oder die Freude. Jemand rief an und teilte mir etwas mit, das riesengroße Freude in mir auslöste. Gerade noch rechtzeitig erwischte ich mich dabei, dass ich gleich wieder zum Hörer griff, um irgendjemandem von dem freudigen Ereignis zu erzählen. Ich merkte plötzlich, dass ich das tun wollte, weil ich fürchtete, diese Freude nicht aushalten zu können. Es ist dieselbe Angst wie vor dem Schmerz. Man hat Angst, vor Freude zu platzen. Deshalb gibt man einen Teil davon ab, indem man jemand anderem davon erzählt. In Wirklichkeit verliert man dadurch einen Großteil der Freude und ihrer Energie, denn die wenigsten Menschen freuen sich über unsere Freude und geben uns das Echo, das wir brauchen, damit sie erhalten bleibt. Also legte ich den Hörer schnell wieder auf und versuchte, die Freude zuzulassen und bewusst zu spüren. Atmen, fühlen … Es war schwer, fast schwerer als bei Wut. Das Ergebnis war ein großer Zuwachs an Energie, aber vor allem die Tatsache, dass ich die Freude wirklich erlebt hatte.

Wir haben manchmal auch Angst, vor Liebe oder Zärtlichkeit zu platzen, und fühlen uns deshalb gezwungen, etwas zu sagen oder zu tun, um diese Liebe mitzuteilen. Nichts gegen diese Mitteilung, meistens erfreut sie den Betreffenden ja, aber wenn Sie das nächste Mal solche Anwandlungen verspüren, probieren Sie einmal meine Methode, bevor Sie den Mund aufmachen oder die Hand ausstrecken. Atmen, fühlen, die Liebe bewusst erleben und das Herz für sie öffnen. Das vervollständigt nicht nur Ihr inneres Erleben und vertieft Ihr Gefühl, Sie werden auch sehen, dass es sich sogar ohne Worte oder Gesten mitteilt. Und die Worte oder Gesten, die sich dann doch ergeben, kommen von Herzen und sind nicht nur das Ergebnis einer vorübergehenden Gefühlswallung. Daher können sie von der betreffenden Person meist besser angenommen werden.

Wenn Sie meine Übung auf die positiven Emotionen ausdehnen, wenn Sie also auch eine positive Emotion bewusst wahrnehmen, anstatt sich mit ihr zu identifizieren, und ihr dann bewusst einen Platz in Ihrem Herzen geben, werden Sie feststellen, dass Sie sogar diese schönen Gefühle bisher noch nie richtig gefühlt haben. Sie werden ferner entdecken, dass Sie nicht nur Ihre negativen, sondern ebenfalls einige Ihrer positiven Gefühle, nämlich gerade die, nach denen Sie sich am meisten sehnen, unterdrückt haben.

Es kommt vor, dass wir positive Gefühle unterdrücken, um unserem Leid treu zu bleiben. Wenn jemand gestorben ist, den wir gern hatten, trauern wir vielleicht eine Weile aufrichtig, aber dann kann es sein, dass trotzdem auch mal Freude auftaucht (nicht unbedingt Freude über seinen Tod, aber vielleicht Freude über das schöne Wetter oder was auch immer), und dann unterdrücken wir diese Freude, weil wir doch traurig sein sollten. Ganz besonders treu sind wir unserem Schuldgefühl. Wenn wir uns schuldig fühlen (und den Schmerz der Schuld nie bewusst zugelassen und angenommen haben), erlauben wir uns nicht, glücklich zu sein – jedenfalls nicht richtig glücklich. Wir können uns so schuldig fühlen, dass wir jede Regung von Liebe, Erbarmen oder Freude in uns ersticken.

Wenn wir ein positives Gefühl unterdrücken oder keinen rechten Zugang zu Liebe oder Freude haben, können wir davon ausgehen, dass in uns ein Kampf zwischen einem positiven und einem negativen Gefühl stattfindet, den das negative gerade mal wieder gewonnen hat. Die Kunst der »Herzensarbeit« besteht darin, die Kämpfenden zu trennen und jedem von beiden einen Platz im Herzen zu geben. Damit das geschehen kann, muss man sich aus der Identifikation lösen und sich das Ganze bewusst und mit Abstand anschauen. »Aha, interessant. Da ist Traurigkeit und da ist Freude, und die Traurigkeit hat die Freude klein gekriegt.« Dann muss man jedes Gefühl für sich betrachten – atmen, spüren, zulassen – und herausfinden, was es jeweils vom Herzen braucht, um sich angenommen zu fühlen. Mehr zu diesem Punkt im nächsten Kapitel.

Ich erwache mit einem Gefühl der Niedergeschlagenheit. Das Wetter ist schön, ich befinde mich auf einer Reise, in einer schönen Stadt. Eigentlich ist alles wunderbar, aber da ist dieses depressive Gefühl. Das Leben hat keinen Sinn mehr, sagt es. Ich stelle fest, dass dieses Gefühl eigentlich jeden Morgen als Erstes da ist, und beschließe, es mir anzuschauen. Ich fühle es, atme bewusst, lasse es zu. Ich erkenne, woher es kommt. Es hängt immer noch mit der Trennung von einem geliebten Menschen zusammen. Ich öffne mein Herz für dieses Gefühl der Sinnlosigkeit. Dabei taucht eine Sehnsucht nach Freude auf. Ich lasse nicht zu, dass sie sich dazwischen schiebt, sondern kümmere mich weiter um das depressive Gefühl. Erst als es sicher im Herzen aufgehoben ist, öffne ich mein Herz auch für den Wunsch nach Freude.

Später, draußen im Freien: Mein Weg zum Seminar führt über eine Wiese. Ich laufe barfuß. Plötzlich überfällt mich eine An-

wandlung von jubelnder Lebensfreude und das Wissen: Leben ist Freude. Da taucht die Erinnerung an einen anderen Moment auf, in dem ich diese jubelnde Lebensfreude gefühlt habe, an den Morgen nach der Nacht, in der besagter Geliebter zu mir zurückgekehrt war. Schmerz. Tränen. Aber ich lasse nicht zu, dass sich der Schmerz über die Freude schiebt. Ich fühle weiterhin Freude und Schmerz zugleich. Ich verstehe, dass ich den Schmerz annehmen muss, um die Freude fühlen zu können. Ein Echo des Schmerzes wird immer darin enthalten sein. Irgendwie verwandelt das die Freude in Liebe.

Das positivste aller positiven Gefühle ist die Sehnsucht. Sehnsucht ist die stärkste kreative Kraft in diesem Universum. Sehnsucht ist das, woraus alles entsteht. Sehnsucht ist das, was Menschen und Dinge zueinander zieht.

Sehnsucht ist schöpferisch. Wenn Sie sich aus tiefstem Herzen nach etwas sehnen und uneingeschränkt ja zu dieser Sehnsucht sagen, erschafft sie die ersehnte Realität. Wann und auf welche Weise, kann man nicht vorhersagen. Schwierig wird es natürlich, wenn Ihre Sehnsucht das Schicksal anderer Menschen einbezieht, die vielleicht ganz andere Wünsche haben als Sie. In diesem Fall rate ich Ihnen dringend, die Kraft Ihrer Sehnsucht nicht auf die äußeren Aspekte zu richten, sondern auf das zu beziehen, was dahinter steckt. Sie wünschen sich also nicht X, sondern das, was Sie sich von X versprechen: eine bestimmte Art des Erlebens, ein Gefühl. Ich habe allerdings die Erfahrung gemacht, dass die Sehnsucht oft doch ein konkretes Ziel hat, so sehr man sich auch bemüht, das Abstrakte dahinter zu ersehnen. In den meisten Fällen sehnen wir uns nach einem Menschen, einem Haus, einem Ort oder einer Sache, weil wir uns davon ein bestimmtes Erleben, also ein Gefühl versprechen. In anderen Fällen ist das nicht so. Das muss man respektieren, wie es ist. Es hat keinen Zweck, sich einzureden: »Ich sehne mich nach der Art von Glück, die ich mit X erlebe«, während die Wahrheit ist: »Ich sehne mich nach X, was immer dabei herauskommen mag, Glück oder Leid, ist mir gleichgültig.«

Im Allgemeinen kann man sagen: Wenn Sie die kreative Kraft Ihrer Sehnsucht nutzen wollen, tun Sie besser daran, sich das Abstrakte zu wünschen als das Konkrete. Das Konkrete – dieses bestimmte Haus, dieser bestimmte Mensch – ist vielleicht nicht lieferbar, anderweitig vergeben oder ganz anders, als Sie denken. Oder Sie stellen nachher fest, dass Sie sich eigentlich gar nicht X gewünscht hatten, sondern ein bestimmtes Glücksgefühl und dass X Ihnen das gar nicht geben kann. Das Abstrakte – das Glücksgefühl, das Sie sich von X versprechen – ist stets für Sie verfügbar. Das gilt auch für die Umstände, die Sie brauchen, um dieses Glück realisieren zu können. Wünschen Sie sich also das, was Sie erleben möchten, und die Umstände, die dem förderlich sind, und die Kraft Ihrer Sehnsucht kann ans Werk gehen.

Das setzt natürlich voraus, dass Sie ihr freie Bahn lassen. Und das ist ein wichtiger Punkt, denn genau wie alle anderen Gefühle pflegen wir auch unsere Sehnsucht entweder ganz zu unterdrücken oder zumindest nicht wirklich zu fühlen. Das liegt daran, dass wir sie sowieso für unerfüllbar halten, oder dass wir, um die Sehnsucht zulassen zu können, auch den Schmerz fühlen müssen, der untrennbar mit ihr verbunden ist, und das nicht wollen. Ich sehne mich ja deshalb nach etwas, weil ich von diesem Etwas getrennt bin, weil es eben nicht da ist. Und das zu akzeptieren tut weh.

Wenn ich die Kraft der Sehnsucht aktivieren will, muss ich also zunächst den Mangel fühlen, den Schmerz, den die Abwesenheit des Ersehnten bereitet. Davor steht allerdings ein Widerstand, nämlich die Idee: »Wenn ich es zulasse, dieses Nichtvorhandensein und den mit ihm verbundenen Schmerz zu fühlen, akzeptiere ich es als Tatsache und verfestige diese noch.« Es ist eine Art Aberglaube.

Nehmen wir an, Sie sehnen sich nach Reichtum, besitzen aber keinen Cent. Wie kann Ihre Sehnsucht in eine Kraft verwandelt werden, die Reichtum schafft?

Widerstand A: »Es hat ja sowieso keinen Zweck.« (Wenn Sie wach sind – »Aha, interessant« –, werden Sie die Resignation in Ihrem Körper spüren und prüfen, was sie von Ihrem Herzen braucht.)

Widerstand B: »Sehnsucht tut weh. Ich will keine Sehnsucht fühlen, weil das wehtut, ich will einfach, dass Geld da ist.« Auf diese Weise kann man nichts bewegen. Man verneint die gegenwärtige Wirklichkeit und weigert sich, die Kraft in Gang zu setzen, die sie verändern kann – die Sehnsucht. Was tun? Wach sein und den Beobachter einschalten: »Aha, interessant. Da ist Abwehr. Da ist Angst. Da ist Unwillen. Atmen, zulassen. Spüren. Herz öffnen. Verständnis dafür, dass ich keine Sehnsucht fühlen will, dass ich Angst vor dem Schmerz habe.«

Auf diesem Weg, also indem man dem Widerstand keinen Widerstand entgegensetzt, erreicht man schließlich doch den Moment, in dem man die Sehnsucht zulässt. Der Anfang dieses Zulassens ist Schmerz – das Ersehnte ist abwesend –, der Rest ist Erleichterung. Endlich ist man wieder eins mit sich, sagt ja zu seiner Sehnsucht, zu der Kraft, die beseelt, belebt und bewegt, zu dem vielleicht persönlichsten, intimsten und so gesehen auch heiligsten Gefühl, das man haben kann. Was immer andere innere Parteien dazu sagen mögen – »Es ist unerreichbar«, »Es ist schlecht«, »Du hast es nicht verdient«, »Es hat keinen Zweck«, »Vergiss es« –, es tut unendlich gut, der Sehnsucht sein Herz zu öffnen.

Sehnsucht – wonach auch immer, konkret oder abstrakt – kann unser wichtigster Lehrer, Führer und Heiler werden, wenn wir uns ihr anvertrauen. Das ist mehr, als nur zu sagen: »Ich sehne mich nach X, wie kann ich X so schnell wie möglich herbeischaffen?« Sich der Sehnsucht hinzugeben bedeutet, den Schmerz anzunehmen, der mit ihr verbunden ist, und auch die Ungewissheit darüber, ob ich das Ziel, das ich mit meiner Sehnsucht verbinde, tatsächlich erreichen kann oder nicht. Ich nehme also das Risiko in Kauf, enttäuscht zu werden, Schiffbruch zu erleiden oder mich der Lächerlichkeit preiszugeben. Das mag wehtun, das mag anderen dumm erscheinen, aber ich weiß, dass ich mit meinem Herzen, meiner Seele und mir selbst im Einklang und so lebendig bin, wie ich nur sein kann. Wenn ich »meine Sehnsucht lebe«, singe ich mein eigenes Lied. Doch gleichzeitig behandle ich die Sehnsucht wie jeden anderen Gemütszustand, indem ich mich nicht einfach mit ihr identifiziere und von ihr beherrscht werde, sondern sie bewusst zulasse und ihr einen Platz in meinem Herzen gebe.

Letztlich bezieht sich Sehnsucht nie darauf, etwas zu haben, sondern immer darauf, etwas zu sein. »Ich möchte glücklich sein.« – »Ich möchte sicher sein.« – »Ich möchte schön – reich – stark – friedvoll – voller Freude – lebendig – liebevoll – was auch immer sein.« Aber auch wenn die Sehnsucht im Gewand des Wunsches nach etwas, das man konkret besitzen kann, auftaucht, ist es unsere echte Sehnsucht und es ist gut, ihr zu folgen, denn damit folgen wir der Kraft, die in uns wirkt, um uns zu entfalten. Deshalb heißt es in *Liebe ist mehr als ein Gefühl*:

»Nehmt euch bitte immer wieder dieses eine und einzige Gesetz zu Herzen: Sei du selbst! Je mehr ihr eurer eigenen Natur folgt, desto natürlicher, besser, schöner, höher und schneller werdet ihr euch entwickeln. Es gibt kein anderes Gesetz. Und könnt ihr euch ein schöneres ausdenken? Sei du selbst! In diesem Grundgesetz ist das ganze Wunder der Schöpfung enthalten. Jedes Wesen trägt in sich den Keim zu seiner vollkommenen Entfaltung, ebenso wie ein Samenkorn die vollkommene Entfaltung der Pflanze beinhaltet. Diese Entfaltung kann behindert, verzögert, verzerrt werden, aber niemals verhindert. Sie wird sich immer ihren Weg bahnen. Und der beste Weg ist der natürliche: Sei du selbst! Hört also auf, euch zu schulmeistern, euch zu maßregeln, euch Vorschriften zu machen, zu bestrafen und Angst vor euch selbst zu haben. Folgt eurer Natur und traut ihr. Sie *ist* vollkommen.«[7]

7   Safi Nidiaye, *Liebe ist mehr als ein Gefühl* (siehe Literaturverzeichnis)

Warum es gut ist, Probleme auf diese Art anzuschauen

Wenn wir auf die übliche Art mit unseren Problemen umgehen, entgeht uns etwas Wertvolles. Jede Angelegenheit, die uns zu schaffen macht, kann ein Hinweis auf eine unbemerkte seelische Wunde sein. Damit nicht an diese Wunde gerührt wird, reagieren wir ja mit Ärger, Wut oder welcher Emotion auch immer. Mancher wird mir vielleicht entgegenhalten: »Wenn ich mich über einen Kunden ärgere, weil er die Rechnung nicht bezahlt, dann hat das doch nichts mit seelischen Wunden zu tun. Da würde sich doch jeder ärgern!« Nun, ich kenne Leute, die sich nicht ärgern, sondern einfach die Achseln zucken und eine Mahnung schicken würden oder den Gerichtsvollzieher. Dann kenne ich andere, die statt mit Ärger mit Traurigkeit oder Enttäuschung reagieren würden, weil sie vielleicht das Gefühl haben, dass ihr Vertrauen missbraucht wurde. Wieder andere bekämen es mit der Angst, Existenzangst vielleicht. Oder jemand hat als kleines Kind die Erfahrung gemacht, dass immer, wenn seine Eltern ihm irgendetwas verweigerten, eine Katastrophe folgte, beispielsweise ein väterlicher Wutausbruch. Dieser Mensch könnte durchaus mit Angst reagieren, wenn sein Kunde die Bezahlung der Rechnung verweigert.

Jemand, bei dem das Ereignis keinen wunden Punkt berührt, wird überhaupt nicht emotional reagieren. Er wird den Vorfall zur Kenntnis nehmen und überlegen, welches die klügste Vorgehensweise ist. Und anschließend würde er zur Tagesordnung übergehen und nicht weiter an die Sache denken. Wenn du dich aber ärgerst, wenn du deinen Bekannten im

Café und deiner Freundin zu Hause und am nächsten Tag auch noch deinen Kollegen oder Mitarbeitern im Büro erzählen musst, was du von diesem Kunden hältst, dann ist das ein sicheres Zeichen dafür, dass dein Kunde mit seinem Verhalten bei dir einen wunden Punkt berührt hat. Und dann lohnt es sich mit Sicherheit, die Sache genauer anzuschauen. Denn dieser wunde Punkt braucht Heilung. Er heilt nicht von selbst, solange du dich weigerst, ihn zu beachten. Körperliche Verletzungen heilen, wenn die Wunde atmen kann. Für psychische Verletzungen gilt das Gleiche. Auch sie heilen, wenn sie atmen können, und das bedeutet, wenn sie befreit werden von der Leugnung, der Ignoranz und der Verdrängung, also von alldem, was wir darauf geklebt haben.

Das Schöne an diesem Weg ist, dass er so einfach und direkt zur Entdeckung und Heilung dieser Wunden führt. Wir müssen nicht in unserer Vergangenheit graben, wir müssen nicht herausfinden, worin unsere Verletzungen bestehen, die Information wird uns geliefert, und zwar von unseren Problemen. Wir brauchen also nichts weiter zu tun, als die Chance zu nutzen, die das Problem uns bietet. Anstatt uns zu beklagen, dass das Problem da ist, und es zum Teufel zu wünschen, können wir es – wenn auch zähneknirschend oder weinend – als Gelegenheit begrüßen, eine Wunde zu heilen, uns selbst näher zu kommen und einen Schatz zu heben.

Eine Nachricht auf meinem Anrufbeantworter löst einen Wahnsinnsaufruhr in mir aus. Ich kann gar nicht weiter arbeiten vor lauter Aufregung, sondern muss mich hinsetzen und der Sache Aufmerksamkeit widmen. Atmen, beobachten. Die Stirn ist zusammengezogen, und von meinem Gesicht bis in meinen Oberkörper spielt sich etwas ab, das irgendwie mit dieser zusammengezogenen Stirn zusammenhängt. Als ich dort hineinspüre, bemerke ich Ärger, dann Wut, dann eine Art Starre, in der mein verzweifelter und mühsamer Abwehrkampf zu spüren ist. Er richtet sich dage-

gen, dass man mich beherrschen und jederzeit aus meinem eigenen Tun herausholen kann (ausgelöst von Anruf). Ich frage mich gerade, was diese Wut – das vorherrschende Gefühl – von meinem Herzen braucht, als sie auch schon in Verzweiflung, Ohnmacht, Resignation übergeht. Halt, stopp. Die Wut soll nicht einfach von diesen Gefühlen weggeschwemmt werden – wie das offenbar immer passiert ist. Sie soll erst einen sicheren Platz in meinem Herzen bekommen. Also Wut zurückpfeifen, fragen, was sie vom Herzen braucht. Sie braucht vor allem Achtung und die Erlaubnis, existieren zu dürfen.

Dann wende ich mich dem Gefühl von Ohnmacht/Resignation zu. Es sitzt in den Schultern. Die Schultern hängen kraftlos herab, so kraftlos, dass ich noch nicht einmal mit ihnen zucken könnte, was eigentlich zum Ausdruck dieses Gefühls gehören würde. Fühlt sich kindlich an. »Sollen die da oben doch mit mir machen, was sie wollen, mir egal«, sagt mein inneres Kind. Ich schalte auf »Abkürzung« und frage mich, was geschehen würde, wenn ich das alles weglassen würde: das Entschwinden in Ohnmacht und Resignation, das Zurückziehen nach innen. Ich richte mich auf und schaue der Situation ins Gesicht. Riesenschmerz taucht auf. Weiß noch nicht, was da so wehtut, aber es tut weh. Ich spüre genau hin, um festzustellen, welcher Art dieser Schmerz ist, da schiebt sich plötzlich ein sehr schöner und friedvoller Zustand dazwischen. Als säße ich in einer Blase von Frieden und Licht. Ich bin wach genug, auch das bewusst als Gefühl wahrzunehmen und mein Herz dafür zu öffnen. Das Gefühl von Schutzblase darf auch da sein. Wird gewürdigt. Es schützt mich vor dem schlimmen Gefühl, das ich gerade zu ergründen versucht hatte. Dasselbe ist wahrscheinlich in meiner Kindheit und auch später immer wieder passiert, wenn der schlimme Schmerz sich melden wollte. Ich versuche, wieder zu dem Schmerz zu gelangen, aber es geht nicht. Da verstehe ich, dass ich dem Schutzblasen-Gefühl erst einmal Raum geben muss. Ich lasse es also gut sein und schließe die Sache mit Musik ab. Ich verspüre Sehnsucht nach einem »Ave Maria« und lege das von

Charlotte Church gesungene auf [8]. *Schon bei den ersten, sehr himmlischen Tönen breche ich in Tränen aus. Das schreckliche Gefühl, das ich eben nicht erkannt habe, meldet sich jetzt, sozusagen im Schutz des »Ave Maria«. Es ist das Gefühl, gehasst zu werden. Gehasst, hässlich … ein Gefühl von Verunreinigung … Während die himmlischen Töne des Liedes erklingen, spüre ich, dass mich das Gefühl, gehasst zu sein, vom Himmel ausgeschlossen hat, jedenfalls den Teil von mir, der sich gehasst fühlte (und demzufolge annahm, etwas sehr Böses und Schlechtes zu sein). Die Musik hilft mir, ihm mein Herz zu öffnen. Dann erkenne ich, dass Maria mein eigenes Herz ist, das sich meines unglücklichen inneren Kindes erbarmt. Das Kind fragt, ob es denn nun wieder mit den Engeln mitsingen darf. Erneute Tränenflut. Liebe und Erbarmen. Sanftes, leises Schaukeln und Wiegen bemächtigt sich meines Körpers, während ich wieder und wieder das himmlische Lied höre. Ich verstehe immer tiefer, wieso Maria der Durchgang zum Himmel und eigentlich mein eigenes Herz ist.*

Natürlich kann man darauf verzichten, sich Probleme so tief anzuschauen, und versuchen, sie mit äußeren Maßnahmen aus der Welt zu schaffen. Ein wenig Intelligenz, ein guter Einfall, ein offenes Gespräch, etwas mehr Disziplin oder einmal kräftig auf den Tisch gehauen, damit erledigt sich manches wie von selbst. In fast jeder Situation, die jemand als Problem betrachtet, könnte man zu ihm oder er zu sich selbst sagen: »Stell dich doch nicht so an, ist doch alles kein Problem. Man muss doch nur dies und das tun, und schon ist die Sache erledigt.« Manchmal ließe sich die Situation tatsächlich durch äußere Maßnahmen verändern, nur kann der Betreffende diese Maßnahmen nicht ergreifen, weil er von unbewussten Emotionen daran gehindert wird. Dann wird er unseren Rat oder den Rat seines inneren Besserwissers entweder in den Wind schlagen oder ihn

8   Charlotte Church, *Voice of an Angel*, CD

halbherzig annehmen und dann doch nicht in die Tat umsetzen. Oder er wird sagen:»Schön und gut, aber ich bin nicht der Typ dafür.« Oder er, vielmehr sie fängt an zu weinen und der wohlmeinende Berater wendet sich kopfschüttelnd oder vorwurfsvoll wieder seinen eigenen Angelegenheiten zu. Ärmelhoch-und-angepackt-Ratschläge haben im Allgemeinen wenig Sinn, wenn jemand wirklich ein Problem hat. Man kann ihm das Problem auch nicht abnehmen. Natürlich kann man die Dinge für ihn regeln, aber damit ist sein Problem nicht gelöst, im Gegenteil, man hat ihm eine Chance genommen, zu entdecken, dass er ein Problem hat, und herauszufinden, wie er sich darum kümmern kann. Nicht weiter schlimm, denn er wird ein anderes Mal damit konfrontiert werden und ist einstweilen vielleicht froh über den Aufschub.

Das Problem besteht weiter, solange die seelische Verletzung, die ihm zugrunde liegt, nicht entdeckt und geheilt ist. Offenbar ziehen wir wieder und wieder die gleichen Situationen an, bis wir gemerkt haben, worum es geht, beziehungsweise interpretieren Ereignisse immer wieder auf die gleiche Weise, wodurch sie einander zu ähneln scheinen. Wie auch immer: Wir werden wieder und wieder vor dem gleichen Problem stehen, bis wir innehalten und uns die Sache genauer anschauen.

Menschen betrachten unterschiedliche Dinge als Problem. Für den einen wird eine Angelegenheit zum Problem, wenn er ratlos ist und sich nicht entscheiden kann, für den anderen, wenn er sich ärgert oder Angst hat, oder wenn er etwas verliert, das für ihn wertvoll war, wenn er sich nach etwas sehnt, das er nicht bekommen kann, oder wenn er sich ungerecht behandelt fühlt, wenn er neidisch oder eifersüchtig ist. An sich wäre keiner dieser Zustände ein Problem, aber wir machen sie dazu, weil wir sie nicht akzeptieren. Wir können sie nicht akzeptieren, weil wir nicht gelernt haben, dass Eifersucht, Neid, Ratlosigkeit, Hoffnungslosigkeit, Traurigkeit, Sehnsucht, Ärger und so weiter nichts weiter sind als vorübergehende Zustände des Gemüts, die man nur richtig fühlen muss, damit sie sich verändern. Wir können sie nicht zulassen, weil wir mit ihnen identifiziert sind. Das heißt, wenn wir wütend sind, gibt es nur noch die Wut, und der ganze Rest von uns, all das, was größer ist als die Wut und sich um sie kümmern könnte, verschwindet. Deshalb haben wir Angst, diese Gefühle zuzulassen, und glauben (unbewusst), von ihnen verschlungen, überwältigt, vernichtet, überschwemmt, davongetragen zu werden, wenn wir sie ganz zulassen, und deshalb halten wir sie in Schach beziehungsweise greifen sofort zu Gegenmaßnahmen.

Wir versuchen also die Situation oder unsere Mitmenschen so zu verändern, dass wir nicht mehr wütend (oder was auch immer) sein müssen, oder wir versuchen uns selbst dahingehend zu ändern, beispielsweise indem wir uns die Wut ausreden: »Ist doch halb so schlimm. Was stelle ich mich so an. Er hat es nicht so gemeint.«

Der erlösende Trick aber besteht darin, das Gefühl vollständig zuzulassen, während man es bewusst wahrnimmt. Man hält sich an seinem Atem fest und an dem Entschluss, dieses Gefühl kennen zu lernen, so unangenehm es auch sein mag. Auf diese Weise kann man es fühlen, ohne von ihm überwältigt zu werden.

Wenn wir, statt uns um unsere Gefühle zu kümmern, lediglich »Maßnahmen ergreifen«, um das Problem aus der Welt zu schaffen, wandert das Gefühl, welches das Problem verursacht hat, aufs Neue in den Untergrund. Wir nehmen es zunächst nicht mehr wahr und schließen daraus, dass es verschwunden ist oder dass wir es überwunden haben. Aber es existiert weiter, und zwar deshalb, weil wir es nicht gefühlt haben. (Hätten wir es gefühlt, hätte es sich wandeln können.) Es führt ein Schattendasein in den Dunkelzonen unserer Psyche. Wenn wir uns aufregen, steckt immer eine Geschichte dahinter. Es hat wenig Sinn, (sich oder anderen) zu sagen: »Reg dich doch nicht so auf!« Es hat seinen Grund, wenn wir uns aufregen, und es macht Sinn. Sobald man das begriffen hat – und man begreift es durch eigene Erfahrung –, fällt es einem leichter, gegenüber Menschen, die sich über irgendetwas aufregen, eine Haltung von Respekt und Mitgefühl einzunehmen.

Die Geschichte hinter der Aufregung kennen zu lernen mag sehr aufschlussreich sein, ist aber nicht das wichtigste. Ich rege mich über meinen Freund auf, weil sein Verhalten mich an das meines Vaters in der Situation X erinnert ... Schön. Das ist eine Erkenntnis, die Licht auf die Sache wirft und mich auf der Ebene des Verstandes ein wenig aus dem Schlamassel heraushebt. Wichtiger aber ist, dass das Gefühl gefunden und gefühlt wird, das hinter der Aufregung steckt. Das ist es, was verändert und erlöst.

Projektionen

Wir projizieren die Erfahrungen, die wir in früher Kindheit gemacht haben, auf unsere Partner und auf andere Menschen, auf die Welt im Allgemeinen und auf unsere Vorstellung von Gott.

Damals haben wir gelernt, uns auf diese oder jene Weise vor Schmerz zu schützen, und haben aus unserem kindlichen Verständnis heraus bestimmte Überzeugungen entwickelt.

So unglaublich es klingt, aber dieselben Schutzmechanismen und kindlichen Überzeugungen beherrschen unser Denken, Fühlen und Verhalten bis heute.

Was immer uns zustößt, wir reagieren in der gleichen Weise, wie wir reagiert haben, als diese Schutzmechanismen und Überzeugungen entstanden sind. Dummerweise werden unsere kindlichen, aus heutiger Sicht überholten und unzutreffenden (aber leider unbewussten!) Grundüberzeugungen dadurch immer wieder bestätigt. »Die Welt ist ein Ort, wo einem andauernd wehgetan wird«, denke ich unbewusst, und schon sehe ich alles durch die Brille dieser Überzeugung, und wenn nun mein Freund »nein« sagt, wenn ich mit ihm schmusen will, wenn meine Mutter mein Outfit kritisiert oder mein Chef über meinen Schreibfehler lacht, denke ich (unbewusst): »Siehst du, ich hatte Recht. Die Welt ist ein Ort, wo einem andauernd wehgetan wird. Kein Ort für mich.«

Also ziehe ich mich wieder ein wenig aus dem Kontakt mit der Welt zurück, lasse mich noch weniger berühren, damit ich noch weniger fühle, werde noch einsamer und leide noch mehr.

Anderes Beispiel: Wenn ich mein Leben lang unbewusst davon überzeugt war, nicht liebenswert zu sein, und als Kind gelernt habe, mich durch Überheblichkeit vor dem Schmerz zu schützen, den mir diese Überzeugung bereitet, dann werde ich auch noch im hohen Alter mit Überheblichkeit reagieren, wo immer ich befürchten muss, nicht geliebt zu werden.

Als Folge dieses Verhaltens werde ich wahrscheinlich wirklich wenig geliebt.

Wenn ich von klein auf unbewusst davon überzeugt war, dass man den Menschen nicht vertrauen kann, und gelernt habe, stets alles unter Kontrolle zu halten, um jedem Verrat vorzubeugen, werde ich auch als Erwachsener alles mit den Augen des Misstrauens betrachten und ein so stark kontrollierendes Verhalten an den Tag legen, dass meine Mitmenschen schließlich gar nicht anders können, als mich zu hintergehen, einfach weil kein Mensch es aushält, andauernd kontrolliert zu werden.

Das nennt man übrigens Charakter. Wilhelm Reich entdeckte den muskulären »Charakterpanzer«, und ich glaube, dass Charakter überhaupt die Art ist, wie wir uns gegen das Leben panzern.

Ein Panzer ist ein verdammt schweres und unbequemes Ding, aber immerhin schützt er gegen Hiebe, die von außen kommen und uns verletzen könnten. (Wenn Sie Teile Ihres Panzers entdecken, sollten Sie sie auf jeden Fall würdigen und den Schutz anerkennen, den sie Ihnen geboten haben.) Das Dumme ist nur, dass die Verletzungen, vor denen wir uns fürchten, bereits in uns sind, sonst würden wir uns nicht so sehr vor ihnen fürchten.

Der geschilderte Teufelskreis der »sich selbst erfüllenden Prophezeiung« hat genau dann ein Ende, wenn wir die jeweils zugrunde liegende Wunde aufdecken, den Schmerz, vor dem wir uns so verzweifelt zu schützen versuchen, und endlich einmal zu fühlen wagen, wie weh diese Wunde tut. Die Heilung besorgt das Leben. Und damit hat unser Problem seinen Sinn erfüllt.[9]

9 Hier bin ich mir einer Unterlassung bewusst. Probleme haben noch einen anderen Sinn. Sie geben uns den Anstoß, neue Eigenschaften zu entwickeln, neue Fähigkeiten zu aktivieren, und neue Möglichkeiten zu entdecken. Aber das ist ein anderes Thema. Wer sich dafür interessiert, lese: Pir Vilayat Khan, *Erwachen* (siehe Literaturverzeichnis).

Das Kind in uns

Tief im Innern ist jeder von uns ein Kind: unschuldig, vertrauensvoll, offen, voller Liebe und Freude. Wir sind traurig, wenn wir jemanden oder etwas verlieren. Es tut uns weh zu fühlen, wenn uns jemand ablehnt oder unser Vertrauen verrät. Unsere wahren innersten Gefühle sind ganz kindlich.

Jeder von uns hat gelernt, diesen Kern auf seine Weise zu schützen, die einen, indem sie ihn verbergen; die anderen, indem sie ihn offen zur Schau tragen und ihrer Mitwelt signalisieren: »Schau her, ich bin doch so unschuldig, so klein und so verletzlich, du darfst mir nicht wehtun.« Viele verbergen ihn sogar vor sich selbst. Wenn ihnen das Wasser bis zum Hals stehst und du sie fragst, ob sie keine Angst haben, sagen sie: »Ach was, das ist doch kein Problem (für einen Erwachsenen wie mich).«

Tief im Innern aber sind und bleiben wir Kind. Ich halte es für eine wichtige Entdeckung unserer Zeit, dass man lernen kann, sich um dieses »innere Kind« zu kümmern, dass man Kontakt mit ihm aufnehmen und es fragen kann, was ihm fehlt und was es braucht, um sich wieder freuen und am Leben teilhaben zu können. Wenn wir kreativ sein wollen, muss unser inneres Kind beteiligt sein. Ich möchte hier nicht lang und breit wiedergeben, was andere Autoren zu diesem Thema geschrieben haben, sondern nur einen Aspekt aus der Perspektive meiner Arbeit hinzufügen.

Einerseits ist es sehr hilfreich, den kindlichen Teil unserer Persönlichkeit zu entdecken und mit ihm zu kommunizieren wie mit einem eigenen Wesen. Es hilft, sich dieses Teils überhaupt bewusst zu werden, und manche Menschen tun sich leichter, kindliche Gefühle zuzugeben, wenn sie sich darauf herausreden können, dass es ja nicht ihre Gefühle, sondern die ihres inneren Kindes sind.

Diese Zweiteilung in Kind und Erwachsener darf aber andererseits nicht missbraucht werden, um sich von seinen eigenen Gefühlen abzuspalten. Die Not unseres inneren Kindes ist unsere eigene Not. Uns ihrer zu erbarmen und uns um sie zu kümmern bedeutet, sie zu fühlen. Wenn wir sagen: »Das bin ja nicht ich, das ist mein inneres Kind«, hindern wir uns möglicherweise selbst daran, die Not zu fühlen. Es kann ein neuer Trick sein, sie eben nicht fühlen zu müssen. Und das bedeutet, dass sie weiterhin unerlöst bleibt.

Möglich, dass dieses oder jenes Gefühl zu Ihrem kindlichen Kern gehört, zu Ihrem inneren Kind. Womöglich trifft das sogar auf die meisten Ihrer Emotionen zu. Aber dieser kindliche Kern sind Sie selbst, und nur Sie selbst können ihn aus dem Leid erlösen, indem Sie seine Gefühle als Ihre eigenen erkennen, fühlen und annehmen.

Verfeindete Parteien –
der Krieg in uns

Wenn wir uns fürchten und gleichzeitig weigern, diese Furcht zu fühlen, tun wir etwas Verrücktes. Wir trennen uns von uns selbst. Plötzlich sind wir nicht mehr eins, sondern zwei: einer, der Furcht ablehnt, und einer, der sich fürchtet. Derjenige, der die Furcht ablehnt und sich vielleicht mit Härte, Schulterstraffen und Anspannung der Arme dagegen wappnet, bleibt im Lichtkreis unserer Wahrnehmung. Derjenige, der sich fürchtet und den Schwanz einzieht, entschwindet aus diesem Lichtkreis. Unser Po ist immer noch eingezogen, aber wir nehmen nicht mehr wahr, dass wir Angst haben.

Nun gibt es also in unserem Körper zwei verschiedene »Verspannungsgestalten«, sozusagen zwei feindliche Parteien. Mit der einen sind wir unbewusst identifiziert, nämlich mit dem Teil, der die Angst ablehnt (»Ich habe keine Angst« oder »Ich = jemand, der keine Angst hat«), von der anderen, also der Angst, werden wir beherrscht. Uns beherrscht nämlich immer der Teil, den wir ablehnen und ignorieren. Diese beiden Parteien nenne ich deshalb verfeindet, weil sie einander zu verdrängen versuchen. Es kann immer nur die eine oder die andere existieren. Entweder haben wir Angst oder wir haben keine Angst. Andere Feindespaare sind:

sexuelle Lust	Angst vor sexueller Vereinigung
Wunsch nach Frieden und Harmonie	Bedürfnis nach Aufrichtigkeit
Sehnsucht nach Freiheit	Bedürfnis nach Geborgenheit

| Hass | Wunsch, ein liebevoller Mensch zu sein |
| Hass | Liebe (wenn wir lieben, meinen wir, denselben Menschen nicht hassen zu dürfen, also wird Hass unterdrückt) |

aber auch:

| Liebe zu X | Liebe zu Y (die Konvention oder unsere Vorstellung von Treue erlaubt uns, nur X oder Y zu lieben) |
| Sehnsucht nach einem einfachen Leben | Vorliebe für den Besitz bestimmter Dinge oder Privilegien |

So lange wir nicht erkannt und anerkannt haben, dass beides Teile unserer selbst sind, solange wir ihnen nicht unser Herz geöffnet haben, bleiben sie verfeindete Parteien. Dann gilt: entweder X oder Y. Wenn ich mit der Idee oder dem Wunsch identifiziert bin, ein selbstloser Mensch zu sein, werde ich meine egoistischen Wünsche unterdrücken oder leugnen. Wenn ich mit meiner Angst, von X verschlungen, unterdrückt oder erstickt zu werden, identifiziert bin, werde ich meine Liebe zu X leugnen oder unterdrücken. Wenn ich mit meiner Liebe identifiziert bin, werde ich meine Angst, verschlungen, unterdrückt oder erstickt zu werden, leugnen, übergehen oder überspielen.

Es gibt also den Teil, mit dem wir identifiziert sind, und den Teil, den wir ablehnen. Das Verrückte ist, dass uns der Teil beherrscht, den wir ablehnen. Je mehr wir so tun, als gäbe es ihn nicht, desto besser kann er uns beherrschen. Wenn ich mein Hingezogensein zu X unterdrücke, weil ich vor einer Beziehung mit X Angst habe, dann bin ich mit der Angst identifiziert und lehne das Hingezogensein ab. Dieses Hingezogensein wird mich stets in Situationen manövrieren, in denen es die Oberhand gewinnen kann, bis ich es endlich bemerke. Oder ich werde gezwungen sein, X aus dem Weg zu gehen, was meine Bewegungsfreiheit einschränkt. In diesem Fall werde ich indirekt von meinem Hingezogensein beherrscht.

Wenn wir mit der sexuellen Lust identifiziert sind, werden wir die Angst vor dem Sex verdrängen. Wir werden sie einfach übergehen und so tun, als sei sie nicht da. Diese Angst manifestiert sich dann vielleicht in einer Entzündung, die uns daran hindert, Geschlechtsverkehr zu haben, oder uns zumindest darauf hinweist, dass es dabei etwas gibt, das wehtut. Wenn ich ein starkes Bedürfnis nach Harmonie und Frieden habe und gleichzeitig ein starkes Bedürfnis nach Wahrhaftigkeit, gibt es ein Problem. Die Wahrheit zu sagen kann manchmal bedeuten, Harmonie und Frieden zu stören. Die Frage ist nun, mit welcher Partei ich mehr identifiziert bin. Wenn ich mit der Partei der Wahrhaftigkeit identifiziert bin, weil das meinem Ideal entspricht, werde ich den Teil ablehnen, der Angst vor Konflikten hat und sich nach Harmonie und Frieden sehnt. Identifiziert bin ich also mit einer Person, die wahrhaftig sein möchte, aber beherrscht werde ich von einer, die konfliktscheu und harmoniesüchtig ist. So gern ich stets die Wahrheit sagen möchte, so wenig kann ich es. In Paarbeziehungen gibt es oft einen Konflikt zwischen der Sehnsucht nach Freiheit und dem Wunsch nach Geborgenheit. Hier habe ich beide Varianten beobachtet. Die einen sind so stark mit ihrem Wunsch nach Freiheit identifiziert, dass sie ihr Bedürfnis nach Geborgenheit unterdrücken. Aber gerade sie werden leicht von diesem Bedürfnis überwältigt, wenn sie doch in eine Beziehung geraten, und klammern sich fest, ehe sie sich's versehen, wo sie doch eigentlich gar nichts Festes wollten. Umgekehrt kenne ich Menschen, die so stark mit ihrem Bedürfnis nach Geborgenheit identifiziert sind, dass sie einen ganzen Teil ihrer Persönlichkeit leugnen – den, der Freiheit und Alleingang liebt – und nur noch als Hälfte eines Paares in Erscheinung treten. Der abgelehnte Teil wird die Beziehung natürlich boykottieren, wo er kann, oder sogar eine Trennung herbeiführen.

Die Lösung besteht darin, beiden Teilen sein Herz zu öffnen. Dazu muss man

❶ merken, dass es einen Konflikt zwischen zwei oder mehreren Parteien gibt,

❷ eine Instanz in sich wecken, die mit keiner der beiden Parteien identifiziert, aber bereit ist, sich um beide zu kümmern (neutrale Bewusstheit, Herz),

❸ die Kämpfenden trennen (wie eine Mutter, die ihre balgenden Kinder trennt und dann beide zu Wort kommen lässt),

❹ sich dem einen Teil, dem, zu dem man gerade leichter Zugang findet, ganz zuwenden, und erst, wenn er sicher im Herzen verstaut ist,

❺ sich dem anderen auf die gleiche Weise zuwenden.

Beginnen muss man mit dem Teil, mit dem man stärker identifiziert ist oder der gerade präsenter ist. Erlauben Sie sich einmal absichtlich, sich mit ihm zu identifizieren. Seien Sie dieser Teil (während Sie dem anderen sagen, dass er später auch drankommt). Lassen Sie ihn reden, wenn Ihnen das hilft, ihn kennen zu lernen. Erleben Sie, wie es sich körperlich anfühlt, dieser Teil zu sein. Stellen Sie fest, wie er sich fühlt und was er von Ihrem Herzen braucht.

Jeder der beiden Teile kann auf diese Weise bewusst wahrgenommen und anerkannt werden. Hier können sie nebeneinander existieren, denn im Herzen gibt es keinen Kampf. Das Herz kennt kein Entweder-Oder; es kennt nur ein Und. Außerhalb des Herzens sind die beiden Teile Feinde; im Herzen sind sie einfach zwei Arten des inneren Erlebens. Das bedeutet, dass Sie nun Ihre Angst vor der Liebe und Ihre Liebe gleichzeitig wahrnehmen können, oder Ihren Hass und Ihre Liebe, oder Ihren Schmerz und Ihre Freude, oder Ihre Liebe zu X und Ihre Liebe zu Y, oder Ihren Wunsch, ein liebevoller Mensch zu sein, und Ihren Hass, oder Ihren Wunsch nach Freiheit und Ihren Wunsch nach Geborgenheit, oder Ihre Sehnsucht und Ihre Hoffnungslosigkeit …

Angst und die Angst
vor der Angst

Angst gehört zu den am häufigsten geleugneten und am besten getarnten Gefühlen. Ich spreche hier von chronischer psychologischer Angst, nicht von akuter, kreatürlicher Angst wie der, die sich einstellt, wenn Sie merken, dass jemand Sie gerade in einen Abgrund schubsen will. Chronische psychologische Angst ist zum Beispiel die ständige Angst davor, jemand könne Sie verlassen oder Ihnen böse sein oder Sie könnten verraten, übers Ohr gehauen, lächerlich gemacht, bloßgestellt oder abgelehnt werden. Jeder von uns hat solche Ängste. Die meisten davon sind unbewusst, weil abgelehnt und geleugnet. Wenn Sie Ihre Gedanken und Ihre Verhaltensweisen beobachten, können Sie herausfinden, wovor Sie Angst haben.

Vielleicht ertappen Sie sich oft dabei, dass Sie sich in Gedanken rechtfertigen. Dann haben Sie möglicherweise Angst davor, sich schuldig fühlen zu müssen (und darunter sitzt natürlich ein Schuldgefühl). Oder Sie beobachten, dass Sie immerfort Pläne machen für den Fall, dass Ihre Ehe baden geht, die Bank Ihren Kredit kündigt oder der Blitz einschlägt. Dann haben Sie Angst vor diesem Ereignis beziehungsweise davor, wie Sie sich bei seinem Eintritt fühlen müssten. Oder Sie stellen fest, dass Sie immer auf der Stuhlkante sitzen und es nicht ertragen können, auf einer Eckbank den inneren Platz zu haben. Dann sind Sie entweder auf der Flucht (wovor? Was ist das Schlimme, das passieren könnte, wenn Sie sich einmal richtig niederlassen?) oder haben Angst vor dem Eingeschlossensein. Vielleicht beobachten Sie auch, dass Sie in Ihrer Liebesbeziehung ein abhängiges Verhalten an den Tag legen. Dann haben Sie vermutlich Angst, verlassen zu werden. Oder Sie flüchten, sobald es schwierig wird. Dann könnten Sie Angst haben, abgelehnt zu werden. Oder Sie reagieren auf viele Situationen mit Stolz. Dann haben Sie wahrscheinlich Angst, gedemütigt oder erniedrigt zu werden. Auch wenn Sie wütend werden, haben Sie Angst vor irgendetwas. Um herauszufinden, was es ist, brauchen Sie sich nur vorzustellen, wie Sie sich fühlen würden, wenn Sie darauf verzichten würden, wütend zu werden. Vielleicht ungerecht behandelt? Oder gedemütigt? Oder verraten?

Manche Menschen tun alles, um sich so stark und hart zu machen, dass sie vor nichts Angst haben müssen. Mit ihnen ist es meist wie in dem Witz von den beiden Riesen, die an der Autobahn stehen und die vorbeiflitzenden Blechkisten beobachten, wobei der eine zum anderen sagt: »Außen sind sie hart, innen sind sie weich und lecker.« – Außen hart, innen zart. Die starken Männer und Frauen, die in meine Gruppen kommen, entpuppen sich oft als besonders zarte und ängstliche Wesen. Man muss sie mit Samthandschuhen anfassen, wenn es darum geht, ihnen bei der Entdeckung ihrer Gefühle zu helfen. Sie haben eine geradezu tödliche Angst davor, Emotionen wie beispielsweise Angst in sich zu entdecken. Sie haben Angst vor der Angst. Und deshalb tun sie vor sich selbst und anderen so, als sei Angst etwas, das sie überhaupt nicht kennen.

Da gibt es also die Angst vor der Angst und dann die Angst selbst, die Angst davor, ohnmächtig zu sein, zu versagen, nicht anerkannt zu werden und so fort. Was hier natürlich als Erstes und zunächst Einziges gewürdigt werden muss, ist die Angst vor der Angst. Der Mensch muss entdecken, dass er Angst vor seiner Angst hat, und sich bewusst erlauben, jemand zu sein, der keine Angst fühlen möchte, weil er sich davor fürchtet. Das ist ein erster Schritt. Er erscheint klein, ist aber sehr wirksam, denn er bringt Erleichterung und Entspannung. Ein Teil des inneren Kampfes ist beigelegt. Der Mensch kann aufatmen. Er darf das fühlen, was er sowieso fühlt (statt es zu leugnen und zu unterdrücken). Alles Weitere geschieht später ganz von allein.

Ich selbst habe die Angst vor der Angst in drei Varianten erlebt:

Erste Variante: »Wenn ich diese Angst erst einmal zulasse, überschwemmt sie mich, dann hat sie mich im Griff, dann ist alles aus, dann wird es wirklich bedrohlich, dann bricht alles zusammen, dann habe ich nichts mehr unter Kontrolle, weil ich vor Angst außer mir bin.« Aber das Gegenteil ist der Fall. Solange ich meine Angst nicht bewusst fühle, besteht die Gefahr, dass die Sache bedrohlich wird. Denn die Angst wird, wie jedes andere verdrängte Gefühl, alles tun, um auf sich aufmerksam zu machen, und wenn ich sie nicht freiwillig fühle, wird sie mich in Situationen manövrieren, in denen ich nicht mehr anders kann, als sie zu fühlen. Im Übrigen geht es nicht darum, sich von der Angst überwältigen zu lassen, sondern darum, sie bewusst zu fühlen, während man seinen Atem spürt und der Beobachter ist.

Zweite Variante: »Ich habe keine Angst vor XY, jedenfalls will ich nichts davon wissen, ich will auch nicht im Spaß an diese Angst denken, denn wenn ich das tue, wird XY real.« Das ist eine Art Aberglaube. Lieber nicht dran denken, dann passiert es auch nicht. Wahr ist das Gegenteil. Gerade weil ich die Angst (und den Schmerz, vor dem ich Angst habe) verdränge, hat sie die Neigung, die gefürchtete Tatsache herbeizuführen (siehe erste Variante).

Dritte Variante: »Von dieser Angst will ich gar nichts wissen, denn wenn ich sie anschauen soll, muss ich mir das anschauen, wovor ich Angst habe, und das will ich nicht. Das tut zu weh. Ich will nichts damit zu tun haben. Ich kenne diese Angst nicht.« Auch da gilt in Wirklichkeit das Gegenteil, siehe oben. Beispiel: Ich habe Angst, jemanden zu verlieren. Die Angst vor dem Schmerz des Verlusts oder der Trennung ist groß. Unbewusst stelle ich mir vor, dass ich diesen Schmerz nicht überleben würde. Um den Schmerz auch nicht andeutungsweise fühlen zu müssen, vermeide ich den Gedanken an diese Angst und tue so, als gäbe es sie nicht. Sie ist aber sehr groß. Trennung oder Verlust muss auf alle Fälle vermieden werden. Dafür versucht mein ängstliches Ich nach Kräften zu sorgen. Also überwache ich vielleicht den Menschen, den ich nicht verlieren will, oder ich klammere mich an ihn, lege ein abhängiges Verhalten an den Tag, und so weiter. Jedenfalls werde ich mit ziemlicher Sicherheit Dinge tun, sagen und ausstrahlen, die dazu angetan sind, ihn in die Flucht zu schlagen.

Fühle ich hingegen meine Angst bewusst, dann beherrscht sie mich nicht mehr. Ich kann dann vielleicht etwas tun, das mir vorher unmöglich war, beispielsweise zulassen, dass er allein in Urlaub fährt. Während ich das beschließe, werde ich vielleicht zittern vor Angst, aber ich werde nicht mit dieser Angst identifiziert sein. Ich werde nicht die sein, die Angst hat, sondern die, die Angst wahrnimmt. Das ist ein großer Unterschied. Es macht mich frei. Wenn ich dann auch noch wage, den Schmerz zu fühlen, vor dem ich solche Angst habe, in diesem Fall den Schmerz des Verlassenwerdens oder der Trennung, dann bin ich frei. Das Schlimmste ist dann schon gefühlt. Was habe ich noch zu fürchten?

Zurück zu den Starken, Gewappneten. Indem wir unser weiches Inneres unter einem Panzer verbergen, was wir mehr oder weniger alle tun, trennen wir uns von unseren eigenen Gefühlen. Unser verletzlicher Teil, den wir für gut geschützt halten, ist gerade dadurch ungeschützt, dass wir ihn nicht fühlen, das heißt mit unserer Aufmerksamkeit, unserer Präsenz und unserem Atem nicht bei ihm sind. Wir lassen ihn im Stich. Alles, was ihn trifft, trifft ihn nun ohne den Schutz unserer Gegenwart, und wir werden immer wieder verletzt, ohne es recht zu merken.

Nehmen wir an, Sie leiden unbewusst unter dem Schmerz der Demütigung. Demütigung tut weh, und als die erste Verletzung geschah, waren Sie zu klein, um damit fertig zu werden. Deshalb haben Sie den Schmerz aus Ihrer Wahrnehmung ausgeblendet. Alles, was zurückgeblieben ist, ist eine große Angst davor, doch auch dieser Angst sind Sie sich nicht bewusst.

Aber aus dieser Angst heraus tun Sie alles, um nicht mehr gedemütigt zu werden. Sie machen sich stark, Sie machen sich hart. Sie schlagen als Erster zu. Da, wo Sie das nicht können, weil der andere stärker ist, unterwerfen Sie sich sofort, damit Ihnen die Demütigung erspart bleibt. Sie neigen dazu, mit Stolz, Härte, Ironie oder Schärfe auf Äußerungen zu reagieren, die jemand anders mit Gleichgültigkeit, Humor oder Gelassenheit quittieren würde. Unbewusst interpretieren Sie diese Äußerungen als etwas, wodurch Sie sich erniedrigt fühlen müssen, und versuchen, sich durch Ihre Reaktionen vor diesem Schmerz zu schützen. Ihr Stolz und Ihre Ironie zielen darauf ab, dass der andere der Gedemütigte ist und nicht Sie. Was Sie nicht erkennen, ist, dass die betreffende Bemerkung Sie gerade deshalb an Ihrer empfindlichsten Stelle getroffen und erneut verletzt hat, weil Sie sie nicht gefühlt haben!

Wären Sie wach und Ihrer Gefühle bewusst gewesen, hätten Sie den Schmerz bewusst gefühlt, und anstatt zurückzuschlagen, wären Sie mit mitfühlender Aufmerksamkeit für sich selbst da gewesen. Würden Sie sich, wenn Ihr kleines Kind gerade weinend, verletzt und blutend auf dem Spielplatz liegt, damit aufhalten, die Spielkameraden zur Rede zu stellen, die ihm das angetan haben? Nein, Sie werden als Erstes Ihr Kind in die Arme nehmen, es trösten, sich um seine Verletzungen kümmern und dann vielleicht ein Wörtchen mit den Kameraden reden.

Sich um sich selbst zu kümmern und seinen Schmerz zu fühlen, bevor man reagiert, ist etwas, das auch in Sekundenschnelle und völlig unbemerkt ablaufen kann, wenn man sich mitten in einer Situation befindet, aus der man sich nicht zurückziehen kann.

Esther spielt im Übermut der Verliebtheit manchmal ein Spiel mit Paul. Wenn er eine Zigarette von ihr haben will, neckt sie ihn, indem sie »Bezahlung« verlangt. Die Währung sind Küsse. Bisher ist er immer gern auf ihr Spiel eingegangen. Heute nicht. Wie üblich bittet er um eine Zigarette, Esther versteckt die Schachtel hinter ihrem Rücken und verlangt Bezahlung, aber er schüttelt nur den Kopf. Mit einer ungeduldigen Geste macht er ihr klar, dass sie mit dem Quatsch aufhören und die Zigarette herausrücken soll. Das Ganze artet plötzlich in einen Machtkampf aus. Esther weiß, dass sie verlieren wird, und Paul weiß es auch, und sie weiß, dass er weiß, dass er stärker und gleichgültiger sein kann, wenn es drauf ankommt. Schließlich gibt sie nach. Während er seine Zigarette raucht und seine Zeitung liest, fühlt sie sich verletzt, verstört und sehr, sehr wütend. Esther ist wach genug, ihre Wut bewusst zu fühlen. Sie fragt sich: »Okay, und was ist, wenn ich die Wut beiseite lasse?« Da tauchen Fluchtgedanken auf. Sie sieht sich den Raum, die Wohnung, die Beziehung verlassen. »Und wenn ich das auch noch weglasse? Wenn ich nicht flüchte, sondern dableibe und auch nicht wütend werde – was ist dann? … Oh weh. Das ist Demütigung. Dann fühle ich mich gedemütigt.« – »Kann ich zulassen, mich gedemütigt zu fühlen?« Es erfordert einen Augenblick Überwindung, aber Esther erinnert sich an »atmen, bewusst zulassen, kennen lernen«, und dadurch ist es ihr möglich, den Schmerz der Demütigung bewusst zuzulassen. Nach einer Weile ist das Drama vorbei, liebevolle Heiterkeit erfasst Esthers Gemüt, und plötzlich weht eine Ahnung sie an.

Auch Paul hat sich gedemütigt gefühlt, nämlich durch ihre Art, ihn
für die Zigaretten »bezahlen« zu lassen.

Dass wir Gefühle aus Herz und Bewusstsein verdrängen ist
natürlich nicht einfach nur ein Fehler oder eine Dummheit. In
dem Augenblick, in dem die Verdrängung zum ersten Mal
stattfindet, ist sie reine Notwehr. Wir können nicht anders. Es
ist die einzige Art, wie wir mit der Situation umgehen können.
Später wird die Verdrängung automatisch, und lange Zeit hat
sie eine notwendige Schutzfunktion in unserem Leben, so lange, bis wir reif genug sind, uns mit unseren Schmerzen zu konfrontieren, ohne von ihnen überwältigt zu werden.

Verdrängung hat übrigens auch eine positive Kehrseite.
Wir legen uns ja nicht nur negative Eigenschaften zu, um unseren Schmerz nicht fühlen zu müssen (Härte, Grausamkeit,
Zynismus, Ironie, oder Oberflächlichkeit, Gleichgültigkeit,
Kälte, Unterwürfigkeit, Dominanz, Abhängigkeit, Neigung
zu Flucht, Weltfremdheit, Verschlossenheit, um nur ein paar
Beispiele zu nennen), sondern auch positive. Ehrgeiz, Macht,
starke Muskeln, Willenskraft, Intelligenz, Unterscheidungsvermögen, Geschicklichkeit, Schläue, Klugheit, Raffinesse,
Verhandlungsgeschick, Anpassungsfähigkeit, Kreativität und
andere Fähigkeiten entwickeln wir ebenfalls aus dem Bestre-
ben heraus, uns vor Schmerz zu schützen. Ich möchte deshalb
nicht behaupten, dass das Verdrängen von Gefühlen keinen
Sinn hätte. Vermutlich hat alles einen Sinn, weil es sonst nicht
existieren würde. Aber es kommt der Tag, an dem man den
Wunsch hat, damit aufzuhören, und dann der Tag, an dem man
merkt, wie gut es tut, damit aufzuhören. Viele Menschen, vor
allem Männer, kommen in meine Seminare, weil sie den aus-
drücklichen Wunsch haben, »fühlen zu lernen«. Sie wissen
zwar nicht genau, was das ist, ahnen aber, dass Fühlen lebendiger und glücklicher macht als Nichtfühlen.

Fühlen lernen

Fühlen müssen wir tatsächlich lernen, weil wir es verlernt haben. Hier möchte ich nicht schildern, wie man es lernen kann, denn das habe ich bereits in den vorigen Kapiteln getan. Ich möchte nur einige Aspekte hinzufügen und andere noch einmal betonen, weil so viele Menschen auf diesem Gebiet sehr unsicher sind.

»Woher weiß ich, dass ich ein Gefühl wirklich fühle und nicht nur meine, es zu fühlen?«, wurde ich kürzlich bei einem meiner Vorträge gefragt. Manche lachten, weil sie das für eine dumme Frage hielten, aber der Fragende meinte es ernst. Fühlen ist etwas, das im Körper stattfindet. Solange es nur im Kopf ist, ist es nicht Fühlen, es sei denn, der Körperteil, in dem sich das Gefühl angesiedelt hat, ist der Kopf (zum Beispiel bei Kopfschmerzen als Ausdruck von psychischem Druck). Solange Ihre Wut nur ein Gedanke ist, fühlen Sie sie nicht. Wenn Sie den Grimm im Bauch, die Anspannung in den Armen und die geballte Energie in Ihrem Kiefer spüren und erkennen, dass das Ganze Ihre Wut ist, dann fühlen Sie diese Wut. Wenn Sie das noch mit bewusstem Atem verbinden, fühlen Sie die Wut bewusst. Wenn Sie denken: »Ich sehne mich so sehr nach Helmut (oder Constanze oder Boris oder wen auch immer), ach wäre er (oder sie) doch hier!«, dann ist das ein Gedanke, und Sie sind mit ihm identifiziert. Erst wenn Sie das Ziehen in Ihrer Brust und das schmerzliche Gefühl im Herzen erleben und als Sehnsucht erkennen, sind Sie beim Fühlen angekommen. Wenn Sie dieses Gefühl nun auch noch bewusst atmend zulassen, dann fühlen Sie Ihre Sehnsucht, sind aber möglicherweise immer noch mit ihr identifiziert. Erst wenn Sie sich fragen, was diese Sehnsucht von Ihnen braucht, was Sie für sie tun und wie Sie sich um sie kümmern können, lösen Sie sich aus der Identifikation. Genau in diesem Moment werden Sie aufatmen und Erleichterung verspüren. Der Teil, der sich sehnt, fühlt sich endlich angenommen. In diesem Augenblick öffnet sich das Herz.

Manche Menschen tun sich schwer zu erkennen, was sie fühlen, haben aber keine Schwierigkeiten, den Körperzustand, der mit ihrem Problem verbunden ist, bewusst wahrzunehmen. Jemand denkt zum Beispiel an die roten Zahlen auf seinem Kontoauszug, weil er sein Geldproblem anschauen will, und fühlt, wie sich sein Magen verkrampft. Atmen, Krampf spüren, kein Problem. Dann versucht er, mit seiner Aufmerksamkeit in den Krampf hineinzugehen, um festzustellen, welches Gefühl sich dort manifestiert, und findet nichts. Nur einen verkrampften Magen. »Ich fühle gar nichts!«, klagt er. »Nur mein Magen ist verkrampft.«

Aber genau das ist es. Der Krampf im Magen ist das Gefühl. Wenn man nun mit ausschließlicher, mitfühlender Aufmerksamkeit in diesen verkrampften Magen hineinatmet, bis man buchstäblich eins mit ihm wird, und geduldig dort verharrt, ohne nach einem Ausweg aus diesem Zustand zu suchen, taucht irgendwann das »Aha« auf und man erkennt die Emotion, in diesem Fall Angst.

Es braucht also Geduld, und der Atem spielt eine wichtige Rolle dabei. Ich pflege meine Aufmerksamkeit an den Atem zu kleben. Meine Aufmerksamkeit benutzt den Atem als Instrument, wird eins mit dem Atem. Der Atem ist das, was aufmerksam in den verkrampften Körperteil hineinspürt und ihn mit meiner Präsenz und meiner Liebe berührt.

Aber manchmal kommt es vor, dass auch ich nicht merke, um welches Gefühl es sich handelt. (Es ist wichtig, das Gefühl zu erkennen, denn für einen namenlosen, nicht erkannten und verstandenen Körperzustand können Sie Ihr Herz nicht öffnen.) Dann habe ich folgende Möglichkeiten:

❶ *Geduld.* Ich wende mich der leidenden Stelle einfach immer wieder zu, jeden Tag ein paar Minuten lang. Früher oder später werde ich das Gefühl entdecken.

❷ *Absicht überprüfen.* Mit welcher Absicht nähere ich mich dem Gefühl? Mit freundlicher oder mit feindlicher? Was habe ich mit ihm vor, wenn ich es entdeckt habe? Will ich es möglichst schnell loswerden (bei feindlicher Absicht oder Ablehnung geht es natürlich in Deckung) oder bin ich bereit, ihm Verständnis und Achtung entgegenzubringen?

❸ *Loslassen.* Ich gebe das Vorhaben auf, herausfinden zu wollen, um welches Gefühl es sich handelt, und konzentriere mich darauf, der betreffenden Körperstelle Zuwendung zu geben.

❹ *Die Abkürzung nehmen.* Ich nehme die Abkürzung, noch bevor ich weiß, welches Gefühl sich in der betreffenden Verspannung manifestiert. Das heißt, ich lasse die Verspannung los, während ich an mein Problem denke, und schaue, was geschieht. Im Beispiel Geldproblem/verkrampfter Magen heißt das: Ich denke weiter an die Kontoauszüge und entspanne meinen Magen. Was geschieht? Vielleicht taucht ein Bild von den schrecklichen Ereignissen auf, die mich überrollen (die Bank kündigt meinen Kredit, ich werde unter Rechnungen begraben, der Gerichtsvollzieher rückt an). Dann weiß ich, dass der Krampf im Magen die Angst vor diesen Ereignissen ist, beziehungsweise vor dem Gefühl, das sie mir bescheren würden.

❺ *Den Verstand einsetzen.* Manchmal benutze ich meinen Verstand, um das Gefühl zu entdecken. Ich beschreibe das

Symptom so genau wie möglich und übersetze meine eigene Beschreibung in psychische Gegebenheiten. »Mein Magen verkrampft sich, während ich daran denke.« (Angst? Entsetzen?) »Mein Nacken ist steif.« (Halsstarrig?) »Ich kann nichts mehr hören.« (Was kann ich nicht mehr hören?) »Ich habe die Nase voll.« (Wovon?) »Ich bin mit Warzen übersät wie eine Kröte.« (Gefühl, hässlich zu sein?) »Meine Arme hängen schlaff herunter.« (Entmutigung? Resignation? Ohnmacht?) Und so fort. Damit muss man allerdings sehr vorsichtig umgehen und immer sofort nachspüren, ob die Formulierung auch trifft. Ob man die Worte gefunden hat, die mit dem Gefühl in der betreffenden Körperstelle übereinstimmen, merkt man daran, dass sich eine Art Erleichterung einstellt (die sich möglicherweise in Tränen äußert), denn der Teil, der das Gefühl erleidet, ist froh, endlich wahrgenommen zu werden. Aber die Erkenntnis des Gefühls ist noch nicht das Fühlen selbst! Erkenntnis findet im Kopf statt, Fühlen im Körper, und zwar in den folgenden Schritten:

- Gefühl erkannt und benannt,
- zurück in den Körper,
- atmen, spüren,
- Gefühl bewusst zulassen,
- herausfinden, wie es ist, das zu fühlen,
- fragen, was das Gefühl vom Herzen braucht.

Die Klügsten sind auch die klügsten Verdränger

Ihre Angst ist genauso intelligent wie Sie, denn sie ist ein Teil von Ihnen. Je intelligenter oder schlauer Sie sind, desto intelligenter oder schlauer ist auch der Teil, der Angst hat, und desto einleuchtender, gewitzter, raffinierter oder vernünftiger sind die Argumente, mit denen er Ihre wahren Gefühle (das, wovor er Angst hat) verschleiert. Das gilt auch für spirituelle Intelligenz. Je mehr spirituelles Wissen sich jemand angeeignet hat – und ich meine durchaus nicht nur angelesenes, sondern auch echtes inneres Wissen –, desto größer ist das Repertoire an spirituellen Argumenten, in die sich die Angst kleiden kann, um als höhere Vernunft durchzugehen. Deshalb ist es oft gar nicht so einfach, mit Menschen zu arbeiten, die sehr intelligent sind und viel Wissen haben. Genau wie wir alle fallen sie auf ihre eigenen Argumente herein, nur dass diese Argumente noch bestechender sind als die von Menschen, die weniger wissen. In punkto »Hereinfallen auf die eigenen Argumente« sind sie aber oft genauso dumm wie die weniger Intelligenten.

Glücklicherweise kann man das unterdrückte Gefühl, das sich mit Argumenten des Verstandes tarnt, im Körper wieder finden (und der Körper lügt ja bekanntlich nicht). Deshalb setzt meine Arbeit am Körper an und nicht beim Verstand.

Wenn Sie also zu den Menschen gehören, die sehr intelligent sind oder viel spirituelles Wissen haben, tun Sie gut daran, besonders streng bei der Methode zu bleiben, damit Sie nicht Gefahr laufen, Ihr Wissen anzuwenden, um sich selbst auszutricksen. Dasselbe empfehle ich allen, die bereits Bekanntschaft mit anderen therapeutischen oder esoterischen Methoden gemacht haben, in denen es um die Erforschung der eigenen Gefühle geht. Was immer Sie bereits wissen oder kennen, betreten Sie diesen Weg als Anfänger. Fangen Sie bei Null an, auch wenn Sie meinen, Ähnlichkeiten mit einer Ihnen bekannten Methode zu entdecken. In meinen Seminaren erlebe ich sehr oft, dass diejenigen, die frisch und neu, mit »Anfänger-Geist« an die Methode herangehen, sehr viel bessere Erfolge damit erzielen als diejenigen, die meinen, Ähnliches schon zu kennen oder Schritte aus anderen Methoden einbauen. Dieser Weg ist schnörkellos: das Gefühl vollständig wahrnehmen (also körperlich, seelisch und geistig) und vollständig annehmen (Herz öffnen). Bewusst atmen. Jeder Zusatz macht den Erfolg zunichte, jede Unterlassung ebenfalls. Am besten geht man am Anfang genau nach diesem Schema vor:

- an das Problem denken,
- schauen, was im Körper passiert,
- mit Atem und Aufmerksamkeit in den schmerzenden Körperteil gehen,
- atmen,
- kennen lernen,
- das Gefühl entdecken,
- das Gefühl bewusst zulassen (atmen!),
- herausfinden, was das Gefühl vom Herzen braucht.

Später werden Sie vielleicht Ihre eigene Art finden, den Weg zu gehen oder sich zu helfen, wenn es mit dieser Technik einmal nicht klappt.

Der Krieg zwischen Herz und Verstand

Der Krieg zwischen Herz und Verstand scheint in unserer Welt eine große Rolle zu spielen. »Mein Herz sagt ..., aber mein Verstand ist dagegen.« Nicht nur sind viele Menschen davon überzeugt, dass dieser Krieg in ihrem Innern tobt, auch unsere kollektiven Probleme scheinen maßgeblich von ihm bestimmt zu sein. Unser aller Herz sagt beispielsweise, dass wir in den westlichen Industrienationen genügend Nahrungsmittel vernichten, um damit ein ganzes Hunger leidendes Volk anderswo ernähren zu können, aber unser kollektiver Verstand, repräsentiert von Experten, rechnet uns vor, dass das nicht geht, weil es zu teuer wäre. Unser Herz ist betrübt, weil wir mit Autos durch die Gegend fahren, die unsere Atemluft zerstören, aber unser Verstand sagt, dass das nicht anders geht. Unser Herz könnte niemals zulassen, dass Bomben auf Menschen und Tiere geworfen werden, aber Leute mit Verstand sagen, dass dies leider nötig ist.

Nun weiß mittlerweile jeder, dass dieser Verstand oder diese Vernunft, die da so oft zitiert wird, in Wirklichkeit von der Machtgier oder den finanziellen Interessen einzelner Gruppen gesteuert wird. Aber das ist nicht die ganze Wahrheit. Hinter all diesen verrückten Dingen stehen auch wir mit unseren verdrängten Gefühlen und letztlich mit unserer Angst. Wie auch immer, man bedient sich vernünftig klingender Argumente, um zu erklären, warum etwas, von dem jeder im Herzen weiß, dass es Wahnsinn ist, aus Vernunftgründen unbedingt sein muss oder nicht anders geht. Ähnliches geschieht in unserem Innern. Was sich hinter der Tarnung »Verstand« oder »Vernunft« verbirgt, ist, wenn es sich dem Herzen entgegenstellt, in Wirklichkeit eine psychische Unterabteilung, die eigene Interessen verfolgt.

Welcher unbewusste Komplex von Gefühlen und Gedanken auch immer dafür verantwortlich sein mag, dass sich der Verstand gegen das Herz stellt, der Drahtzieher ist immer die Angst. Es ist niemals unsere Vernunft, die uns daran hindert, der Stimme unseres Herzens zu folgen, sondern immer unsere Angst. Es ist niemals der Verstand, der uns daran hindert, tief in unser Herz zu schauen, um die Wahrheit über eine Beziehung, eine Situation, eine Gegebenheit zu finden, sondern immer unsere Angst. Es ist auch niemals der Verstand, der uns daran hindert, unserem Herzen zu folgen, sondern immer die Angst.

Ihr Herz ist Ihr ureigener Wesenskern. Es ist der Ort, wo Sie ganz Sie selbst sind und zugleich verbunden mit allem, was ist. Das, was Sie, wie es in der Bibel heißt, »im Herzen denken«, ist das, was Sie in Wahrheit denken. Das, was Sie im Herzen fühlen, sind Ihre wahren, innersten, echten Gefühle. Das, wonach Ihr Herz sich sehnt, ist das, wonach Sie sich in Wirklichkeit sehnen. Das, was Sie im Herzen wissen, ist die innere Gewissheit, die Sie in der Mitte Ihres Wesens verspüren. Im Herzen wohnt Ihre Wahrheit. Und natürlich gibt es nichts Schöneres, nichts Einfacheres und nichts, das zufriedener macht, als seine Wahrheit zu leben, das, wovon man fühlt und weiß, dass es nicht nur einem selbst am meisten entspricht, sondern überhaupt das Richtige ist. Wie kann sich unser Verstand dem entgegenstellen?

Das hat natürlich zunächst damit zu tun, dass wir gelernt haben, mit dem Verstand zu denken und nicht mit dem Herzen. Die Möglichkeiten des Verstandes sind jedoch begrenzt. Der Verstand ist ja nichts weiter als ein auf eine bestimmte Arbeitsweise (Logik, Assoziation) programmiertes Instrument, das Sinneswahrnehmungen entsprechend dieser Logik so zu erkennen und anzuordnen versucht, dass es im Lichte dessen, was man uns beigebracht hat, Sinn macht. Was wir mithilfe des Verstandes zustande bringen, ist also immer nur relativ gültig. Denn erstens ist der Horizont unserer Wahrnehmung begrenzt, und zweitens ist die Logik unseres Verstandes nur eine mögliche Art, Dinge zu erklären.

Unsere Intelligenz kann, wenn wir sie lassen, auch auf andere Weise arbeiten. Sie kann auf »unmittelbar erkennen« oder »unmittelbar wissen« schalten (also auf Intuition, Eingebung, Gespür) oder eine höhere Perspektive einnehmen und schauen, wie die Dinge von dort aussehen (Meditation). Sie kann auf »Aktivität« schalten, statt wie üblich auf »Passivität« geschaltet zu bleiben, das heißt, sie kann aus sich heraus Realitäten entwerfen und erschaffen, also schöpferisch sein, statt das, was hereinkommt, zu interpretieren. Und schließlich können wir unsere Intelligenz auch unserem Herzen, dem fühlenden, mitfühlenden und wissenden Zentrum unseres Wesens unterstellen.

Ich möchte dies am Beispiel »ein Buch schreiben« erklären: Wenn ich die Funktion »Intuition« einschalte und damit meiner Intelligenz freien Lauf lasse, mache ich meinen Kopf leer, stelle mich auf das Thema ein und schreibe auf, was auftaucht. Staunend erfahre ich dann mein eigenes Wissen. Wenn ich die Funktion »Verstand« einschalte und meiner Intelligenz damit freien Lauf lasse, ergießt sich ein Schwall von Wissen auf das Papier. Dann schreibe ich alles auf, was ich zu dem Thema weiß und erfahren habe, und ordne, kommentiere und erkläre es anschließend meiner Denkweise entsprechend. Wenn ich die Funktion »Herz« einschalte und dann meiner Intelligenz freien Lauf lasse, prüfe ich alles, was ich schreibe, daraufhin, ob es mit meinem innersten Wissen und Gewissen übereinstimmt. Außerdem stelle ich mich auf die Herzen der Menschen ein, die dies lesen werden, auch wenn ich sie gar nicht kenne. Ich bin mit dem Herzen dabei.

Wenn mein Herz sagt, wo es hingehen soll, meine Intuition mich dorthin führt und ich meinen Verstand einsetze, wann immer es nötig ist, um mit Umständen und Menschen zurechtzukommen, läuft alles bestens. Dann bin ich eins und immer am richtigen Platz. Das ist der Idealzustand. Die Realität sieht meistens anders aus. Denn wir sind nicht eins. Wir sind gespaltene Wesen. Es gibt Teile unserer selbst, zu denen wir sagen: »Du bist nicht ich, du gehörst nicht zu mir.« Das bedeutet, dass wir zu anderen Teilen sagen: »Du bist ich.« Aber das Ich, das Angst hat, gehört auch zu mir, selbst wenn das Ich, mit dem ich mich identifiziere, keine Angst kennt. Das ängstliche Ich bedient sich des Verstandes genauso wie das furchtlose Ich. Jede der beiden Parteien hat stichhaltige Argumente. Das führt zu endlosen Diskussionen und Konflikten, die Sie nur lösen können, indem Sie beide Parteien anhören, ohne selbst Partei zu ergreifen, und so gut hinhören und hinspüren, dass Sie schließlich beiden Ihr Herz öffnen können. Dann kehrt Frieden ein und Sie vernehmen die Stimme Ihres Herzens.

Oft weiß man aber auch ganz genau, was das Herz sagt, traut sich aber nicht, es zu realisieren. Wenn ich mich aus tiefstem Herzen danach sehne, auf einem Kamel durch die Wüste zu reisen, kann es sein, dass neben der Sehnsucht nach diesem Erlebnis auch die Angst davor in mir ist. Das wäre an sich kein Problem, wenn ich beiden, der Sehnsucht und der Angst, einen Platz in meinem Herzen geben würde. Ich könnte dann herausfinden, welche Zusicherung der ängstliche Teil von mir braucht, damit er bereit ist, sich auf das Abenteuer einzulassen.

Oder ich könnte versuchen, einen Weg zu der tieferen Sehnsucht zu finden, die sich hinter der Kamel-Wüsten-Vorstellung verbirgt. Vielleicht komme ich dann auf etwas, das sich realisieren lässt, ohne den ängstlichen Teil zu überfordern. Was jedoch im Allgemeinen passiert, ist dies:

- Mein Herz sehnt sich nach X.
- Aus welchem Grund auch immer ruft die Vorstellung, X zu haben oder zu sein, auch Angst hervor.
- Ich bin aber mit der Sehnsucht nach X identifiziert. Ich will die Angst nicht haben.
- Die Angst wandert also in den Untergrund und leistet Widerstand. Da sie auch nicht dumm ist, mobilisiert sie allerlei vernünftige Argumente, warum ich X besser vergessen soll.
- Ergebnis: Ich sehne mich zwar nach X, aber dieser Sehnsucht zu folgen ist unvernünftig, also lasse ich es lieber.
- Am Schluss sind alle unglücklich: die Sehnsucht, weil sie begraben wird (das hat einen Verlust von Lebensfreude und Vitalität zur Folge); die ängstliche Partei, weil sie zwar gewonnen hat, aber glücklicher gewesen wäre, wenn ich sie bewusst gewürdigt und ihr das gegeben hätte, was sie von meinem Herzen braucht, und ich selbst, das heißt, der Rest von mir, dieses vernünftige, abgeklärte, desillusionierte Wesen, mit dem ich mich jetzt identifiziere, weil ich an Lebensfreude und Schwung eingebüßt habe.

Wenn ich stattdessen die Gefühle beider Teile, die Sehnsucht und die Angst, bewusst zugelassen hätte, wäre ich auf den Schmerz gestoßen, vor dem die Angst mich schützen wollte, und hätte Gelegenheit gehabt, ihn bewusst zu fühlen. Damit wäre ich von der Angst vor diesem Schmerz kuriert gewesen und hätte frei nach Herz handeln können, wie immer das dann ausgesehen hätte.

Die Moral dieses Kapitels lautet also:

❶ Falle niemals auf deinen Verstand herein. Frage immer, wer dahinter steckt, und trachte danach, ihn so gut kennen zu lernen und zu verstehen, dass du ihm dein Herz öffnen kannst.

❷ Begrabe deine Sehnsucht niemals unter Argumenten der Vernunft. Das würde bedeuten, dass du jetzt schon anfängst, dein Grab zu schaufeln. Kümmere dich lieber um deine Angst und finde heraus, wie du deiner Sehnsucht folgen kannst, ohne deinen ängstlichen Teil im Stich zu lassen oder zu überfordern.

❸ Gib deiner Sehnsucht bewusst einen Platz in deinem Herzen, anstatt dich mit ihr zu identifizieren. Gib deiner Angst bewusst einen Platz in deinem Herzen, anstatt mit ihr identifiziert zu sein. Und überlasse es deiner höheren Vernunft, eine kluge Lösung zu finden.

❹ Wenn du im Herzen, in deinem tiefsten Innern etwas weißt, rede es dir niemals mit vernünftigen Argumenten aus. Frage dich vielmehr, wovor du Angst hast und wie du dich um diese Angst kümmern kannst.

❺ Wenn verschiedene Stimmen in dir im Konflikt sind, suche nicht krampfhaft nach einer Lösung. Lerne lediglich alle beteiligten Parteien so gut kennen und verstehen, dass du jeder von ihnen dein Herz öffnen kannst, und überlasse es der Weisheit des Lebens, eine Lösung herbeizuführen.

❻ Überhaupt, gib es auf, nach Lösungen zu suchen! Lass alles so sein, wie es ist, und erlebe das Problem aufmerksam und bewusst. Du wirst sehen, dass darin die Lösung liegt.

Entscheidungen

Hier gilt sinngemäß das, was ich im vorigen Kapitel ausgeführt habe. Ich möchte jedoch noch einige Punkte hinzufügen, die sich speziell auf das Thema Entscheidungsfindung beziehen.

❶ Dies ist Ihr Leben. Sie können damit machen, was Sie wollen. Es gehört Ihnen und es ist kurz. Machen Sie sich bewusst, dass es jeden Augenblick zu Ende sein kann. Stellen Sie sich vor, ein Arzt oder ein Prophet, dem Sie vertrauen, sagt Ihnen, dass Sie nur noch kurze Zeit (bitte die genaue Anzahl von Tagen oder Stunden einfügen) zu leben haben. Wie entscheiden Sie? Das ist die Stimme Ihres Herzens.

❷ Nun kennen Sie vielleicht die Stimme Ihres Herzens, können ihr aber nicht folgen, weil Sie erstens Angst vor den Konsequenzen haben oder, zweite Möglichkeit, weil die Sache aus realen äußeren Gründen unmöglich ist. Gehen Sie bitte trotzdem davon aus, dass Ihr Herz weiß, was es tut. Fühlen Sie im ersten Fall Ihre Angst ganz bewusst und stellen Sie fest, was sie von Ihnen braucht. Im zweiten Fall stellen Sie fest, wie Sie sich angesichts dieser Unmöglichkeit fühlen (an Wunsch und Unmöglichkeit der Realisierung denken, Körperreaktion fühlen, Gefühl darin entdecken), und erbarmen Sie sich dieses Gefühls (Verzweiflung, Resignation, Traurigkeit, Ohnmacht oder Wut), indem Sie ihm geben, was es von Ihrem Herzen braucht (Verständnis etc.). Nachdem Sie alle in den Fall verwickelten inneren Parteien kennen gelernt und ins Herz geholt haben, warten Sie ab. Das Leben wird Ihnen einen Weg zeigen.

❸ Vielleicht herrscht aber auch Stimmensalat in Ihrem Kopf und Sie haben keine Ahnung, welche Stimme zu welcher Partei oder zu Ihrem Herzen gehört. In diesem Fall kehren Sie zurück zu Schritt 1 oder probieren es, wenn das nicht funktioniert, mit folgendem Tipp der Zen-Lehrerin Charlotte Joko Beck: Wenn wir nicht wissen, wie wir entscheiden sollen, sagt diese weise Frau [10], dann können wir davon ausgehen, dass die Entscheidung in Wirklichkeit längst getroffen ist und wir es nur nicht bemerken. In diesem Fall müssen wir nichts weiter tun, als eine Weile unsere Gedanken zu beobachten. Sie werden uns verraten, welche Entscheidung eigentlich schon getroffen ist. Bei einer der folgenreichsten Entscheidungen meines Lebens habe ich diesen Trick angewandt und kann das bestätigen. Auch bei kleineren Entscheidungen gehe ich manchmal so vor: Anstatt zu überlegen, wie ich entscheiden soll, horche ich in mich hinein, um zu erfahren, welche Entscheidung ohnehin schon getroffen wurde. Im Allgemeinen finde ich eine und höre auf, gegen sie zu kämpfen.

❹ Es gibt keine »richtigen« und »falschen« Entscheidungen, aus höherer Perspektive jedenfalls nicht. Es gibt nur »richtig« oder »falsch« im Sinne von diesem oder jenem. Wenn ich beispielsweise ein bestimmtes Ziel verfolge, kann ich an dieser oder jener Kreuzung falsch abbiegen. Auf die Frage »Ist es richtig, diesen Mann zu heiraten?« gibt es deshalb nur die Gegenfrage: »Richtig in welchem Sinne?« Halten Sie sich also nicht damit auf, zu fragen, welche Entschei-

10 Charlotte Joko Beck, *Zen im Alltag* (siehe Literaturverzeichnis)

dung grundsätzlich richtig ist, sondern prüfen Sie, ob die Entscheidung Sie Ihrem Ziel näher bringt. Wenn Sie in dieser Angelegenheit kein bestimmtes Ziel verfolgen, prüfen Sie, ob die Entscheidung Sie Ihrem großen Ziel näher bringt, was immer das sein mag.

❺ Das sicherste und einfachste aber ist: Fragen Sie Ihr Herz. Stellen Sie sich vor, das ganze Universum wäre nur dazu da, Ihre Wünsche zu erfüllen, eine einzige Wunscherfüllungsanstalt nur für Sie allein. Nichts wäre verboten, nichts wäre unvernünftig, alles wäre möglich. Wie würden Sie entscheiden? Überprüfen Sie, ob das wirklich genau die Entscheidung ist, die Sie treffen würden, wenn alles so wäre. Wenn ja, ist es die Stimme Ihres Herzens.

❻ Ein letzter Trick schließlich, wenn Sie nicht wissen, wie Sie entscheiden sollen: Nehmen Sie die Sterbebett-Perspektive ein. Wenn Sie jetzt X wählen, wie werden Sie das später vom Sterbebett aus beurteilen? Werden Sie sagen: »Ach, hätte ich doch Y gewählt.«? Und wenn Sie Y wählen? Mit welcher Entscheidung wären Sie auf dem Sterbebett zufrieden?

❼ Wenn Sie trotz allem noch nicht schlauer sind, setzen Sie sich einen Termin. Nicht einen willkürlich gewählten Termin, sondern einen sinnvollen. Wenn es eine Sache betrifft, die nächsten Mittwoch entschieden werden muss, sagen Sie sich: »Mittwochmorgen werde ich es wissen.« Stellen Sie sicher, dass Sie alle Möglichkeiten geprüft und Ihr Innerstes soweit möglich erforscht, also Ihre Arbeit getan haben, und lassen Sie die Sache dann ruhen. Mittwochmorgen werden Sie es wissen. Wenn nicht, tun Sie eben einfach irgendetwas. Es ist egal, Hauptsache, Sie tun es. »Unser Los als Mensch ist es zu lernen, im Guten wie im Schlechten …

Ein Wissender lebt, indem er handelt, und nicht indem er über das Handeln nachdenkt. Ein Wissender wählt den Weg mit Herz und folgt ihm ... Er weiß, dass sein Leben ohnehin gar zu bald enden wird.« [11]

11 Carlos Castaneda, *Eine andere Wirklichkeit* (siehe Literaturverzeichnis)

Entzündungen und Konflikte

Entzündungen im Körper werden oft durch ungelöste Konflikte verursacht. Der Körperbereich, in dem die Entzündung auftritt, kann einen Hinweis auf das Thema des Konflikts geben. Diese Erfahrung habe ich selbst gemacht und bei anderen beobachtet. Dennoch möchte ich sie nicht verallgemeinern oder eine Theorie daraus ableiten.

Wenn eine Entzündung in meinem Körper auftritt, philosophiere ich nicht darüber, was sie bedeuten könnte, sondern begebe mich mit meinem Bewusstsein mitten in den Entzündungsherd hinein. Dann erlebe ich den betreffenden Konflikt auf der körperlichen Ebene hautnah.

Wenn ich mit der Aufmerksamkeit ganz bei dem entzündeten Bereich bin, ohne mich davon ablenken zu lassen, erfahre ich je nach Art der Entzündung einen gereizten, brennenden oder juckenden Zustand, und wenn ich diese Empfindung zulasse, entdecke ich ihre emotionale Seite. Ich selbst bin es, die gereizt ist, in mir selbst ist dieses Brennen, nicht nur in jenem Teil meines Körpers, mich selber juckt es, nicht nur diesen Teil meines Körpers.

Wenn das reine Erleben des Zustandes mir nicht verstehen hilft, was da in mir brennt und kämpft und juckt, nehme ich den Verstand hinzu, indem ich mir vor Augen halte, welche Körperpartie von der Entzündung befallen ist und mit welchem Lebensbereich diese Körperpartie zu tun hat.

Es liegt beispielsweise auf der Hand, dass bei einer Entzündung der Genitalien der Konflikt irgendwo im Bereich der sexuellen Beziehung(en) liegt. Woher die Krankheitserreger auch kommen mögen, im Innern dieses Menschen herrscht ein Konflikt bezüglich seiner sexuellen Beziehung(en), der gelöst werden will.

Rita[12] *erzählt:*

Mein Freund und ich führen eine »Wochenend-Beziehung«, da wir in verschiedenen Städten leben. Nun kommt er zum ersten Mal nicht nur für zwei Tage, sondern für einige Wochen zu Besuch, und ich kämpfe mit einer Scheidenentzündung.

Ich will die Entzündung unbedingt loswerden, bevor er kommt, aber bevor ich zum Arzt gehe, will ich erst einmal selber schauen, was los ist. Es muss ja einen Grund für diese Entzündung geben.

Ich konzentriere mich auf das Gefühl in meiner Vagina. Es ist gereizt. Während ich mir dieses gereizte Gefühl anschaue, spüre ich plötzlich Wut. Bilder tauchen auf, wie ich auf meinen Freund einprügele. Offenbar will ich mich gegen ihn wehren. Er erscheint in meiner inneren Vision wie ein Panzer, ein Bollwerk, an dem mein Eigenwille abprallt.

Ich merke, dass es genau das ist, wogegen ich mich so verzweifelt wehre: dass er andauernd seinen Willen durchsetzt. Er beherrscht mich nach Strich und Faden, und sehr schnell, so bemerke ich jetzt, gebe ich den Kampf auf, gebe nach, verfalle in Ohnmacht und Resignation.

Neue Bilder und Gefühle tauchen auf. Nun fühle ich mich wie jemand, dem das Rückgrat gebrochen wurde, schlaff und willenlos. Und dann, zeigen mir meine inneren Bilder, ist ausgerechnet er es, der mich wieder aufrichtet und mir Kraft gibt, und ich muss auch noch dankbar dafür sein. Das alles beobachte ich, während ich weiter in meine Vagina hineinspüre und meinen Atem fühle. Dann pro-

12 Bei Berichten, die Gruppenteilnehmer mir zur Verfügung gestellt haben, habe ich die Namen geändert und die Texte, wenn nötig, stilistisch ein wenig redigiert.

biere ich Safis »Abkürzung«: Was wäre, wenn ich Ohnmacht und Resignation weglassen würde? Wenn ich einfach dableiben und nicht wegsacken würde? In meiner Vision tritt mein Freund dann überraschenderweise einen Schritt zur Seite, sodass der Weg frei ist für meinen eigenen Willen ... Aber da taucht Angst auf. Angst vor diesem neuen, unbekannten Zustand. Diese Angst, merke ich, braucht mein Verständnis und die Erlaubnis zu existieren. Ich nehme mit, dass ich mir bewusst die Erlaubnis gebe nachzugeben, weil ich Angst habe, meinen Willen durchzusetzen.

Das gereizte Gefühl ist aus meiner Vagina verschwunden. Als mein Freund dann da ist, stelle ich mit Erstaunen fest, dass ich in der Kommunikation mit ihm meinen Standpunkt deutlich artikuliere, was ich vorher nie gewagt habe. Ich spüre zwar Angst dabei, aber ich rede. Nichts Schlimmes passiert.

Die Entzündung hat nachgelassen. Es fühlt sich gut an. Scheint alles in Ordnung zu sein. Ich werde zum Arzt gehen, um das nachprüfen zu lassen.[13]

Medikamente allein, ob homöopathisch, allopathisch oder welcher Art auch immer, können das Problem hinter einer Entzündung nicht lösen. Das Problem liegt in uns selbst, und nur wir selbst können es lösen. Natürlich können wir uns dabei von Medikamenten und Behandlungen egal welcher Art unterstützen lassen.

Wenn die Entzündung im Hals liegt, ist zu vermuten, dass der Konflikt irgendetwas mit dem Thema Ausdruck oder Kommunikation zu tun hat, also mit der Art, wie wir in der sprachlichen Kommunikation mit anderen unser Wesen zum

---

13 Anm. d. Autorin: Das Ergebnis ist mir nicht bekannt. Ich weiß aber, dass Entzündungen durchaus verschwinden können, wenn der emotionale Konfliktherd behoben ist. Auch Medikamente können dann viel besser »greifen«. Andernfalls besteht Gefahr, dass die Entzündung immer wieder aufflammt oder sich verlagert.

Ausdruck bringen oder eben nicht. Wenn die Entzündung die Ohren betrifft, ist naheliegend, dass der seelische Konflikt etwas mit dem zu tun hat, was wir hören, gehört haben, hören mussten oder nicht hören wollten, und so weiter. Es ist nützlich zu erkennen, um welchen Konflikt es sich handelt, aber die rein gedankliche Analyse reicht nicht aus, um eine Heilung zu bewirken.

Dafür müssen wir uns auf die Ebene des Herzens begeben. Wenn ein Konflikt in uns ist, ganz gleich, ob er sich als Entzündung manifestiert oder nicht, gibt es (mindestens) zwei innere Parteien, die miteinander im Widerstreit liegen. Beide gilt es kennen und verstehen zu lernen, aber auch, und zwar vorweg, den Gesamtzustand des Konfliktes. Also:

- Konflikt bewusst erleben, atmen, spüren.
- Herz öffnen für das, was es mit Ihnen macht,
- im Konfliktzustand zu sein.
- Partei A kennen lernen (die, zu der Sie leichter Zugang haben) und feststellen, was sie von Ihnen braucht.
- Partei B kennen lernen und feststellen, was sie von Ihnen braucht.
- Keine Versöhnung herbeiführen, nur einfach jede Partei bewusst fühlen und annehmen.

Oft entsteht der Konflikt dadurch, dass wir keine Möglichkeit finden, zwei unterschiedliche oder gar entgegengesetzte Bestrebungen unter einen Hut zu bringen. Das Problem entsteht, weil wir zulassen, dass der eine Teil den anderen zur Seite drängt. Wir meinen, dass sie einander ausschließen. Wir meinen, wir könnten nur dies fühlen oder das. Das liegt daran, dass wir gewohnt sind, uns zu identifizieren. Und man kann sich nicht mit einer Sache und gleichzeitig mit ihrem Gegenteil identifizieren.

Das Geheimnis besteht also darin, aus der Identifikation aufzuwachen, beide Teile anzuschauen, kennen zu lernen und so zu würdigen und anzuerkennen, wie sie sind. Sie selbst sind weder der eine noch der andere. Sie sind viel mehr als diese beiden Teile oder als einer von Ihnen. Wecken Sie sich auf. Seien Sie der Wahrnehmende, statt sich zu identifizieren. Dann hört der Kampf auf, und Ihr Körper kann aufatmen und heilen.

Täter und Opfer

A lle esoterischen Lehren besagen, dass wir im Laufe unserer Entwicklung sowohl Täter als auch Opfer sind. Wer an Reinkarnation glaubt, sieht die verschiedenen Leben als eine sinnvolle Folge von Lektionen, die man in verschiedenen Verkörperungen und Rollen lernt, um zu immer größerer Reife, Vollendung und Erkenntnis zu gelangen. Dazu gehört auch, sich mal als Täter, mal als Opfer zu erleben.

Dies ist eine plausible Theorie, die jedem Schicksal, so ungerecht und grausam es auch scheinen mag, Sinn gibt. Sie wird von vielen Forschungsergebnissen bestätigt und stimmt überein mit vielem, was ich in der Arbeit mit mir selbst und anderen erlebt habe. Aber, großes ABER: Wir erfassen die Realität aufgrund unserer Wahrnehmungsmöglichkeiten und können sie nur so interpretieren, wie es die Programmierung unseres Denkens zulässt (andere Wesen nehmen eine andere Welt wahr!). Unsere Sinneswahrnehmungen präsentieren uns eine Welt, in der es ein Gestern, ein Heute und ein Morgen sowie ein Hier und Dort gibt, und unser Denken ist so programmiert, dass es Zusammenhänge nur in linearen Zeitabläufen erfassen kann. Mit anderen Worten: Was immer wir erdenken können, ist nicht die Realität. Es kann nur eine relative Gültigkeit haben. Im Rahmen unserer üblichen Denkweise ist die oben geschilderte Theorie der Reinkarnation also eine zutreffende Schilderung der Realität – aber eben nur in diesem Rahmen. Sobald wir unser Bewusstsein, unser Identitätsgefühl und damit unser Denken in einen anderen Rahmen versetzen, beispielsweise in einen Rahmen, in dem ein linearer Zeitablauf keine oder nur eine untergeordnete Rolle spielt, etwa weil es verschiedene Dimensionen von Zeit gibt oder weil alles gleichzeitig stattfindet, ist diese Theorie unsinnig. Aber dann ist es natürlich ebenso unsinnig zu sagen: »Vor dreißig Jahren und einem Tag wurde ich geboren, gestern habe ich Geburtstag gefeiert und in einem Jahr will ich zehn Pfund abgenommen haben.« Solange wir in diesen Kategorien denken, können wir uns auch für die Idee einer linearen Reinkarnation öffnen. Ich halte sie also für relativ richtig.

Nachdem ich dies vorausgeschickt habe, werde ich mich einer Interpretation der folgenden Schilderungen enthalten. Urteilen Sie selbst.

Esther erzählt:

Es war Weihnachten und bitterkalt. Schnee fiel und ein eisiger Wind trieb die Flocken in alle Richtungen. Ich stieg ins Auto, um an einen bestimmten Ort zu fahren, aber mit Entsetzen stellte ich fest, dass meine Hände mir nicht zu gehorchen schienen. Ich hätte rechts abbiegen sollen, aber sie lenkten das Steuer nach links. Natürlich wusste ich, wohin sie mich führen wollten. An einen Ort, wo ich unweigerlich eine Demütigung würde einstecken müssen. Zu einem Mann, den ich schon lange kannte und mochte und hinter dem ich seit neuestem wie von einem Zwang getrieben ständig herlief. Er mochte mich auch, war aber von meinem neuen Verhalten irritiert. Wir waren ganz eindeutig nicht dazu bestimmt, ein Paar zu sein, wir hatten sogar darüber gesprochen, und ich war dabei, unsere schöne Freundschaft zu zerstören, indem ich wie besessen versuchte, ihn zu verführen, obwohl ich ihn gar nicht sexuell begehrte. Ich verstand mich selber nicht.

Ich fuhr zu ihm, bekam einen Kaffee und eine freundliche Abfuhr. Auf der Heimfahrt – die Schneeflocken trieben in einem wilden weißen Wirbel gegen meine Windschutzscheibe – wurde ich von einer solchen Verzweiflung geschüttelt, dass ich das Auto am Straßenrand parken und mich ausweinen musste. Ich verstand das alles nicht. Dieser Mann war keineswegs meine große Liebe. Ich beschloss, der Sache auf den Grund zu gehen.

Zu Hause schaltete ich das Telefon aus, zündete eine Kerze an, bat die Höheren um Beistand und schaute mir die Sache an. Ich dachte an diesen Mann, an unsere letzte Begegnung, spürte meinen Atem, ließ bewusst alle auftauchenden Gefühle zu – und fand mich plötzlich mitten in einem inneren Film wieder. Ich erlebte mich als eine Mischung aus Hexe und Priesterin (was ja in vorchristlichen Zeiten dasselbe war), die vor einem Komitee von Männern in ähnlicher Funktion stand und wegen eines schweren Vergehens verurteilt wurde. Offenbar hatte ich meine geistige Macht missbraucht, um einen jungen Mann, den ich begehrte, dazu zu bringen, mich zu lieben. Als Strafe verhängten die Priester einen Bann über mich, dieselbe Art von Bann, wie ich ihn über den jungen Mann verhängt hatte. Fortan wurde ich von einem unerklärlichen Verlangen nach Männern gepeinigt, die diesem jungen Mann ähnelten.

Während dieser »Film« in meinem Bewusstsein ablief, konzentrierte ich mich auf die Empfindungen meines Körpers und auf meine Gefühle. Dabei entdeckte ich auch, warum ich das getan hatte. Die Hexe/Priesterin, die ich in diesem Film war, trug nämlich ein sehr schlimmes Gefühl in sich, das nach Erlösung schrie. Sie fühlte sich kalt, böse und dunkel, ein Gefühl, das ich als etwas wiedererkannte, das meine innere Realität (in diesem realen Leben) von klein auf geprägt hat. Die Frau in meinem »Film« sehnte sich nach Erlösung von diesem Gefühl. Sie meinte, dadurch Erlösung finden zu können, dass jemand sie liebte, der das Gegenteil verkörperte: Wärme, Güte und Licht. »Denn wenn solch ein leibhaftiger Engel mich liebt, kann ich nicht so schlecht sein, oder? Dann muss ich mich nicht mehr so kalt und böse und dunkel fühlen.« Das dachte diese Frau, und dasselbe hatte offenbar auch ich in meinem (realen jetzigen) Leben unbewusst immer gedacht. Denn nun tauchte vor meinem inneren Auge eine ganze Reihe von Männern auf, die solchen Fleisch gewordenen Engeln glichen und in die ich mich auf die glei-

che Art verliebt hatte. Die Hexe/Priesterin hatte sich jedenfalls auch in einen solchen Mann verliebt und ihn gezwungen, sie zu lieben. Dazu hatte sie die geistige Macht missbraucht, die sie durch ihre Einweihung und Schulung erworben hatte.

Ich fragte mich, warum es unbedingt die Liebe eines Mannes sein musste, die mich erlösen sollte. Ich kannte nämlich durchaus auch Frauen, die in meinen Augen solche Fleisch gewordenen Engel waren und die mich liebten oder jedenfalls sehr gern hatten. Das schien aber nicht auszureichen. Die Antwort kam schnell. Nur ein Mann, hatte ich unbewusst gedacht, konnte mich ganz, also auch körperlich lieben und von meinem schrecklichen Gefühl erlösen, kalt, böse und dunkel zu sein.

Nachdem ich all diese Zusammenhänge begriffen und meinen »Film« zu Ende angeschaut hatte, spürte ich, dass es darum ging, all diese Gefühle zu erlösen, indem ich sie fühlte und ihnen das Erbarmen und Verständnis gab, das sie brauchten. Danach spürte ich zu meiner Überraschung ganz deutlich, wie etwas nach oben aus meinem Körper hinausgezogen wurde, und hatte den Eindruck, dass dieses Etwas die Gestalt jener Hexe/Priesterin war! Anschließend war ich lange Zeit von einem so strahlenden Licht erfüllt, wie ich es noch nie erlebt hatte. Diese Vision hielt noch an, als ich die Augen wieder öffnete.

Ein paar Tage später traf mich die Erinnerung an einen Missbrauch, dessen Opfer ich als kleines Mädchen geworden war, wie ein Blitz, und plötzlich wusste ich, dass ich dieses schlimme Erlebnis auf mich genommen hatte, weil ich das, was ich einem anderen angetan hatte, am eigenen Leib erfahren wollte. Und zwar, so wurde mir in diesem Augenblick klar, nicht als Strafe oder »karmische Konsequenz«, sondern aus Liebe. Meine Seele hatte den Wunsch, ein ähnliches Leid zu erfahren, wie ich es dem jungen Mann zugefügt hatte, um es zu verstehen und niemals wieder zu versuchen, jemandem so etwas anzutun. Nach alldem war ich übrigens sofort und vollständig von meiner unseligen Abhängigkeit von jenem jungen Mann befreit.

Tief greifende, erschütternde und verwandelnde innere Erlebnisse wie dieses, die man kaum anders deuten kann denn als Erinnerungen an andere Leben, habe ich bei mir selbst und anderen in Zusammenhang mit der körperzentrierten Herzensarbeit oft beobachten können. Aber auch wenn wir uns nicht mit Reinkarnation abgeben, sondern nur unser derzeitiges reales Leben anschauen, finden wir meistens heraus, dass wir genau dort, wo wir uns als Opfer erleben, auch Täter sind, und umgekehrt. Wir neigen dazu, anderen das anzutun, was uns selbst angetan wurde, und uns das zuzuziehen, was wir anderen zufügen. So lernen wir uns einmal als jemanden kennen, der den Schmerz der Demütigung erleidet, und einmal als jemanden, der diesen Schmerz zufügt. Wir leiden darunter, verlassen worden zu sein, während wir andere verlassen oder im Stich lassen. Wir leiden unter Ungerechtigkeit, wenn wir das Opfer sind, und merken gar nicht, wie ungerecht wir selbst sind.

Das Täter-Opfer-Drama endet, sobald wir unser Herz öffnen. Wenn wir das Opfer sind, müssen wir unser Herz für unseren Zorn, unsere Wut, unseren Groll, unseren Hass, unsere Ohnmacht und letztlich für den Schmerz öffnen, der uns zugefügt wurde. Dann erkennen wir, dass der Täter auch nichts anderes ist als wir selbst, und können fühlen, was ihn getrieben hat, das zu tun, was er getan hat. Oder wir erkennen, warum wir uns in diese Opferposition begeben und das Leid auf uns genommen haben, wie in Esthers Erzählung. Wenn wir der Täter sind, müssen wir unser Herz öffnen für all das, was die Tatsache, etwas Schlimmes getan zu haben, in uns auslöst: für das Schuldgefühl, für den Schmerz, jemandem Schmerz zugefügt zu haben, für die Aussichtslosigkeit, die darin liegt, dass man es nicht mehr ändern kann, für unsere Wut darüber, dass uns das passieren musste, und so fort. Danach können wir unser Herz für unser »Opfer« öffnen – anstatt uns in unserem Schuldgefühl zu verschanzen – und fühlen, wie sich dieser

Mensch durch unser Zutun fühlt oder gefühlt hat. Indem wir das tun, bringen wir diesem anderen Menschen Achtung entgegen, und plötzlich haben wir ihm in unserem inneren Bild seine Würde wiedergegeben. Das Täter-Opfer-Problem ist gelöst.

Dies ist keine leichte Übung. Für das Opfer ist es ein großer Schritt, sein Herz dem eigenen Schmerz zu öffnen, anstatt mit Wut, Ohnmacht und Anklage identifiziert zu bleiben. Noch schwerer ist es für den Täter. Schuldgefühl ist etwas besonders Klebriges, und angesichts manchen Schuldgefühls fällt es schwer, sein Herz zu öffnen. Es gibt viele Widerstände dagegen. Der größte und schwerste, zugleich aber am meisten befreiende Schritt besteht darin, sein Herz für den Schmerz des Menschen zu öffnen, den man verletzt oder geschädigt hat (das ist etwas ganz anderes, als sich schuldig zu fühlen). Dieser Schmerz ist nie wieder gutzumachen. Der andere muss mit dem Schaden zurechtkommen, den wir ihm zugefügt haben.

Dieser Gedanke kann fast unerträglich sein, aber er ist in unserem Kopf. Sein Herz für den Schmerz des anderen zu öffnen heißt nichts anderes, als diesen Schmerz zu fühlen. Das verwandelt die Beziehung. Es hebt den Menschen, der mein »Opfer« war, auf meine Stufe. Nun ist er nicht mehr Opfer und ich bin nicht mehr Täter, sondern wir beide sind einfach fehlbare Menschen mit einem fühlenden Herzen. Dann kann ich mich vor diesem Menschen verneigen, vor dem Schmerz, den er auf sich genommen hat, und vor mir selbst, und das Drama hat ein Ende. In diesem Drama werde ich nicht noch einmal mitspielen. Das nehme ich mir nicht nur vor, das weiß ich, wenn ich mein Herz geöffnet habe. Und das ist die Erlösung und die Vergebung.

Jetzt mag ich den Wunsch haben, jenem Menschen zu sagen, dass es mir Leid tut, aber vielleicht ist das nicht möglich. In jedem Fall ist die Liebe in meinem Herzen wiederhergestellt, und das Herz ist nun in dem Zustand, den die Sufis »gebrochen« nennen (und erstrebenswert finden). Es ist nicht mehr von seiner stolzen, heilen Schale umgeben. Es hat sich der eigenen Unvollkommenheit und dem Schmerz eines anderen Menschen geöffnet.

Konflikte, Auseinandersetzungen und Kriege

Die meisten von uns wissen, dass die einzige Art, einen Konflikt zu lösen oder einen Krieg zu beenden, darin besteht, sein Herz zu öffnen, anstatt sich immer mehr zu verhärten. Leider fällt uns das im Allgemeinen sehr schwer. Ich habe entdeckt, dass es auch leicht sein kann. Der Trick besteht darin, sein Herz nicht für den Feind, sondern für sich selbst aufzumachen. Das bedeutet allerdings weit mehr, als sich selbst mit jenem oberflächlichen Verständnis zu begegnen, das man leicht aufbringen kann, wenn man mit seinem Groll identifiziert ist (»Klar kann ich verstehen, dass ich wütend bin, ich bin ja mit Recht wütend«). Es bedeutet:

❶ zunächst Bewusstheit für das zu wecken, was in einem vorgeht. Anstatt seine Aufmerksamkeit auf den Gegner zu richten, richtet man sie auf das, was der Gegner in einem selber auslöst.

❷ seine Gefühle bewusst wahrzunehmen und (mit Körper und Atem) zu fühlen.

❸ herauszufinden, was einem so wehtut, dass man Krieg führt, und den Schmerz hinter dem emotionalen Aufruhr zuzulassen.

Bevor wir diesen Schmerz fühlen können – was wir ja nicht wollen –, müssen wir unser Herz für unsere Wut, unsere Rachsucht, unseren Wunsch, Recht zu haben, und so weiter öffnen.

All das soll nicht weggewischt, sondern bewusst gefühlt und gewürdigt werden. Doch letztendlich geht es um den Schmerz, der dahinter verborgen liegt. Wie muss ich mich fühlen, wenn ich mich nicht wehre und nicht flüchte? Was tut mir so weh, dass ich am liebsten zuschlagen oder eine Bombe werfen möchte? Oft leiden die beiden Gegner an demselben Schmerz, den sie beide verdrängen und gegen den sich jeder auf seine Art wehrt, am liebsten, indem er ihn dem anderen zufügt (um ihn, wie er meint, zurückzugeben).

Wenn ich mich meines eigenen Schmerzes erbarmt, sprich zugelassen habe, ihn zu fühlen, ist mein eigener Teil des Konfliktes gelöst. Was ist dann zu tun? Befreiten und offenen Herzens und klaren Kopfes (weil nicht mehr von Emotionen umnebelt) kann ich das viel besser beurteilen. Vielleicht muss ich ein entschiedenes Wort mit dem Gegner reden. Vielleicht muss ich ihm durch eine Tat oder Geste Grenzen setzen. Vielleicht muss ich die Beziehungen abbrechen. Vielleicht kann ich ihm die Hand schütteln oder ihn umarmen, weil ich ihn plötzlich verstehe, weil ich ihn in mir selbst wiedererkannt habe. Vielleicht verstehe ich, dass er nicht anders kann, als zu kämpfen. Dann kann ich mich vor ihm verneigen wie ein Kampfkünstler vor seinem Gegner und weiterkämpfen. Doch diesmal bin ich frei von meiner eigenen Emotion. Ich weiß, wofür ich kämpfe, und schlage nicht blindlings und aus Hass zu. Vielleicht erkenne ich auch, dass ich diejenige bin, die im Unrecht war, und kann mich entschuldigen (eine natürliche Geste, wenn mein Herz offen ist und ich fühle, dass ich jemanden verletzt habe). Oder ich erkenne, dass das Ganze Schattenboxen war, weil ich in Wirklichkeit gegen etwas in mir selbst gekämpft habe, das der andere mir gespiegelt hat, genau wie er in mir einen abgelehnten Teil seiner selbst gespiegelt sah. Dann kann ich lachen und prüfen, ob es sinnvoll ist, dem Gegner das mitzuteilen, oder besser, ihm stillschweigend die Hand zur Versöhnung zu reichen.

Der leichte Weg zur Beendigung des Krieges besteht also darin, sein Herz für sich selbst zu öffnen. Das ist einfach, wenn man weiß, wo man ansetzen muss, nämlich immer bei dem Gefühl, das deutlich spürbar an der Oberfläche sitzt. Welches ist das oberste Gefühl? Hass? Eine maßlose Wut? Dann fühlen Sie Hass und Wut bewusst und stellen fest, was sie von Ihnen brauchen, um sich ganz verstanden und angenommen zu fühlen. Sie meinen, dass Sie Ihr Herz überhaupt nicht öffnen, sondern den anderen umbringen möchten? Aha. Aufwachen und diesen Gedanken bewusst zur Kenntnis nehmen. Wie fühlt es sich an, das zu denken? Wie fühlen Sie sich dabei? Können Sie zulassen, sich so zu fühlen? Können Sie Verständnis für sich aufbringen? Oder: Was braucht dieses Gefühl von Ihnen? Oder Sie hinterfragen den Gedanken: »Warum möchte ich mein Herz nicht öffnen, sondern den anderen umbringen?« Fragen Sie so lange, bis Sie sich selbst verstehen, bis Sie Ihren Beweggrund fühlen können. Und dann öffnen Sie Ihr Herz dafür.

Schicht um Schicht entdecken Sie, was in Ihnen los ist. Schicht um Schicht bereinigen und befrieden Sie Ihr Inneres, bis Sie mit jedem Teil wiedervereinigt sind. Wenn Sie eins mit sich sind, sind Sie auch mit niemand anderem mehr auf Kriegsfuß. Wenn Sie eins mit sich sind, sind Sie im Frieden. Nun können Sie dem Gegner von Mensch zu Mensch, Auge in Auge (statt Auge um Auge) gegenübertreten. Sie können ihm Ihren Schmerz, Ihre Wut und Ihre Angst offenbaren oder auch nicht, je nachdem, was Ihnen in der Situation angemessen erscheint. Nelson Mandela hat nach der Abschaffung der Apartheid in Südafrika gemischte Gesprächsgruppen im ganzen Land ins Leben gerufen, in denen Schwarze den Weißen erzählten, wie sie sich in der Zeit ihrer Unterdrückung gefühlt hatten, und umgekehrt. Jeder konnte sein Herz ausschütten. Meine Freundin Gloria hat Ähnliches in ihren jugendlichen Schulklassen initiiert. Auch in Ehen und unter Freunden und

Kollegen könnte das sinnvoll sein. Es wird natürlich auch Situationen geben, in denen es unangebracht ist, dem Gegner sein Herz auszuschütten. Was man jedoch immer tun kann, ist, ihm offenen Herzens und im Gewahrsein seiner eigenen Gefühle gegenüber zu treten. Das erhöht die Chance für einen echten Kontakt (im Gegensatz zum Krieg, der ja genau deshalb entsteht, weil man nicht miteinander in Kontakt ist) und dafür, dass man mitbekommt, was im Herzen des Gegners vorgeht.[14]

Vielleicht versteht man dann, warum er nicht anders kann, als sich zu wehren. Vielleicht ist der Schmerz, gegen den er sich wehrt, riesengroß, und er ist noch nicht in der Lage, ihn zuzulassen, ohne Schaden zu nehmen. Auf diese Weise gesellen sich Achtung und Verständnis zum Mitgefühl. Die Folge ist eine gewisse Weisheit, aus der heraus man mit Achtung vor dem anderen und unter Berücksichtigung seines Zustandes handeln oder verhandeln kann.

---

14 Interessantes zu Krieg und Frieden finden Sie in: Scilla Elworthy, *Power und Sex. Das weibliche Prinzip und die Kraft zur Veränderung*, Kapitel 10 (siehe Literaturverzeichnis)

Ausweglosigkeit

Wenn Sie sich in einer scheinbar ausweglosen Situation befinden, lassen Sie sich nicht von dem Gedanken überwältigen, dass alles aussichtslos ist. Erwachen Sie daraus, indem Sie diesen Gedanken bewusst zur Kenntnis nehmen: »Aha, ich denke also, dass alles aussichtslos ist. Kann ich das auch fühlen? Wie fühlt es sich an?«

Auch Aussichtslosigkeit ist ein Gefühl. Man kann es wagen, dieses Gefühl ganz zuzulassen wie jedes andere, wenn man sich an Atem und Bewusstheit festhält, anstatt mit der Idee identifiziert zu sein, alles sei aussichtslos. »Aha, interessant. So fühle ich mich also, wenn ich denke, dass alles aussichtslos ist.«

Und was braucht das Gefühl der Aussichtslosigkeit von Ihrem Herzen? Stellen Sie sich jemanden vor, der weise, gütig und voller Mitgefühl und Achtung ist, jemanden, der wirklich ein offenes Herz hat. Zu ihm oder ihr kommen Sie mit Ihrem Gefühl der Aussichtslosigkeit. Was brauchen Sie dringend vom Herzen dieses Menschen? Ganz sicher brauchen Sie jemanden, der versteht, wie schlimm es ist, sich so zu fühlen, also so etwas wie Verständnis und Mitgefühl. Finden Sie heraus, was Ihr Gefühl braucht. Dadurch, dass Sie es herausfinden, geben Sie es ihm schon. Das ist eins. Sobald Sie herausgefunden haben, was das Gefühl wirklich braucht, sind Sie in Ihrem Herzen angekommen, haben es geöffnet und das Gefühl hereingelassen.

Nun fühlt sich die Aussichtslosigkeit also verstanden und angenommen. Vorher sind Sie hin- und hergelaufen, um einen Ausweg zu finden, und Ihr Gefühl stand zitternd in der Kälte, weil Sie nicht bei ihm waren. Jetzt sind Sie bei ihm, eins mit ihm und gleichzeitig mehr, nämlich jemand, der sich um das Gefühl kümmern kann. Und schließlich taucht Hoffnung auf, eine Art innere Gewissheit, dass nun doch alles gut wird.

Auch schöne Erinnerungen
werden ranzig

D ie Überschrift zu diesem Kapitel ist von Prentice Mulford [15] inspiriert, der sagte: »Auch Glück wird ranzig.« Aber wie können wir aufhören, das Glück, das längst ranzig geworden ist, in uns festzuhalten, nachdem es sich schon lange verflüchtigt hat?

Ich weiß ja, dass mich das Festhalten an schönen Erinnerungen unfrei macht, dass es mich daran hindert, die Schönheit des gegenwärtigen Augenblicks wahrzunehmen, mit der Realität in Kontakt zu sein und so weiter. Ich weiß das alles. Und doch, wenn keiner hinschaut, hole ich die Erinnerung hervor, staube sie ab und schaue, ob sie noch lebendig ist, ob nicht irgendetwas davon doch noch real ist und irgendwie wieder hergeholt werden kann.

Esther erzählt:
Ich gehe spazieren. Es ist warm, ein wenig schwül, der Himmel ist grau, die Stimmung ist ein wenig gedrückt, aber friedlich. Mit Vehemenz erfasst mich plötzlich die Erinnerung an mein altes Leben. Da ist ein Teil in mir, der sich zurücksehnt, nach unserem Garten, unserem Haus, nach dem fröhlichen Leben zu zweit. Und als ob das nicht genug wäre, taucht mit ebensolcher Vehemenz eine andere Erinnerung auf, an eine andere Zeit, eine andere Liebe, und auch nach ihr sehne ich mich zurück. Die Liebe für diese beiden so unterschiedlichen Menschen ist immer noch sehr stark in mir, und mit

15 Prentice Mulford, *Unfug des Lebens und des Sterbens* (siehe Literaturverzeichnis)

Schrecken stelle ich fest, dass es nach beiden immer noch Sehnsucht gibt. Beides ist Jahre vorbei, ich lebe längst ein anderes Leben, eine andere Liebe, wieso zum Teufel kann ich mich immer noch nicht lösen von den alten Geschichten? Ich schicke ein Stoßgebet zum Himmel: »Bitte hilf mir, mich zu lösen!« Aber dann merke ich, dass dieses Gebet nicht echt ist. Es entspricht nicht meiner inneren Wahrheit. Die momentane innere Wahrheit ist die Sehnsucht, der Schmerz darüber, dass das alles vorbei ist und sich doch so anfühlt, als sei es nicht zu Ende gelebt. Die Wahrheit ist, ich möchte festhalten. Da weiß ich, ich muss mein Herz dafür öffnen, dass ich festhalten möchte. Ich muss dem Teil von mir, der auf den alten Erinnerungen herumkaut wie auf einem längst ausgelutschten Kaugummi, die Erlaubnis geben, sich zu sehnen, auch wenn mein Kopf es unsinnig findet, weil es ja keinen Weg zurück gibt. Ich fühle also die Sehnsucht und die Wehmut und das verzweifelte Bedürfnis festzuhalten, fühle all dies bewusst und nicht länger dagegen ankämpfend, und mein Herz öffnet sich diesen Gefühlen in einer Regung von Erbarmen und Verständnis. Erleichterung, Aufatmen, Entspannung. Endlich. Und nun meldet sich, erst nur ganz leise, der Wunsch, davon frei zu sein, mich zu lösen, mit freiem Herzen und frischem Blick und ohne die Belastung und Einschränkung durch die Vergangenheit ein neues und frisches Leben zu leben. Nun ist der Wunsch nach Loslösung echt. Auch ihm gebe ich bewusst einen Platz in meinem Herzen. Und siehe da, mein Gemüt beruhigt sich, mein Geist ist frei und mein Herz weit offen. Plötzlich nehme ich meine Umgebung wieder wahr, sehe die Menschen im Park und die Hunde und das grüne Gras. Der Schmerz ist mit mir, ich bin mit ihm im Frieden und er sorgt dafür, dass mich alles, was ich sehe, tief berührt.

Wenn wir auf schönen Erinnerungen herumkauen, dann um uns ihre Süße, ihren ganz besonderen Geschmack wirklich einzuverleiben. Wenn das wie unter Zwang geschieht, ohne dass unsere Bewusstheit eingeschaltet ist, nützt das nicht viel. Wir können das Gleiche aber auch bewusst tun, indem wir die schönen Erinnerungen absichtlich rekapitulieren und dabei ihren Geschmack, ihre Essenz ganz bewusst in uns aufnehmen. Das Wesen dieser besonderen Erfahrung, ihre einzigartige Schönheit, ihre Süße, ihr ganz spezieller Geschmack wird dann verewigt, wird unserem Wesen einverleibt und gehört von nun an wirklich uns. Niemand kann es uns mehr nehmen, denn wir können es jederzeit in uns selbst wieder finden. Es ist nicht die Erinnerung an die Ereignisse und Personen, sondern der innere Gehalt dieser Erinnerung. Wie es sich angefühlt hat. Wie wir uns gefühlt haben. Das ist das Geschenk, das jener Mensch, jener Ort oder jene Situation uns gemacht hat. Wenn wir dieses besondere Gefühl mit unserer räumlichen und zeitlichen Entfernung von diesem Menschen, diesem Ort oder dieser Situation verlieren, haben wir das Geschenk nicht angenommen.

Es fällt schwer, dieses Geschenk anzunehmen, wenn jemand uns verlassen hat und wir damit nicht einverstanden sind. Etwas, das wir gern weitergelebt hätten, ist abrupt abgebrochen worden, man hat uns etwas weggenommen und wir rebellieren dagegen. Wir möchten zurück. Es soll nicht geschehen sein. Es nützt nichts, dass unsere eigene Vernunft und sämtliche Freunde und Bücherschreiber uns raten, die Tatsache zu akzeptieren, dass es diesen Menschen in unserem Leben nicht mehr gibt. Wir sehen es ja ein. Aber wir können es nicht. Wir wollen es nicht.

Was tun? Wir lösen uns aus der Identifikation, treten einen Schritt zurück und sagen: »Aha. Ich möchte nicht akzeptieren, dass X mich verlassen hat. Ich möchte, dass es anders ist. Wie fühlt es sich an, wenn ich das zulasse? Was macht mein Körper? Wie fühle ich mich dabei?«

Es geht nicht darum, die Tatsache zu akzeptieren (ihr ist es egal, ob wir sie akzeptieren oder nicht), sondern unser eigenes Gefühl. Unser Nichtverstehen (»Nichtverstehen« ist auch ein Gemütszustand). Unsere Verzweiflung. Unsere Traurigkeit.

Unsere Wut. Unser Festhalten. Und schließlich unseren Schmerz.

Erst dann können wir auch die Liebe zu diesem Menschen annehmen, die in uns weiterlebt, auch wenn er gegangen ist, und mit ihr das Geschenk, das er uns gemacht hat. Das Glück, das er uns geschenkt hat, muss nicht mit ihm aus unserem Leben verschwinden. Es gehört uns. Es ist unser eigenes Glücksgefühl. Er hat es nur für uns geweckt. Wir können entscheiden, ob wir es uns zu Eigen machen möchten. Der Preis dafür ist der Schmerz. Wenn wir uns dieses Glück zu Eigen machen wollen, anstatt es mit dem verlorenen Geliebten verschwinden zu lassen, müssen wir den Schmerz des Verlustes fühlen. Wenn wir dieses Glück wieder in uns wachrufen, ist es am Anfang noch von Schmerz durchzogen, der vielleicht nie ganz abklingen wird, aber wenn wir diesen Schmerz annehmen, hat er eine Qualität von Schönheit, Liebe und Tiefe, die jene glücklichen Gefühle umso intensiver fühlbar macht. Und nach und nach können wir es wagen, uns von den alten Erinnerungen zu lösen und, bereichert um die Schätze, die der oder die verlorene Geliebte uns gemacht hat, unsere Reise ins Unbekannte fortsetzen – mit offenem Herzen und klarem Blick.

Apropos verlorene Liebe: Vielleicht gibt es in Ihrem Innern ja auch noch das unsinnige Gefühl der Hoffnung. Sie wischen es immer beiseite, weil Sie ja wissen, dass es keinen Zweck hat zu hoffen. Aber Hoffnung ist ein Gefühl wie jedes andere und es ist angemessen, dass Sie Ihr Herz dafür öffnen und das, was ohnehin da ist, auch fühlen! Befreien Sie Ihre Hoffnung. Prüfen Sie, was sie von Ihrem Herzen braucht. Anerkennung? Erlaubnis? Sie werden sehen, dass Sie sich danach viel wohler fühlen, ganz gleich, was Ihr Verstand sagen mag. Sie sind wieder eins mit dem, was Sie fühlen, und das tut immer gut.[16]

16 Wenn dies Ihr Thema ist, sollten Sie mein Gedicht »Hoffnung« in *Zauberworte der Liebe* lesen.

Noch schwerer kann es fallen, das Geschenk einer vergangenen Beziehung anzunehmen, wenn wir die Trennung selbst verursacht haben. Hier steht das Schuldgefühl im Wege. Wie richtig sich die Entscheidung auch angefühlt haben mag, wie gut die Gründe dafür auch gewesen sein mögen, wir haben einen Menschen verlassen, der uns vertraut hat, und fühlen uns schuldig. Und weil wir uns schuldig fühlen, können wir sein Geschenk an uns nicht annehmen. Wir dürfen das Glück, das er uns geschenkt hat, diese besondere Art von Freude und Liebe, die wir mit ihm erlebt haben, nicht ohne ihn erleben, denn das würde unserer Schuld die Krone aufsetzen. So denkt der schuldige Teil. Das Dumme ist nur: Solange wir in dieser Verweigerung verharren, war alles umsonst. Die Beziehung, die gelebte Liebe, die Trennung mit all ihren Schmerzen – alles für die Katz, wenn wir das Geschenk nicht annehmen, das jener Mensch uns gemacht hat.

Hier muss als Erstes die Schuld gewürdigt werden. Das bedeutet zweierlei. Erstens muss das Schuldgefühl aufgespürt werden. (Wo sitzt es im Körper? Wie fühlt es sich an, wenn ich zulasse, mich schuldig zu fühlen?) Wir müssen es fühlen und unser Herz bewegen, sich seiner zu erbarmen, indem wir erspüren, was es braucht. Erbarmen? Mitgefühl? Achtung? Welches ist das erlösende Zauberwort?

Zweitens, und das mag noch schwerer sein, muss auch die Schuld selbst gewürdigt werden. Zwar gibt es, aus höherer Warte betrachtet, letztlich keine Schuld. Dennoch gibt es auf gewissen Ebenen in uns sehr wohl Schuld. Ich habe ein Versprechen gebrochen und sehr viel Leid ausgelöst, und damit habe ich, ob ich es so sehe oder nicht, Schuld auf mich geladen. Diese Schuld muss ich aus tiefstem Herzen anerkennen. Dann erst bin ich frei davon und in der Lage, die vielen Geschenke, die der Mensch, den ich verlassen habe, mir gemacht hat, nach und nach anzunehmen und in mein Leben zu integrieren. Und, nebenbei bemerkt, indem ich mein Herz für mein Schuldgefühl und meine Schuld öffne und mich dadurch von der fixen Idee löse, ein Täter und damit verdammungswürdig zu sein, erlöse ich auch den anderen aus seiner Rolle als mein Opfer. Nun kann ich mit Hellinger [17] zu ihm sagen: »Ich achte dein Schicksal.« Und während ich das sage, fühle ich den Schmerz, nichts ändern zu können, und gleichzeitig die Liebe. Damit bin ich frei, ich selbst zu sein und zu mir zu stehen.

17 Bert Hellinger, berühmter Therapeut, Vater der »Familienaufstellungen nach Hellinger« und Autor vieler Bücher

Kommunikation in Beziehungen

Mit einer Freundin pflege ich eine Art der Kommunikation, die ich mir für viele Beziehungen wünsche, die sich aber nur einstellen kann, wenn alle Beteiligten ihr Herz öffnen. Wenn sich eine von uns von der anderen auf den Fuß getreten fühlt, geht die Betroffene in sich, stellt fest, welches der wunde Punkt ist, und kümmert sich darum (indem sie ihre Gefühle bewusst fühlt und ihnen ihr Herz öffnet). Danach kann sie der anderen davon erzählen. Und die sagt dann vielleicht: »Das tut mir Leid. Es war natürlich überhaupt nicht meine Absicht. Aber ich werde auch mal in mich gehen und prüfen, warum ich das getan habe. Vielleicht steckt ja eine Emotion dahinter.«

Manchmal teilen wir uns auch direkt mit, was wir fühlen. »Ich würde dir das gern erzählen, aber ich habe Angst, du könntest es lächerlich finden.« Wenn man etwas auf diese Weise äußert, löst man sich bereits aus der Identifikation mit der Angst und beginnt, sie bewusst wahrzunehmen, worin einen der Gesprächspartner noch bestärken kann. »Ich glaube nicht, dass ich das lächerlich finde, du weißt ja, was für verrückte Sachen ich schon in mir selbst entdeckt habe. Trotzdem ist das vielleicht eine Gelegenheit, dir deine Angst, lächerlich zu wirken, einmal anzuschauen.« Wenn eine der anderen von einem Problem erzählt, das ihr gerade zu schaffen macht, nimmt die Zuhörende automatisch eine aufmerksame, bewusste, neutrale und mitfühlende Position ein. Anstatt uns gegenseitig, wie sonst unter Freundinnen üblich, in der einen oder anderen Richtung zu bestärken, machen wir einander auf Gefühle aufmerksam, die wir bemerken. »Kann es sein, dass da auch Unsicherheit ist? Deine Stimme klingt so.« Oder, wenn es um eine Entscheidung geht und man mit dem Herzen zuhört, wie die Freundin ihre unterschiedlichen Entscheidungsmöglichkeiten schildert: »Bei A klang deine Stimme lebendiger. Bei B und C habe ich nichts Besonderes wahrgenommen. Kann es sein, dass da noch ein Gefühl beteiligt ist, um das du dich noch nicht gekümmert hast? ... Warte mal, wie fühlt sich das denn an? ... Kann es Pflichtgefühl sein?« Man spricht einfach das Gefühl aus, das bei einem selbst auftaucht, und schlägt der Gesprächspartnerin vor zu prüfen, ob es ihr Gefühl ist. Das sind sehr hilfreiche Gespräche.

Generell habe ich entdeckt, dass bei Unterhaltungen unter Freunden etwas entstehen kann, das ich »achtsames Gespräch« nenne. Es führt dazu, dass jeder der Beteiligten einen sehr klaren und direkten Draht zu seiner inneren Wahrheit, manchmal sogar zu höherer Weisheit, bekommt. Der Trick besteht darin, beim Zuhören seine eigenen Ansichten beiseite zu lassen und sehr aufmerksam wahrzunehmen, was im eigenen Innern geschieht, wobei man sich auf den Wunsch einstellt, etwas von dem aufzufangen, worum es in Wahrheit geht. Anschließend kann man dem Gesprächspartner mitteilen, was man empfunden und gedacht hat, während er erzählte, und ihm vorschlagen zu prüfen, ob etwas davon für ihn nützlich ist. Man nennt das »Feedback geben« (nichts ausschmücken, interpretieren oder übertreiben und dem anderen niemals etwas, das man selbst für eine Eingebung aus höchster Quelle hält, als absolute Wahrheit verkaufen.)

Eine gute Übung – ich habe sie bereits in *Das Tao des Herzens* beschrieben – besteht darin, mit dem Herzen zuzuhören. Stellen Sie sich vor, Ihr Herz (energetisches Herzzentrum in der Mitte der Brust) hätte Ohren und Sie lauschen der Stimme Ihres Gegenübers mehr mit diesen Ohren als mit den Ohren am Kopf. Das ist ein simpler technischer Trick, der Ihre Aufmerksamkeit mehr auf das lenkt, was Sie fühlen (Herz), während Sie zuhören, als auf das, was Sie mit dem Verstand interpretieren (Kopf). Wenn Sie wirklich mit dem Herzen zuhören, sind Sie offen zu fühlen, was der andere fühlt (Mitfühlen) und können ihm das als hilfreiches Feedback mitteilen (immer einräumen, dass es auch Ihr persönliches Gefühl sein kann).

Doch Vorsicht bei Resonanz oder Dissonanz mit Ihren eigenen Gefühlen. Resonanz bedeutet hier: Sie beginnen im Gefühlsklang des anderen mitzuschwingen, weil Sie das, was er oder sie erzählt, an Ihre eigene Geschichte erinnert, und plötzlich sind Sie nicht mehr mit dem Herzen bei Ihrem Gesprächspartner, sondern mit Gedanken und Gefühlen in Ihrem eigenen Film. Das Feedback, das Sie nun geben, hat nichts mehr mit dem Gegenüber zu tun, sondern mit Ihnen selbst.

Ein Beispiel: Peter erzählt, wie schwer es ihm fällt, sich gegen seine Frau durchzusetzen. Sie kennen das aus eigener Erfahrung, und schon sind Sie in Gedanken bei Ihrer eigenen Ehe. Nun sind Sie nicht mehr offen für die Wahrnehmung von Peters Gefühlen, sondern nehmen Ihre eigenen wahr. Das ist nicht weiter schlimm, solange es Ihnen bewusst ist. Dann können Sie sagen: »Entschuldige, hier bin ich in meine eigene Geschichte gerutscht und nicht mehr neutral. Alles, was ich dir jetzt sagen kann, ist sicherlich von meinen eigenen Gefühlen gefärbt.«

Mit einer anderen Freundin habe ich oft diese Art von Resonanz, weil unsere Schicksale, jedenfalls seit wir uns kennen, fast parallel verlaufen und in vielem sehr ähnlich sind. Daher fällt es uns oft schwer, neutral zu bleiben. Was immer sie erzählt, erinnert mich an meine Geschichte (und umgekehrt), und ich könnte kiloweise eigenen Senf dazugeben. Es geht aber darum, sie in dem zu unterstützen, was »ihr eigenes« ist. Also versuche ich mich so klar wie möglich zu äußern.

»Hier taucht ein Gedanke auf, der vielleicht eine Eingebung sein kann.« – »Hier taucht ein Gefühl auf, prüfe mal, ob es deins ist. Kann auch meins sein.« – »Schon seit du angefangen hast zu erzählen, fühle ich mich gedrängt, dir einen Parallelfall aus meiner Geschichte zu schildern. Ich weiß aber nicht, ob es dich weiterbringt oder ob du dadurch deinen eigenen Faden verlierst.« Dann kann sie sich darauf einstellen, ihr Unterscheidungsvermögen einschalten und sagen: »Okay. Erzähle. Ich werde schon merken, ob es mich betrifft oder nicht.« Oder ich erzähle ihr etwas aus meiner Geschichte und sie sagt: »Ich könnte vor Wut aus dem Fenster springen. Ich merke schon, dass in dieser Wut mein eigener Anteil enthalten ist. Aber vielleicht ist es auch Wut, die eigentlich du fühlen solltest?« Dann kann ich prüfen, ob ich eigentlich furchtbar wütend bin und es nicht gemerkt habe, oder ob diese Wut nichts mit mir zu tun hat, sondern nur mit ihr.

Dissonanz bedeutet hier: Der Gefühlsklang, den ich von meinem Gegenüber mitbekomme, und mein eigener ergeben einen Missklang. Dadurch abgelenkt bin ich nicht mehr mit dem Herzen bei dem, was der andere mir mitzuteilen versucht, sondern bei meinen eigenen Gefühlen. Ich fange an, mich über das, was mir erzählt wird, zu ärgern, oder die Stimme geht mir auf die Nerven, ich werde wütend, fühle mich angegriffen und so weiter. Auch hier wurde eine Saite in mir selbst zum Klingen gebracht. Irgendetwas hat mich an eine eigene Geschichte erinnert, nur dass diesmal mein Gegenüber nicht dasselbe erlebt wie ich, sondern das Gegenteil.

Nehmen wir wieder Peter als Beispiel, der erzählt, wie schwer er es hat, sich gegen seine Frau durchzusetzen, während ich in meiner eigenen Ehe die Position innehabe, die der seiner Ehefrau entspricht. Dann kann ich ihm wahrscheinlich nicht mehr neutral zuhören. Für mich ist Peter nun nicht mehr Peter, der mir seine Sorgen anvertraut, sondern mein

Ehepartner, und ich bin mit meinem eigenen Ärger oder Frust beschäftigt. Wenn mir das bewusst ist, ist es kein Problem, dann kann ich es Peter mitteilen und das Gespräch kann einen auch für mich sehr hilfreichen Verlauf nehmen. Wenn ich es aber nicht bemerke, werde ich Peter nun mit sämtlichen Kommentaren zu seiner Erzählung meine eigenen Gefühle unterjubeln. Ich werde mich mit seiner Frau identifizieren und ihm aus ihrer Perspektive meine Meinung sagen, wobei ich natürlich in Wirklichkeit nicht ihre Perspektive einnehme, sondern meine eigene für die ihre halte. Das führt zu Unklarheit, und Peter wird nach dem Gespräch nicht nur nicht klüger sein als vorher, sondern noch verwirrter.

In Liebesbeziehungen ist es schwieriger als unter Freunden, ein klares und offenes Gespräch zu führen. Das ist nicht weiter verwunderlich, denn im Allgemeinen suchen wir uns Partner, die uns unsere verdrängten Gefühle entdecken helfen, und das bedeutet, dass wir Projektionsflächen füreinander sind. Er sieht in mir seine Mutter und seine verflossene Ehefrau oder die Gesamtheit aller Frauen, die in seinem Leben eine Rolle gespielt haben. Er sieht nicht mich. Ich sehe in ihm meinen Vater und alle Männer, die ich je gekannt habe, jedenfalls alle von einer bestimmten Sorte. Ich sehe nicht ihn. Es ist sehr hilfreich, wenn man sich dessen bewusst ist, und sehr quälend und verwirrend, wenn nicht.

Wenn mein Freund mit einer Stimme zu mir spricht, die in meinen Ohren streng und kalt klingt, kann das rasende Wut in mir auslösen. Mir ist dann bewusst, dass ich so wütend bin, weil ich in einen alten Film gerutscht bin. Er ist mein Vater, und ich bin ein kleines Kind, den Launen des mächtigen Vaters hilflos ausgeliefert. Dieses Gefühl muss ich nicht korrigieren (nach dem Motto: »Ach, stimmt ja, er ist ja nicht mein Vater und ich bin erwachsen, ich muss mich also nicht so fühlen.«), sondern nur bewusst wahrnehmen.

Das ist meine Chance, eine alte Verletzung zu heilen. Ich verlasse also die Wohnung, Türen knallend oder auch nicht und mache eine Runde um den Block. Wut. Trotz. Ohnmacht. Atmen. Beobachten. Zulassen. Und dann: Was macht mich denn so wütend? Wie fühle ich mich eigentlich, wenn er mich mit kalter, strenger Stimme anspricht? Abgeschmettert. Verurteilt. Abgelehnt. Das ist es, was so wehtut. Atmen, fühlen, zulassen. Das ist alles. Dann kann ich wieder zu ihm zurückkehren. Wenn er mich später fragt: »Noch wütend?«, kann ich sagen: »Nein, jetzt nicht mehr. Ich hatte eine Mordswut, weil du so kalt und streng zu mir gesprochen hast wie seinerzeit mein Vater.« Und er sagt: »Habe ich das? War mir nicht bewusst. Tu ich das öfter? Ja? Keine Ahnung, warum ich das tue. Ich werde mal darauf achten.« – »Soll ich dich darauf aufmerksam machen?« – »Nein, ich achte lieber selbst darauf.« Von diesem Gespräch bleibt nichts zurück. Kein übler Nachgeschmack, kein Knoten im Herzen, nichts, wofür man im Stillen einen Minuspunkt gibt[18] und was für die Liste der Scheidungsgründe vorgemerkt wird.

In Beziehungen kann nichts wirklich Schlimmes geschehen, wenn jeder zumindest gewillt ist, bewusst zu werden oder zu bleiben und die Verantwortung für seine eigenen Gefühle zu übernehmen, anstatt sie dem anderen aufzuhalsen. Wenn man selbst der Einzige ist, der dazu bereit ist, dann ist es sinnlos, es auch vom Partner zu verlangen oder im Stillen zu erwarten. Wenn nur ich bereit bin, mir meiner Gedanken und Gefühle bewusst (statt mit ihnen identifiziert) zu sein und mein Herz zu öffnen, dann muss ich das einfach tun und es nicht von meinem Partner erwarten. Als Lebenspartner kann ich ihm dann vielleicht nicht vollständig vertrauen (weil er sich nicht genügend bewusst ist, was ihn bewegt und an-

---

18 Das tun Frauen laut John Gray (*Männer sind anders. Frauen auch*) und ich gebe zu, dass ich auch dazu neige.

treibt), aber ich kann ihn achten und lieben, wie er ist. Indem ich bewusst, verantwortungsvoll, ehrlich und offen bin, kann ich ihm zeigen, dass das eine mögliche und vielleicht sogar gute Art zu leben und zu kommunizieren ist. Aber ich kann ihn weder dazu zwingen noch erziehen. Wenn ich das doch versuche, bin ich nicht bewusst, verantwortungsvoll und offen, sondern werde von eigenen unbewussten Gefühlen beherrscht.

Wenn ich das entdecke, weiß ich, dass es Zeit ist, in mich zu gehen und mich im stillen Kämmerlein zu fragen, warum ich das tue. Was wäre, wenn ich es sein lasse? Wie müsste ich mich dann fühlen? Auf die Weise finde ich den Schmerz, den ich zu vermeiden suche, indem ich den anderen verändern will. Wenn ich diesen Schmerz zulasse, anstatt mich weiter gegen ihn zu wehren, fällt es mir später leichter, meinen Partner zu lassen und zu respektieren, wie er ist. Wenn ich Glück habe, aber nur dann, verändert er sich von selbst. Und wenn ich noch mehr Glück habe, entdecke ich, dass er sich überhaupt nicht zu verändern braucht. Ich war diejenige, die sich verändern musste, und er hat mir dabei geholfen.

Gewichtsprobleme und andere
Schönheitsfehler

Es gibt dünne und dicke Menschen, blasse und braune, faltenreiche und faltenfreie, große und kleine, Menschen mit allen möglichen Figuren, Gesichtern und Haaren. Dünn zu sein ist an sich kein Problem. Dick zu sein auch nicht. Dass mancher doch ein Problem damit hat liegt daran, dass der Gedanke, so oder so auszusehen, die und die Gefühle in ihm wachruft und er sich nicht so fühlen will. Er will so aussehen, dass er sich nicht so fühlen muss. Er lehnt sein Aussehen ab. Und nun beginnt ein interessanter Kampf mit vielen überraschenden Wendungen.

Nehmen wir den Fall an, der allgemein als der günstigste gilt: Herr X ist mit blasser Haut, schlaffem Hintern und dünnen Armen ausgestattet und darüber unglücklich, verfügt aber über eine Mordsdisziplin. Er tritt einem Fitness-Club bei, geht zweimal wöchentlich ins Solarium, einmal in die Sauna und viermal zum Training, und nach einigen Wochen hat er sich in einen braunen, muskulösen Herrn X verwandelt, der sich sehr attraktiv fühlt. Ende gut, alles gut? Schön wär's. Wenn das neue Leben zum richtigen Zeitpunkt begonnen hat, zu dem Herr X auch für eine innere Wandlung reif war, kann die Sache damit erledigt sein. Doch oft ist es anders. Der äußerlich verwandelte, gebräunte und gestählte Herr X bekommt einen gewaltigen Energieschub und lebt eine Weile fröhlich auf der Basis dieses neuen Selbstgefühls. Doch Wochen, Monate, oft auch erst Jahre später holt ihn der blasse, schlappe Herr X wieder ein. Entweder lässt die Disziplin nach und er macht irgendwann auch äußerlich wieder schlapp, oder er trainiert und sonnt seinen Körper eifrig weiter und hält das gute Gefühl aufrecht, ein attraktiver Mensch zu sein, wird aber bisweilen von unerklärlichen Depressionen befallen. Vielleicht fängt er an zu trinken. Oder er fällt zu Hause bei seiner Frau in die alte kraftlose Rolle zurück. Oder er entwickelt allerlei körperliche Beschwerden, die ihn die unterdrückte Schwäche, Hilflosigkeit und Mutlosigkeit wieder erleben lassen, kurz, das ganze Elend, das er so diszipliniert niedergekämpft hat.

Wenn Sie mit Ihrem Aussehen Probleme haben, dann können diese Ihnen ebenso wie alle anderen Probleme helfen, sich eines tief sitzenden, grundsätzlichen Gefühls bewusst zu werden, das Sie bisher immer übersehen haben. X könnte einmal bewusst darauf achten, wie er sich fühlt, wenn er zum Beispiel am Strand oder in der Sauna mit seinem blassen, schlappen Körper unter Menschen ist. Was meint er, wie sie über ihn denken? Wie wirkt das auf ihn? Wie fühlt er sich dabei? Welches ist der tiefere Schmerz dahinter?

Althea hat Probleme mit ihrem Übergewicht. Sie hat schon alle möglichen Diäten und Disziplinen ausprobiert. Manchmal verliert sie ein paar Kilo, aber nur um sie gleich wieder anzusetzen. Das Ganze scheint geheimnisvollen Gesetzen zu folgen, die nichts damit zu tun haben, wie viel sie isst. Sie hat irgendwann angefangen, sich ihrer Gefühle bewusst zu werden, und hat nach und nach ihr Herz für sie geöffnet. Was sie erfahren hat, kann den Lesern nützliche Hinweise geben, die ebenfalls mit Gewichtsproblemen zu kämpfen haben:

Ich esse, um auftauchende Gefühle hinunterzustopfen (Herz dafür öffnen!).

Was auftauchte (und was ich durch Essen hinunterstopfen wollte), war zunächst Übelkeit, das Gefühl, dass unten im Bauch etwas Schlechtes, Übles sitzt, das unterdrückt werden muss (Übelkeit bewusst wahrnehmen und als Gefühl erkennen, nämlich als Ekel, das Gefühl, dass etwas zum Kotzen ist und man es loswerden will), und schließlich das im Bauch sitzende Gefühl selbst (schlecht und schuldig).

Weitere Gefühle, die im Zusammenhang mit Übergewicht eventuell gewürdigt werden müssen, sind:

❶ das Gefühl, das man hat, wenn Leute einen dick finden oder fett nennen (Demütigung? Gefühl, wertlos zu sein? Gefühl, lächerlich gemacht zu werden? Gefühl, abgelehnt zu sein? Gefühl, verurteilt zu werden?),

❷ das Dicksein als solches (dick sein ist unter Umständen auch ein Gefühl),

❸ die Vorstellung, was passieren würde, wenn man nicht dick wäre. Dabei sollte man bewusst auf negative Gefühle achten. Wie würde man sich fühlen, wenn man nicht mehr diese (schützende? Gewicht gebende? Raum einnehmende? wärmende?) Körperfülle um sich herum hätte? Ungeschützt? Bloßgestellt? Erkannt? Klein? Mickrig? Bedeutungslos? Wie ein Blatt im Wind? Oder wie sonst?

Dann geht es wieder darum, dieses Gefühl kennen zu lernen. Atmen, zulassen, fühlen. Herz öffnen. Wenn Sie zulassen können, sich so zu fühlen, und dieses Gefühl bewusst in Ihren Alltag bringen können, ohne es zu unterdrücken, brauchen Sie die Körperfülle nicht mehr, um sich davor zu schützen. Wenn sie trotzdem nicht verschwindet, forschen Sie weiter. Lernen Sie alle auftauchenden Gefühle kennen und öffnen Sie Ihr Herz dafür, auch den Wunsch oder die Sehnsucht nach Schlankheit.

Ein Bekannter, der darunter litt, dass er zu viel Fett auf den Rippen hatte, stellte fest, dass er aß, um aus unangenehmen

Situationen zu flüchten. Das kam aus seiner Kinderzeit, als am häuslichen Esstisch oft dicke Luft war, wobei sich Ärger und Vorwürfe meistens über ihn ergossen. Sich ins Essen zu vertiefen, war seine Art, sich von den unangenehmen Gefühlen abzulenken. Nachdem er das entdeckt hatte, musste er sich erstens um den Teil seiner selbst kümmern, der ins Essen flüchtete (anerkennen und sich dafür verstehen), und zweitens prüfen, was geschehen würde, wenn er einmal auf die Flucht ins Essen verzichten würde: Welches war der Schmerz, vor dem er flüchtete?

Prüfen Sie Ihre Einstellung zu Liebesbeziehungen. Manche Menschen legen sich Übergewicht oder andere Schönheitsfehler zu, um sich vor Beziehungen zu schützen. Wovor haben Sie Angst? Stellen Sie sich vor: Ihr Übergewicht oder Ihr Schönheitsfehler ist verschwunden und jemand verliebt sich in Sie und möchte eine Beziehung mit Ihnen eingehen. Was geschieht? Wie fühlen Sie sich? Atmen, zulassen. Stellen Sie sich nun vor, dass sich jemand in Sie samt all Ihrer Schönheitsfehler verliebt. Was geschieht in Ihrem Körper? Wie fühlen Sie sich?

Wenn bei beiden Vorstellungen keinerlei negative Empfindungen auftauchen, hat Ihr Problem entweder nichts mit Angst vor Beziehungen zu tun, oder Sie haben große Angst davor, sich das Thema anzuschauen. Wenn Letzteres der Fall ist, können Sie wenigstens feststellen, dass Sie diese Angst haben, und sich dafür verstehen? Das reicht fürs Erste.

Ähnliches gilt für andere Probleme, die mit der äußeren Erscheinung zu tun haben. Stellen Sie fest, wie Sie sich fühlen, wenn Sie in den Spiegel schauen. Stellen Sie fest, wie Sie sich fühlen, wenn andere Sie anschauen. Prüfen Sie, wie sich das auf Ihre Beziehungen auswirkt, oder fühlen Sie sich in den Zustand selbst hinein. Lernen Sie alle auftauchenden Gefühle bewusst kennen und lassen Sie sie zu. Vergessen Sie Atem und Körper nicht. Stellen Sie fest, was diese Teile brauchen, um sich angenommen zu fühlen (Achtung, Verständnis, Erbarmen und so weiter).

Ich kann Ihnen nicht versprechen, dass der »Schönheitsfehler« dadurch verschwindet (wenngleich das vorkommt), wohl aber dass er Ihnen auf diese Weise hilft, Ihre innere Schönheit und die Liebe zu sich selbst wieder zu finden. Allein dadurch wirken Sie auch auf andere Menschen schöner und anziehender.

Auf Wertungen verzichten

Wenn Sie sich aus Ihren Problemen und Verwicklungen lösen wollen, müssen Sie alle Wertungen beiseite lassen und Ihre Gedanken und Gefühle aus einer neutralen Perspektive betrachten. Das wiederum geht nur, wenn Sie sich aus der Identifikation mit einem Gedanken oder einem Gefühl lösen. »Aha, interessant, jetzt denke ich dies.« – »Aha, interessant, jetzt fühle ich das. So fühlt sich das also an.« Manche Gefühle sind in unserer Gesellschaft allgemein verpönt oder wurden in unserer Familie verachtet, sodass wir unmöglich zugeben können, so ein Gefühl auch nur zu kennen. Aber alle Gefühle sind in uns vorhanden. Die Frage ist nur, mit welchen wir uns identifizieren und mit welchen nicht (letztere sind, wie schon mehrfach erklärt, umso einflussreicher, je mehr wir sie ablehnen) und welcher Gefühle wir uns bewusst sind und welcher nicht. Wir alle erleben die komplette Gefühlspalette, jeder auf seine Art. Die Emotionen, die wir einfach gefühlt haben, sind weitergezogen. Die Gefühle, die wir nicht gefühlt haben, bleiben bis zum Tag ihrer Erlösung erstarrte Bestandteile unseres psychischen Inventars.

Die verfemten Gefühle sind etwas schwerer zu entdecken als die gesellschaftsfähigen. Ich kenne Menschen, denen die Angst in Muskeln, Knochen und Nieren sitzt und auch noch aus den Augen schaut, und die dennoch Stein und Bein schwören, dass sie keine Angst haben. Das sind Menschen, meist Männer, die gelernt haben, dass man keine Angst haben darf, dass man sich schämen muss, wenn man Angst hat, dass Angst ein Zeichen von Schwäche ist und man sich lächerlich macht, wenn man sich fürchtet. Frauen tun sich meistens eher schwerer, ihre Wut zu entdecken, weil sie gelernt haben, lieb und brav zu sein. Wut ist »böse«. Ein braves Mädchen ist nicht wütend.

Der Körper bringt trotzdem alles ans Licht, wenn man diesen Weg geht: das aktuelle Problem zum Anlass nehmen, sich mit Atem und Aufmerksamkeit in die betroffenen Körperpartien hineinbegeben ... Nur wenn man gelernt hat, dass Angst oder Wut partout nicht sein darf, gibt es an der Stelle, an der es darum geht, in der körperlichen Verspannung die Angst oder die Wut zu erkennen, vielleicht ein Blackout. So viel man auch atmet und spürt, man merkt einfach nicht, was man fühlt.

Dann ist es nötig, eine innere Haltung einzunehmen, die es einem ermöglicht, objektiv und neutral hinzuschauen und jede Wertung wegzulassen. Das ist noch nicht der Trick, der auf jeden Fall funktioniert, aber er macht es leichter. Wie findet man zu dieser Haltung? Ich kann Ihnen leider kein einfaches Rezept geben, denn bei mir selbst ist sie die Frucht einer längeren Entwicklung. Wohl aber kann ich einige Werte benennen, die Ihnen zu einer solchen Haltung verhelfen können. Suchen Sie sich den aus, der in Ihrer Rangliste den höchsten Stellenwert hat.

Wahrheit. Wenn mir Wahrheit das Wichtigste ist, hilft mir das, eine unparteiische Haltung einzunehmen und alles einfach so anzuschauen, wie es ist.

Liebe. Wenn bedingungslose Liebe mein Ideal ist, bin ich bereit, allem, was in meiner Wahrnehmung auftaucht, mein Herz zu öffnen.

Erkenntnis. Wenn ich aufrichtig nach Erkenntnis strebe, werde ich stets bemüht sein, eine neutrale und objektive Haltung einzunehmen.

Licht. Diejenigen, die Licht zu ihrem höchsten Ideal erhoben haben, müssen sich klar machen, dass Licht mit Bewusstheit identisch ist. »Es werde Licht« bedeutet: Alles soll ans Licht kommen. Licht ist neutral. Es erhellt einfach. Es bewertet nicht. Bewertung schafft Dunkelheit, denn unter dem kalten Auge der Bewertung verbirgt sich ein Teil Ihrer Wahrheit vor dem Licht Ihrer Bewusstheit.

Wahrheit, Liebe, Erkenntnis, Licht. Wenn einer dieser Begriffe einen Wert bezeichnet, der Ihnen wichtig oder heilig ist, haben Sie gute Voraussetzungen, die Brille der Wertung absetzen und Ihre Gefühle so anschauen zu können, wie sie sind. Vielleicht gibt es weitere, aber diese hier sind neutral und enthalten keine färbenden Beimischungen, außer dass der Begriff »Licht« manchmal missverstanden wird.

Mancher von Ihnen hat vielleicht eher Freiheit zu seinem Ideal erhoben als einen der vier von mir genannten Begriffe. Wenn Freiheit Ihr Ideal ist, kann das ebenfalls eine gute Voraussetzung sein, um sich aus den Verwirrungen und Verstrickungen Ihrer Probleme zu lösen, aber sie kann unsichtbare Fallen enthalten. Sie könnten zum Beispiel so sehr mit Ihrer Vorstellung von Freiheit identifiziert sein, dass Sie Ihre Abhängigkeit nicht einfach objektiv anschauen und kennen lernen können, sondern sie entweder leugnen oder loswerden wollen (was sie, wie alle abgelehnten Gefühle, verfestigt).

Das Gleiche gilt für Heilung. Manchen Menschen ist Heilung oder Heilsein das Wichtigste. Auch dieses Ideal kann eine gute Voraussetzung für die Entwicklung einer neutralen Haltung sein, aber nur, wenn Sie davon ausgehen, dass Heilung darin besteht, dass jeder Teil Ihres Wesens bewusst gemacht, verstanden, gewürdigt und angenommen wird, wie er ist. Das ist neutral. Manche Menschen verbinden aber eher wertende Vorstellungen mit dem Begriff Heilung. Dieses oder jenes passt nicht in ihre Vorstellung vom Heilsein. Ein Mensch, der heil ist, meinen sie vielleicht, kennt keinen Ärger, und schon versuchen sie, ihren Ärger in etwas »Heileres« zu verwandeln und stiften Unheil. Gleiches gilt sinngemäß für Heiligkeit. Es gibt den schönen Spruch: »Dem Heiligen ist alles heilig.« Wenn Sie das unter Heiligkeit verstehen, haben Sie gute Karten für das Spiel, das ich Ihnen hier beizubringen versuche. Wenn Ihre Vorstellung von Heiligkeit jedoch darin besteht, alles Unheilige aus Ihrem Gesichtskreis oder in die Hölle zu verbannen, dann ist das hier nichts für Sie.

Das gilt auch für Gott. Wenn Gott Ihr höchstes Ideal ist, dem Sie dienen wollen, wunderbar, besser geht es gar nicht. Passt aber nur zu meiner Methode von Bewusstwerdung und Herzöffnung, wenn dieser Gott alles enthält, was es gibt, hinter allem steckt, was geschieht, wenn alles auf Ihn (oder Sie) hinausläuft, wenn Er/Sie in Ihnen atmet und lebt und fühlt, und zwar alles und nicht nur die frommen Gefühle. Wenn Sie einen anderen Gott haben, müssen Sie ihn entweder bitten wegzuschauen, wenn Sie sich ein unfrommes Gefühl ansehen wollen, oder Sie müssen die Übung bleiben lassen.

Bewusstheit und Herz, Licht und Liebe, darauf läuft das Ganze hinaus. Und damit es darauf hinauslaufen kann, müssen Sie beides schon vorher in sich aktivieren, indem Sie Ihre Bereitschaft wecken. Ihrem Ideal zuliebe – oder auch einfach so – könnte diese Bereitschaft lauten: »Was immer geschieht, ich bleibe meinem Entschluss treu, es bewusst anzuschauen (sofern es mir einfällt, während es geschieht, sonst nachher). Welches Gefühl auch immer auftaucht, ich bin bereit, ihm mein Herz zu öffnen. Wenn ich es nicht zuwege bringe, hole ich mir Hilfe. Und vielleicht sind Sie sogar bereit für einen nächsten Schritt: Mit wem auch immer ich zu tun habe, ich bin bereit, ihm mein Herz zu öffnen. Wenn ich es nicht kann, stelle ich fest, was mich so verletzt, dass ich es nicht kann, und kümmere mich um meinen Schmerz.«

Punkte, auf die Sie achten sollten

Nehmen Sie sich vor, auf einige Punkte besonders zu achten. Bei Ihrem Bemühen, ein wacherer, lebendigerer und glücklicherer Mensch zu werden, sind dies sowohl die größten Stolpersteine als auch die größten Chancen.

❶ *Wenn Sie sich gewohnheitsmäßig über eine Person oder einen Typ Mensch aufregen*, können Sie sicher sein, dass genau das, was Ihnen dort so auf die Nerven geht, in Ihnen selbst vorhanden ist, nur dass Sie den Deckel darauf halten. Finden Sie heraus, was es ist, und danken Sie dem Menschen im Stillen, dass er Sie darauf aufmerksam gemacht hat. Und so kommen Sie der Sache näher: Denken Sie an den Betreffenden, schauen Sie, wie Ihr Körper reagiert, entdecken Sie in der Reaktion Ihres Körpers Ihr Gefühl, öffnen Sie ihm Ihr Herz. Denken Sie dann noch einmal an den betreffenden Menschen. Wie nehmen Sie ihn jetzt wahr? Kann es sein, dass das Gefühl, das Sie in sich selbst ausgegraben haben, genau das ist, das auch er in sich fühlt und aus ähnlichen Gründen unterdrückt wie Sie? Zum Beispiel regen Sie sich darüber auf, dass er sich aufspielt. Wenn Sie in sich gehen, entdecken Sie erst einmal Ihre Empörung darüber, Ihren Ärger, Ihre Wut oder was auch immer, doch was liegt darunter? Was tut Ihnen so weh, dass Sie sich so aufregen? Ist vielleicht der unterste Schmerz der Schmerz darüber, nicht gesehen zu werden, nicht wichtig zu sein? Ist das womöglich auch sein Schmerz? Und spielt er sich deshalb so auf? Und was ist mit Ihrem Wunsch, wichtig zu sein oder wahrgenommen zu werden? Wo unterdrücken Sie ihn?

Oder wenden Sie eine andere Technik an: Benennen Sie, was Sie an dem Typen so aufregt. »Er macht sich wichtig.« Gehen Sie davon aus, dass auch in Ihnen der Wunsch vorhanden ist, sich wichtig zu machen, Sie ihn aber unterdrücken (sonst würden Sie sich nicht über diesen Menschen aufregen). Prüfen Sie, was aus Ihrem Wunsch geworden ist. Wo versteckt er sich? Spüren Sie ihn auf. Holen Sie ihn ins Herz. Wichtig zu sein ist ein ganz natürliches kindliches Bedürfnis. Ein Kind braucht das Gefühl, dass es für irgendjemanden sehr, sehr wichtig ist. Vielleicht haben Sie als Kind zu wenig davon bekommen. Vielleicht haben Sie sich vor dem Schmerz geschützt, den das verursacht hat, indem Sie die Haltung entwickelt haben: »Nicht wichtig. Ich muss nicht wichtig sein.« Oder man hat Sie gelehrt, dass es egoistisch, unfein, unchristlich oder sonst etwas ist, wichtig sein zu wollen. Sagen Sie laut: »Ich möchte wichtig sein.« – »Ich sehne mich danach, etwas Wichtiges und Besonderes zu sein.« Spielen Sie mit ähnlichen Formulierungen, bis Sie spüren, dass Sie den Nagel auf den Kopf getroffen haben. Und jetzt: Atmen, zulassen, Herz öffnen. In Zukunft werden Sie sich nicht mehr über Menschen ärgern müssen, die sich wichtig machen, weil Sie sie verstehen. Nicht dass Sie das nun toll fänden, aber Sie kennen und verstehen es. Sie können es sogar achten. (»Wichtig sein wollen« ist hier ein willkürlich gewähltes Beispiel, um die Technik zu verdeutlichen. Übertragen Sie es sinngemäß auf alles, was Sie an anderen aufregt.)

❷ *Wenn Sie sich über einen bestimmten Sachverhalt gewohnheitsmäßig ereifern* oder über irgendein Thema besonders flammende Reden halten, steckt eine alte Wunde dahinter, die Sie noch nicht bemerkt haben. Manche Menschen geraten immer dann in Rage oder werden starrköpfig, wenn es um Ungerechtigkeit geht. Wenn das auf Sie zutrifft, prüfen Sie, wo in Ihnen der Schmerz der Ungerechtigkeit sitzt. Es ist Ihr eigener Schmerz. Er gehört zu einer alten Wunde. Heilen Sie sie, indem Sie den Schmerz aufspüren. Jede Ungerechtigkeit, über die Sie sich aufregen, kann Ihnen einen Anlass dazu liefern. Lassen Sie alle Wertungen beiseite. Natürlich gibt es Ungerechtigkeiten, die jeder haarsträubend findet. Trotzdem: Wenn Sie sich gewohnheitsmäßig über Ungerechtigkeit aufregen, haben Sie das, was man »ein Thema« (vornehme Umschreibung für »Problem«) nennt. Nehmen Sie also den letzten Vorfall, über den Sie sich aufgeregt haben, und schauen Sie sich an, was in Ihnen vorgeht. Körper spüren, Gefühl entdecken, atmen, zulassen. Spüren Sie die Empörung, dann das Gefühl von Ohnmacht oder Hilflosigkeit und schließlich den Schmerz der Ungerechtigkeit selbst. Es ist nicht leicht, ihn zuzulassen. Man ist so sehr daran gewöhnt, gegen ihn zu kämpfen. Ungerechtigkeit darf einfach nicht sein. Erinnern Sie sich an dieser Stelle: Es geht nicht darum, Tatsachen zuzulassen, sondern ein Gefühl, das sowieso vorhanden ist. Es geht um Ihr Gefühl. Um Ihren Schmerz. Fühlen Sie ihn. Nur so kann er heilen. Dann können Sie, wenn das Ihr Wunsch ist, Menschen, die Opfer von Ungerechtigkeit geworden sind, viel besser helfen.

❸   *Wenn Sie sich bei dem Gedanken erwischen, Sie müssten anders sein, anders fühlen oder die Situation müsste anders sein.* Sagen Sie: »Aha, interessant. Jetzt denke ich, es sollte anders sein.« Können Sie das, was Sie anders haben wollen oder wovon Sie meinen, es solle anders sein, vielleicht erst einmal bewusst kennen lernen? Beobachten Sie, was die Tatsache mit Ihnen macht, dass es so ist, wie es ist. Lernen Sie Ihr Gefühl kennen. Lassen Sie es zu, sich so zu fühlen. Öffnen Sie Ihr Herz für dieses Gefühl. Nur so kann wirklich alles anders werden. Wenn Sie in einer Situation feststecken, die Sie zum Teufel wünschen, verstehen Sie sich dafür, dass Sie das tun, aber dann schauen Sie sich die Situation an. Erleben Sie sie bewusst. Erfahren Sie, wie Sie sich darin fühlen. Lassen Sie zu, sich so zu fühlen. Erbarmen Sie sich Ihrer Gefühle. Dann kann sich die Situation verändern. (Siehe Kapitel »Probleme«.)

Vielleicht verhalten Sie sich wie ein Schüler der dritten Klasse, der immerfort jammert: »Ich will in der vierten Klasse sein! Ich mag die dritte Klasse nicht!« Weil er sich weigert, die Inhalte der dritten Klasse zu lernen, wird er natürlich sitzen bleiben, und wenn er so weitermacht, die vierte Klasse nie erreichen. Wenn das, was Sie anders haben möchten, ein Gefühl ist, gilt Ähnliches. Bringen Sie Verständnis dafür auf, dass Sie es anders haben möchten, und schauen Sie sich dann an, wie es sich überhaupt anfühlt. Lernen Sie es bewusst kennen. Atmen, spüren, zulassen, Herz öffnen.

Nehmen wir an, Sie verspüren eine geradezu lähmende Lustlosigkeit, während Sie einen wichtigen Auftrag erledigen müssen und noch vier Telefongespräche und einen Besuch vor sich haben. Natürlich denken Sie, diese Lustlosigkeit müsse verschwinden. An dieser Stelle erinnern Sie sich an das, was ich hier schreibe, und sagen: »Aha, ich denke gerade, es solle anders sein. Okay. Fühle ich also diese Lustlosigkeit einmal bewusst, anstatt zu denken, dass sie verschwinden soll. Wie fühlt es sich an, wenn ich sie zulasse?« Mit »zulassen« meine ich nicht, sich von ihr überwältigen zu lassen oder ihr nachzugeben, sondern vielmehr, sie bewusst zu fühlen (atmen!), anstatt sich gegen sie zu wehren, und zu prüfen, was sie von Ihrem Herzen braucht, um sich angenommen zu fühlen. Anerkennung? Verständnis? Danach werden Sie die erstaunliche Entdeckung machen, dass Sie die Lustlosigkeit in sich leben lassen können, während Sie gleichzeitig mit der erforderlichen Energie Ihre Arbeit tun und Ihre Gespräche führen.

❹ *Wenn Sie etwas erleben, das Sie meinen, nicht aushalten zu können*, erinnern Sie sich daran, dass »nicht aushalten können« auch ein Gefühlszustand ist, den man bewusst wahrnehmen kann (anstatt mit ihm identifiziert zu sein). Wie fühlt es sich an, es nicht aushalten zu können? (Atmen nicht vergessen!) Was braucht dieses Gefühl von Ihrem Herzen? Erbarmen?

⑤ *Wenn Sie gerade sehr wütend sind, fallen Sie bitte nicht auf den Gedanken herein, die Wut müsse fort, damit Sie Ihr Herz öffnen können.* Öffnen Sie einfach Ihr Herz für Ihre Wut. Das Gleiche gilt für alle anderen Gefühle. Nichts muss fort. Alles will da sein dürfen.

⑥ *Wenn Sie einen Menschen, den Sie grundsätzlich sehr lieben, im Augenblick nicht so sehr lieben und gerade dabei sind, das zu korrigieren.* Stopp. Nicht korrigieren, sondern bewusst wahrnehmen. Nicht identifizieren. Weder mit dem Gefühl, das Sie gerade haben, noch mit dem Gedanken, es müsse anders sein. »Aha, interessant. Jetzt hasse ich ihn gerade und denke, das dürfe nicht sein. Wie fühlt sich das an?« Atmen, zulassen, kennen lernen. Herz öffnen. Liebe bedeutet nicht, immer dasselbe zu fühlen. Liebe bedeutet, bereit zu sein, allem sein Herz zu öffnen. Liebe bedeutet, Achtung, Mitgefühl und Verständnis zu haben. Das alles muss man als Erstes auf sich selbst anwenden. Sonst weiß man nicht, wie es sich anfühlt, und kann es auch keinem anderen angedeihen lassen.

⑦ *Vergebung.* Dies ist für den Fall, dass Sie jemandem etwas zu vergeben haben: »Vergebung« ist ein Kopf-Wort, kein Herzens-Wort. Wenn Ihr Herz offen ist, haben Sie nichts zu vergeben. Solange Sie meinen, etwas vergeben zu müssen, stellen Sie sich über den anderen und verschließen sich vor ihm. Wenn Ihr Herz offen ist, fühlen Sie einfach nur, und indem Sie fühlen, verstehen Sie, und indem Sie verstehen, verstehen Sie auch, dass es nichts zu vergeben gibt. Auch das müssen Sie erst in sich selbst erlebt haben, bevor Sie es auf andere anwenden können. Nehmen wir an, Sie selber haben etwas Schreckliches getan und meinen, dass Sie Vergebung brauchen, können sich aber nicht vergeben. Sie fühlen sich schuldig. Sie bereuen. Sie leiden, weil Sie die Tat nicht rückgängig machen können. Wenn Sie nun bewusst werden und Ihr Herz öffnen wollen, müssen Sie Ihr Schuldgefühl, Ihre Reue und Ihren Schmerz bewusst fühlen, ohne sich damit zu identifizieren, und jedem dieser Gefühle Ihr Herz öffnen, auch Ihrem Wunsch nach Vergebung. Auch mit ihm sind Sie nicht einfach identifiziert, auch ihn erkennen und anerkennen Sie als Gefühl. Anschließend müssen Sie noch, wenn Sie tatsächlich Schuld auf sich geladen haben, Ihre Schuld anerkennen. (Das ist noch etwas anderes als das Schuldgefühl.) Wenn Sie das alles getan haben, fällt die Bürde von Ihnen ab, Ihr Herz ist offen, Liebe kann fließen und Verständnis stellt sich ein, und zwar ein Verständnis, das über das oberflächliche menschliche Verständnis hinausgeht. Irgendwie ahnen Sie etwas von dem Hintergrund des Geschehens und dass der Mensch, den Sie geschädigt haben, in Wirklichkeit nicht Ihr Opfer ist, sondern sich aus welchen eigenen Gründen auch immer dieser Erfahrung ausgeliefert hat.

Die Notwendigkeit der »Vergebung« entfällt, sobald echtes Verständnis da ist. Wenn ich mein Herz öffne, kann ich meinen eigenen Schmerz fühlen ebenso wie den Schmerz dessen, der mir etwas angetan hat. Durch dieses Fühlen verstehe ich und durch dieses Verstehen achte ich ganz von selbst, weil es gar nicht anders geht. Da sind wir alle auf einer Ebene. Es gibt nicht das Gefälle der Täter-Opfer-Beziehung (das den Täter über das Opfer stellt) und auch nicht das von Schuldigem und Vergebendem (das den Vergebenden über den Schuldigen stellt). Von der Ebene des Herzens aus gesehen sind wir alle fehlbare Menschen und leiden unter der Einschränkung, die sich daraus notwendigerweise ergibt. Das heißt natürlich nicht, dass wir Handlungen billigen, die wir nicht billigen können. Wir können die Beweggründe im Herzen verstehen, wir können den Betreffenden trotz allem achten und mit ihm fühlen, aber wir müssen seine Handlungen (oder unsere eigenen, wenn es um uns geht) deswegen nicht gutheißen oder ihm alles durchgehen lassen.

Praktische Tipps

Sich selbst wie jemand anderen behandeln

Dies ist ein hilfreicher Trick für alle, die sich schwer tun, ihr Herz für sich selbst zu öffnen. Betrachten Sie sich, als wären Sie jemand anderer. Seien Sie Ihr eigener Seelsorger, Ihr eigener Therapeut, oder auch Ihre eigene Großmutter oder Ihr Großvater, auf jeden Fall jemand, dem Sie alles anvertrauen können und der alles versteht. (Eltern eignen sich hierfür meistens nicht, denn von ihnen haben wir uns ja im Allgemeinen als Erste nicht verstanden, abgelehnt, gedemütigt, verraten, im Stich gelassen, ungerecht behandelt gefühlt ...)

Hilfe von oben holen

Wenn Sie mit einem Gefühl unter dem Arm vor der Tür des Herzens stehen und beim besten Willen nicht wissen, wie Sie sie öffnen können, haben Sie immer die Möglichkeit, Hilfe von oben zu holen. Beispiel: Sie fühlen sich als Verräter, haben es einigermaßen hingekriegt, das Gefühl bewusst zuzulassen und möchten nun Ihr Herz dafür öffnen, aber es geht nicht. Keiner der Schlüssel passt.

Natürlich gibt es dann einen Widerstand. Etwas, das sich dazwischenschiebt und sagt: »Nein, dieses Gefühl darf nicht ins Herz.« Fragen Sie sich selbst, warum Sie Ihr Herz nicht öffnen können. Sie wissen es. Beobachten Sie, welche Gedanken auftauchen. »Für einen Verräter gibt es kein Erbarmen.« Aha. Deshalb geht es nicht. Was tun? Den Teil kennen lernen, der das sagt. Er ist auch ein Teil von Ihnen. Er fühlt sich auch irgendwie. Diesem Gefühl können Sie Ihr Herz öffnen.

Im Allgemeinen ist es leicht herauszufinden, warum man sein Herz für ein Gefühl nicht öffnen kann. In seltenen Fällen aber weiß man es nicht. Es geht einfach nicht, und man weiß nicht warum. Das sind die Fälle, in denen ich empfehle, »Hilfe von oben« zu holen. Das bedeutet, sich daran zu erinnern, dass Sie Teil einer größeren Realität sind, die über Ihr persönliches Bewusstsein hinausgeht, und mit dem Rest dieser größeren Realität Kontakt aufzunehmen. Fordern Sie einfach Hilfe an. Ganz kindlich. »Ich habe hier dieses schreckliche Verräter-Gefühl. Ich habe es kennen gelernt, so gut es geht, aber ich kann mein Herz nicht dafür öffnen. Kann mir bitte jemand da oben dabei helfen?« Oder: »Ich bitte um Erbarmen für mein Gefühl, ein Verräter zu sein.«

Man kann die »Hilfe von oben« auch personalisieren, indem man den Erzengel Gabriel oder Jesus oder Maria, Buddha oder Kwan Yin oder welche heilige Gestalt auch immer zu Hilfe ruft. Genau das macht ja den Heiligen aus, dass er für alles ein Herz hat. Wenn etwas völlig aussichtslos erscheint, weil mit zu viel Schuld beladen oder völlig verfemt, eignet sich Maria. Wo keiner mehr helfen kann, kann der Gedanke an Maria helfen (egal, ob Sie katholisch, evangelisch, ungläubig, buddhistisch oder was auch immer sind). Ganz gleich, wer die historische Maria, die Mutter Jesu, wirklich war, in ihrer zeitlosen Realität ist sie die Verkörperung von Liebe, Erbarmen und Mitgefühl. Lassen Sie mich einen Witz über Maria erzählen, der davon handelt. (Jesus kommt nicht so gut weg dabei, aber es ist ja nur ein Witz.)

Jesus inspiziert den Himmel. Er stellt fest, dass einiges hier nicht in Ordnung ist, und fragt Petrus: »Du hast doch dieses Buch, in dem steht, wer hier alles rein darf. Hältst du dich nicht daran?« – »Doch, doch«, sagt Petrus. »Ich bin da ganz korrekt.« – »Und wie kommt es dann, dass hier lauter Leute rumlaufen, die du nicht hättest he-

reinlassen dürfen?« – »*Da musst du deine Mutter fragen*«, sagt
Petrus. »*Die steht an der Hintertür und lässt sie alle herein.*«

Das ist Maria. Interpretieren Sie das psychologisch oder
philosophisch oder esoterisch oder nehmen Sie es wörtlich, wie
Sie wollen. Aber Maria hilft. Vielleicht erinnern Sie sich daran,
wenn Sie jemals diese Hilfe brauchen sollten.

»Hier, Maria«, sage ich dann, oder »Hier, göttliche Mutter«
(früher, als »Mutter« für mich eher ein Reizwort war, habe ich
zu diesem Zweck die »göttliche Großmutter« erfunden, da ich
mir unter einer Großmutter jemanden vorstellte, der ein großes Herz hat), »hier ist dieses Gefühl. Ich kann beim besten
Willen mein Herz dafür nicht aufmachen. Aber du kannst es.
Das weiß ich.« Und dann geschieht es. Maria – ob die Maria
meiner Fantasie oder die Muttergottes höchstpersönlich – hat
Verständnis und Erbarmen, und schon habe ich selber Verständnis und Erbarmen und weine Tränen der Erleichterung.

Tipps für den Fall, dass einmal gar nichts geht

Auch wenn anscheinend gar nichts geht, irgendetwas geht immer, wenn man grundsätzlich bereit ist, aufzuwachen und sein
Herz zu öffnen. Nehmen wir an, ich bin wütend. Ich erinnere
mich zwar an »bewusst werden« und »Herz öffnen«, habe aber
nicht die geringste Lust dazu, weil ich eben wütend bin. Dann
kann ich immerhin bewusst wahrnehmen, dass ich wütend
bin. Ich kann auch meinen Atem spüren, während ich meine
Wut fühle. Vielleicht kann ich mich nicht aus der Identifikation mit meiner Wut lösen. »Ich bin eben einfach wütend.«
Dann kann ich immerhin bewusst feststellen, dass ich mit
meiner Wut identifiziert bin. Das weckt mich ein ganz klein
wenig auf. Und dieses »ganz klein wenig« macht einen rie-
sengroßen Unterschied. Alles Weitere geschieht dann oft ganz
von selbst.

Oder, anderes Beispiel, ich setze mich hin, um einer Sache auf den Grund zu gehen.

Ich denke an das Problem, spüre Verspannung am Hinterkopf, und Ende. Keine Ahnung, um welches Gefühl es sich handelt. Ich kann atmen und spüren und angespannt sein, so viel ich will, ich bekomme einfach nicht mit, was für ein Gefühl da ist. Jetzt gilt es, nicht einfach entmutigt abzubrechen, sondern bewusst zu bleiben. Aha, Hinterkopf verspannt. Keine Ahnung, welches Gefühl ich da verstecke. Was kann ich dem verspannten Teil trotzdem geben? Was braucht er? Vielleicht, dass ich ihm jeden Tag ein wenig Aufmerksamkeit und Zuwendung gebe, auch wenn er mir nicht verrät, woran er leidet. »Du musst es mir nicht verraten, wenn du nicht willst. Ich bin trotzdem bei dir und kümmere mich um dich, so gut es geht.« Auf diese Weise bauen Sie eine Brücke zwischen dem körperlichen Teil der Emotion (Verspannung am Hinterkopf) und Ihrem Herzen (Ihrem fühlenden Kern). Der Rest (geistiges Erkennen der Emotion und zulassen, sie zu fühlen) kommt, wenn die Zeit reif dafür ist. Immerhin hat der leidende Teil schon einmal das Wichtigste bekommen: Zuwendung und Ihre Bereitschaft, ihm Ihr Herz zu öffnen.

Hier eine Zusammenfassung der Tipps für den Fall, dass einmal gar nichts geht:

❶   Wenn es ein Problem gibt, geht es immer darum, dass Sie für irgendetwas Ihr Herz öffnen.

❷   Wenn »Herz öffnen« nicht geht, geht immerhin »Gefühl zulassen«.

❸   Wenn »Gefühl zulassen« nicht geht, geht immerhin, »Gefühl bewusst wahrnehmen, anstatt damit identifiziert zu sein«.

❹ Wenn »Loslösung aus der Identifikation« nicht geht, geht immerhin »bewusst feststellen, dass ich mit dem Gefühl identifiziert bin«.

❺ Wenn Sie das Gefühl gar nicht erkennen, geht immerhin »spüren, was im Körper los ist, und Zuwendung geben«.

❻ Wenn auch das aus welchem Grund auch immer nicht geht, ist es auf jeden Fall möglich, seinen Atem zu spüren. Der Atem ist immer da. Ihn bewusst zu spüren erfordert keinerlei Aufwand an Zeit und Energie. Es ist immer und unter allen Umständen möglich, auf den Atem zu achten. Es ist eine Minimal-Handlung, die den Grundstein für eine große Veränderung legt. Es bringt Ihre Aufmerksamkeit zu sich selbst, fort von den anderen und den Umständen, es lenkt sie auf den Körper, fort von den Gedanken, es hilft Ihnen, sich zu sammeln und in Kontakt mit sich selbst zu kommen. Deshalb ist das wichtigste und zugleich einfachste hilfreiche Stichwort für den Alltag und vor allem für Situationen, in denen es problematisch wird – das Wort »atmen«.

Erinnern Sie sich daran, wenn ein Gefühl Sie zu überwältigen droht; wenn eine Situation Ihnen über den Kopf wächst; wenn Sie vor lauter Sorgen nicht mehr schlafen können; wenn Sie in einem Konflikt oder Zwiespalt gefangen sind, wenn Sie nicht wissen, was Sie tun sollen; wenn Sie nicht wissen, wo es langgeht oder woran Sie sind: »Atmen.« Spüren Sie Ihren Atem. Ein, aus. Ein, aus. – Das geht immer, auch wenn sonst nichts geht.

Und wenn Sie erst mal Ihren Atem spüren, könnte es ja sein, dass Sie sich auch an den Rest erinnern. »Aha, interessant. So denke ich also. Was geht dabei eigentlich in meinem Körper vor? Aha. Und wie fühle ich mich dabei? Wie kann ich mein Herz für dieses Gefühl öffnen?«

Literatur

Charlotte Joko Beck, *Zen im Alltag*. München, 2000

Martin Buber, *Ich und Du*. Heidelberg 1974.

Carlos Castaneda, *Eine andere Wirklichkeit*. Frankfurt 1973

Carlos Castaneda, *Reise nach Ixtlan*. Frankfurt 1975

Scilla Elworthy, *Power und Sex. Das weibliche Prinzip und die Kraft zur Veränderung*. Kreuzlingen 1997

John Gray, *Männer sind anders, Frauen auch*. München 1992

Pir Vilayat Khan, *Erwachen*. München 2001

Prentice Mulford, *Unfug des Lebens und des Sterbens*. Frankfurt 1977

Safi Nidiaye, *Aufwachen und lachen*. Ullstein Taschenbuch 2007.

Safi Nidiaye, *Die 10 Herzensschlüssel* (mit Audio CD). GRÄFE UND UNZER 2014.

Safi Nidiaye, *Gefühle sind zum Fühlen da*. Integral 2017.

Safi Nidiaye, *Das befreite Herz*. Allegria Taschenbuch 2014.

Nachwort der Autorin

Wie sich die Herzensarbeit weiterentwickelt hat – Die aktualisierte Methode im Überblick

Seit ich das vorliegende Buch geschrieben habe, sind einige Jahre vergangen. Die Übung der Körperzentrierten Herzensarbeit ist immer noch die gleiche, aber sie hat sich inzwischen vervollständigt. Die Liste der Herzensschlüssel ist länger geworden, und ich habe eine Landkarte der Gefühlsschichten angelegt, denen man in der Herzensarbeit begegnen wird. Vor allem aber habe ich eine wichtige Entdeckung gemacht und in die Herzensarbeit integriert. Viele der Gefühle, mit denen wir zu unserem Leidwesen identifiziert sind, sind nämlich gar nicht unsere eigenen. Sie gehören einem anderen: Vater oder Mutter, Freund oder Feind, Angehörigen oder Fremden, oder sogar einem Kollektiv. Wir haben sie gefühlt – unser Herz kann alles fühlen –, aber da wir nicht wussten, dass es die Gefühle eines anderen sind, haben wir uns mit ihnen identifiziert. Und nun beherrschen sie uns wie ein eigenes Gefühl. Versuchen wir nun, unser Herz für so ein Fremdgefühl zu öffnen, dann gelingt es nicht so richtig. Das Gefühl gehört nicht in unser Herz, sondern es ist das Gefühl jener anderen Person. Sobald wir das erkennen, rückt sich alles zurecht: Das Gefühl »rutscht« dorthin zurück, wo es hingehört. Wir sind von der fremden Bürde befreit. Die »Rückgabe« von Fremdgefühlen gehört seitdem zu den Schritten der Körperzentrierten Herzensarbeit.

Hier die aktualisierte, vollständige Übung. Sie finden darin alle Schritte wieder, die Sie im Verlauf der Lektüre dieses Buches kennengelernt haben, ergänzt durch die neu hinzugekommenen.

1. Schalten Sie **Bewusstheit** ein (wie im Kapitel: Der erste Schritt: »Aha, interessant«, S. 62 ff., erläutert).

2. Welches **Thema** möchten Sie anschauen? Machen Sie es in Ihrem Geist lebendig.

3. Spüren Sie Ihren **Körper**. Konzentrieren Sie Ihre Aufmerksamkeit und Ihren Atem dort in Ihrem Körper, wo Sie etwas Besonderes spüren.

4. Achten Sie darauf, wie Sie sich darin oder dabei **fühlen**. Lernen Sie dieses Gefühl bewusst kennen. Erleben Sie es bewusst.

5. Öffnen Sie Ihr **Herz** für dieses Gefühl: Prüfen Sie die Herzensschlüssel durch und achten Sie auf die innere Reaktion. Was dieses Gefühl von Ihnen braucht:

   • Wahrgenommen werden
   • Anerkennung
   • Verständnis oder Daseinsberechtigung
   • Erlaubnis, da sein zu dürfen
   • Von Verurteilung befreit werden
   • Mitgefühl
   • Erbarmen (sich darum kümmern)
   • Achtung (Respekt)
   • Beachtung (nicht übergangen werden)
   • Raum (sich ausbreiten dürfen)
   • Als Gefühl wahrgenommen werden, statt als Tatsache (Für das Gefühl von »Sehnsucht« probieren Sie einen zusätzlichen Herzensschlüssel durch: »es für möglich halten«, »vom Gedanken der Unmöglichkeit befreien«)

6. Fragen Sie sich, ob das Gefühl Ihr eigenes ist oder ob Sie es ganz oder teilweise von jemand anderem **übernommen** haben. Tauchen Ideen, Namen, Bilder auf, stellen Sie sich bildlich vor, das Gefühl an die betreffende/n Person/en zurückzugeben. Achten Sie darauf, ob das Gefühl

danach verschwindet (dann war Ihre Intuition wohl richtig), leichter wird (dann gibt es das gleiche Gefühl auch in Ihnen, bieten Sie ihm erneut die Herzensschüssel an) oder unverändert da ist (dann ist es wohl doch Ihres). Öffnen Sie Ihr Herz für dabei auftauchende neue Gefühle.

7. Nun denken Sie wieder an Ihr **Thema**. Wie verläuft Ihr innerer Film jetzt, wie erleben Sie die Situation, wie handeln Sie, was hat sich verändert?

8. Arbeiten Sie sich mit diesen Schritten (Körper-Gefühl-Herz-Fremdgefühl) durch Ihr Thema, bis es kein »Thema« mehr für Sie ist.

Hilfreich zu wissen – **Vier Gefühlsschichten** sind an jeder Problematik beteiligt:

- Negative Emotionen (wie: Wut, Angst, Trauer etc.), als Reaktion auf einen seelischen Schmerz
- Seelischer Schmerz (wie: sich allein, abgelehnt, gedemütigt, schlecht, wertlos, verraten, ausgegrenzt fühlen etc.)
- Sehnsucht nach dem Gegenteil (z. B. nach Geborgenheit)
- Positives Gefühl, das in der Sehnsucht latent bereits enthalten ist

Näheres zu den neu hinzugekommenen Elementen finden Sie in meinen jüngeren Büchern (siehe Literaturverzeichnis), »Das befreite Herz« (Fremdgefühle zurückgeben); »Die 10 Herzensschlüssel« (die komplette Übung mit allen Schritten, vielen Beispielen und Übungs-CD); »Gefühle sind zum Fühlen da« (anschauliche Darstellung vieler spezifischer Problematiken und Gefühlsketten).